*Christoph Wagner*

# Süsses Gold

## Kultur- und Sozialgeschichte des Wiener Zuckers

*Die AGRANA widmet dieses Buch*
*ihren Mitarbeitern, Geschäftspartnern*
*und Freunden.*

AGRANA

*Christoph Wagner*

# Süsses Gold

## Kultur- und Sozialgeschichte des Wiener Zuckers

*Verlag Christian Brandstätter*

# Inhalt

# Kein Leben ohne Zucker

## Wie wir lernten, das Süsse zu lieben

*Eisform der k. k. Hofzuckerbäckerei Demel*

***Zucker ist Macht***

Der Mensch ist ein Süßer. Seine Vorliebe für Süßes auf der Zunge entwickelt er, bereits lange bevor er seine Schwächen für das Pikante entdeckt. Während manche, selbst in einem langen Leben, niemals Kaviar oder Austern schätzen lernen, gibt es niemanden, der nicht wenigstens in der Frühzeit seiner Existenz Schokolade, Lutschbonbons, Eis oder Zuckerwatte gemocht hätte. Manche führen dies auf die durch ihren hohen Anteil an Lactose (Milchzucker) bedingte Süße der Muttermilch zurück. Doch auch dieses Argument ist nicht ganz stichhaltig, da neuere Untersuchungen bestätigen, daß der Mensch bereits im Embryonalstadium auf Süßes anspricht.

Auf welcher Stufe seiner Entwicklung der Mensch seine ausgeprägte Geschmacksvorliebe fürs Süße entwickelt hat, das läßt sich nicht so ganz genau sagen. Der Homo sapiens – wörtlich übersetzt der schmeckende (und erst durch Schmecken auch wissende) Mensch – hat sein Naheverhältnis zu allem Süßen jedenfalls auch mit niedrigeren Lebewesen gemeinsam. Bei Ratten, die sich während eines Tierversuchs weigerten, irgendeinen für die Versuchsabfolge notwendigen Hebel zu betätigen, hat man zum Beispiel festgestellt, daß man den Hebel bloß mit Milchschokolade zu beschmieren brauchte, und schon klappte die Kommunikation. Und daß man Pferde oder Affen nur Zucker zu geben braucht, um sie zu den oft merkwürdigsten Dingen zu verlocken, ist ebenfalls eine bekannte Tatsache.

Worin liegt nun dieser geheimnisvolle Reiz, den „das Süße" schlechthin auf alle Lebewesen ausübt? Was ist das Geheimnis seiner geradezu magischen Anziehungskraft?

Zunächst einmal setzt sich die Geschmacksempfindung des Süßen aus zwei Komponenten zusammen, die für das körperliche und auch seelische Wohlbefinden gleichermaßen wichtig sind. Süßes hat Kalorien, die dem Körper Energie zuführen. Und ein wesentlicher Baustein dieser lebensnotwendigen Kalorien heißt – Zucker. Zucker ist, etwas salopp ausgedrückt, konzentrierte Energie.

Bereits unsere Vorfahren erkannten, daß beispielsweise in einer reifen Frucht mehr Zucker und damit mehr

*Gegenüberliegende Seite: Weißer und brauner Kandiszucker, Kristallzucker, Würfelzucker und Bridgezucker*

*Festtorte der k. k. Hofzuckerbäckerei Demel*

Energie für den Kampf ums Dasein konzentriert war als in Pflanzen, die nicht so süß schmeckten.
Am Beginn der Kulturgeschichte des Zuckers steht also die evolutionäre Einsicht: Zucker ist Kraft, und Kraft ist Macht, Kraft ist Überleben. Und so gesehen ist es vielleicht auch kein Zufall, daß Zucker bis vor rund anderthalb Jahrhunderten nicht – wie heute – ein billiges, sondern eines der teuersten und exklusivsten unter den Lebensmitteln war.

### *Süße Lebensgewohnheiten*

Babies machen – wie übrigens auch fast alle Säugetiere – über den Blutkreislauf der Mutter schon im embryonalen Zustand Bekanntschaft mit dem Zucker und finden dadurch eine Zuneigung, die sich durch den Genuß der süßlich schmeckenden Muttermilch später noch weiter vertieft. Gibt man Babies nebeneinander normales und gesüßtes Wasser zu trinken, greifen sie nur noch zum gesüßten. Reicht man ihnen neben dem gesüßten Wasser ein noch stärker gesüßtes, so lassen sie das weniger süße links liegen und nuckeln am noch süßeren weiter. Dieser 1973 durchgeführten Studie von Desor, Maller und Turner steht auch eine nicht minder verblüffende anthropologische Untersuchung gegenüber, die sich mit den süßen Vorlieben der Eskimos befaßt.
Die Eskimos von Alaska galten aufgrund ihrer spezifischen Ernährungssituation lange Zeit als ein Volk, das – abgesehen von der Milch – über keinerlei Nahrungsmittel mit süßem Geschmack, also weder über Zucker noch über Honig, und auch über keinerlei Zuckersubstitute verfügte. Als diese Eskimos über Einwanderer und Seefahrer allmählich auch mit süßer Nahrung in Kontakt kamen, lehnten sie dieselbe keineswegs, wie zu erwarten, aus Mangel an Gewöhnung ab, sondern übernahmen sofort die „süßen Lebensgewohnheiten" ihrer Gäste und Kolonisatoren.
Die Sehnsucht nach Zucker scheint also selbst in den genetischen Bauplänen jener Menschengruppen vorgeprägt zu sein, die gar keinen Zucker kennen. Die Genforschung hat zum Thema Zucker indessen ansonsten nur recht Ungereimtes beizutragen. Überraschenderweise stellte sich nämlich heraus, daß die Gene, welche die Fähigkeit vermitteln, Süßes zu schmecken, völlig anders geartet sind als jene, in denen die Sehnsucht nach süßen Geschmackswahrnehmungen von einer Generation auf die nächste vererbt wird.
Unbestritten ist indes, wo der Seismograph aller süßen Empfindungen seinen Sitz hat: nämlich auf der Zunge, an deren Spitze sich jene Rezeptoren befinden, die über den Geschmacksnerv mit dem schönen Namen Chorda tympani an die zuständigen Gehirnwindungen die Bot-

schaft „süß“, „zuckersüß“ oder ganz einfach „süüüüüß“ weiterleiten. Die Chorda tympani tut sich dabei übrigens ziemlich leicht. Verfügt sie doch für gewöhnlich über wesentlich mehr süßempfindliche Fasern als über solche, die das Saure wahrnehmen.

Die Zunge hat jedoch auch eine wichtige Warnfunktion inne. Wurden zu viele süße Stoffe an sie herangetragen, reagiert sie nicht süß, sondern sauer – und empfindet nach einer Rückkoppelung mit dem Magen das Süße plötzlich nicht mehr als angenehm, sondern als „pick-süß“, was zuletzt zur Empfindung eines „verklebten Mundes“ führt. Wer auf seinen Körper hört, hat bei aller Liebe zum Süßen daher auch einen gewissen Schutzmechanismus eingebaut, der ihn vor einem „Zuviel des Guten“ bewahrt.

Süßes – so beteuern auch Psychologen immer wieder – bedeutet für die menschliche Seele jedoch keineswegs Bedrohung, sondern vor allem Geborgenheit. „Der süße Stimulus“, merkte etwa der amerikanische Ernährungsforscher Jacob E. Steiner an, führt schon bei Babies „zu einer merklichen Entspannung des Gesichts, die einem Ausdruck der ‚Zufriedenheit‘ ähnelt und oft von einem leichten Lächeln begleitet“ wird. Und ist das Baby erst einmal erwachsen geworden, so wird es sich vielleicht mit dem nämlichen zufriedenen Lächeln nach einem harten Arbeitstag eine kleine Süßigkeit gönnen.

Die Freude am Süßen kann jedoch keineswegs nur individuell, sondern sogar kollektiv erlebt werden. Wirtschaftsforscher stellen beispielsweise immer wieder fest, daß der Pro-Kopf-Verbrauch an Zucker in Phasen wirtschaftlicher Prosperität üblicherweise ansteigt. Andererseits belegen etwa die Statistiken der österreichischen Bierindustrie, daß gerade der Österreicher auch in Krisenzeiten zur Süße Zuflucht nimmt: Als während der Zeit der Kubakrise zu Beginn der sechziger Jahre ernsthaft mit der Gefahr eines Atomkriegs gerechnet werden mußte, stieg der Absatz an süßen Biersorten sprunghaft an, während sich nach Beilegung der Krise wieder herbere Biere durchsetzten.

Zucker, könnte man aus psychologischer Sicht also zusammenfassend sagen, ist ein Vademecum für die menschliche Glückseligkeit. Ein Leben, in dem der Zucker (in der Realität wie auch metaphorisch) die ihm zukommende Rolle spielt, wird daher gemeinhin auch als „süßes Leben“, als Dolce vita empfunden.

### *Das Zauberwort heißt Saccharose*

Einem Chemiker sollte man als Laie nichts von Zucker erzählen. Wie aus der Pistole geschossen wird er nämlich zurückfragen: „Was für einen Zucker meinen Sie? Triosen, Tetrosen, Pentosen, Glukosen, Disaccharide, Polysaccharide oder etwa gar Saccharate?“

*Demelinisches Kleingebäck und Konfekt*

*Hagelzucker, Würfelzucker, brauner Zucker*

Der Mann hat natürlich recht. Denn keineswegs aus jedem Zucker läßt sich auch eine Torte backen. Rein chemisch betrachtet, sind Zuckerstoffe Angehörige einer Gruppe von Kohlehydraten, oder – wie es Meyers Lexikon präziser zu definieren weiß – „kristalline, wasserlösliche, meist süß schmeckende Kohlehydrate aus den Reihen der Mono- und Oligosaccharide". Das klingt freilich etwas kompliziert, erklärt aber immerhin die Tatsache, daß Zuckerkranke keinesfalls zu viele Zuckerln oder Mehlspeisen gegessen haben müssen, sondern insgesamt zu viele Kohlehydrate zu sich genommen haben. Eine Kulturgeschichte des Zuckers braucht jedoch nicht allzulange bei der Chemie zu verweilen (auch wenn diese dennoch immer wieder die ihr in der Praxis zukommende Rolle spielen wird), sie kann sich vielmehr auf ein einziges Produkt aus der Zuckergruppe konzentrieren, nämlich die Saccharose, jenen geheimnisvollen Nährstoff, der zwar in allen Grünpflanzen vorkommt, aber in unserem Zusammenhang ausschließlich aus zwei Pflanzen gewonnen wird: dem Zuckerrohr und der Zuckerrübe.

Saccharose ist, etwas verallgemeinernd gesprochen, das, was die Hausfrau in verschiedensten Ausführungen in der Zuckerdose hat, und was man daher populärwissenschaftlich auch als Haushaltszucker bezeichnet. Er wird mittels Photosynthese, also unter Mitwirkung von Sonnenstrahlen und Chlorophyll, aus den Elementen Kohlenstoff, Wasserstoff und Sauerstoff erzeugt. Von den grünen Pflanzen dieser Erde werden einer vorsichtigen Schätzung zufolge jährlich rund 200 Milliarden Tonnen Kohlenstoff in Zuckerstoffe verwandelt, wobei die chemische Energie, die von den Pflanzen dabei gespeichert wird, rund zwei Trillionen Kilokalorien entspricht. Als Zuckerspeicher ganz besonderer Art haben sich dabei die Stengel des Zuckerrohrs und die Wurzel

*Weißer und brauner Kandiszucker, Feinkristallzucker, Braunzucker*

der Runkel- bzw. Zuckerrübe erwiesen. Doch was für die Natur letztlich nichts anderes als ein wichtiger Bestandteil des Bauplans aller Lebewesen ist, endet im Falle der Saccharose schließlich – je nach Weiterverarbeitung – als Kristallzucker, Staubzucker, Würfelzucker, Kandiszucker, Vanillezucker oder Einsiedezucker am Küchenregal.
Bis es soweit kommen konnte, hatte die Menschheit freilich ein erhebliches Quantum Forschungsarbeit zu leisten, und es bedeutete einen nicht unbeträchtlichen Arbeits- und Kulturaufwand zahlreicher Gelehrter, die gar nicht so unkomplizierte Summenformel

$C_{12}H_{22}O_{11}$

festzulegen, die gleichermaßen für Rohrzucker, Rübenzucker, Saccharose und Sucrose gilt. An diesem chemisch-mathematischen Knobelabenteuer waren unter anderem die Chemiker Antoine Laurent-Lavoisier (1743–1794), Louis Joseph Gay-Lussac (1778–1850), Louis Jacques de Thénard (1777–1857), Jöns Jacob von Berzelius (1779–1848), Jean-Baptiste Dumas (1800–1884) und Eugène Melchior Peligot (1811–1872) beteiligt. Obwohl sich unter diesen Kapazitäten des beginnenden Industriezeitalters auffallend viele Franzosen befinden, war es allerdings der Deutsche Justus von Liebig, dem es schließlich gelang, den Unterschied zwischen Glucose (Traubenzucker) und Saccharose (Haushaltszucker) herauszuarbeiten, indem er nachwies, daß es sich bei der Saccharose um einen Zweifachzucker handelt, bei dem zwei Einfachzucker – nämlich jeweils ein Molekül Glucose und ein Molekül Fructose (Fruchtzucker) – miteinander zu einem flächenreichen Kristall verknüpft sind. Der Name Kristallzucker entbehrt also auch unter diesem Gesichtspunkt durchaus nicht einer gewissen, bereits in der Chemie des Zuckers vorgeprägten Logik.

*Zuckerrosen*

### *Die Sprache des Zuckers*
Im Wienerischen ist der Zucker allgegenwärtig. Ein süßes Wiener Mädel kann gar nicht anders, als ein Zuckergoscherl zu haben, den Konditor nennt man auch einen Zuckerbäcker, und Zuckerkandel ist nichts anderes als der hochdeutsche Kandiszucker. Daß der Zucker die Sprache versüßt, ist jedoch keineswegs allein eine Wiener Spezialität. „Das ist ganz einfach Zucker", ruft man etwa allenthalben im deutschen Sprachraum aus, wenn man überschäumende Begeisterung über was auch immer ausdrücken will. Schon Luther sprach von Worten, in denen „eytel zucker" ist, und das Grimmsche Wörterbuch vermerkt unter Zucker zahllose Zusammensetzungen wie etwa erotische Kosenamen

*Kandiszucker*

vom Zuckermädchen und Zuckerweibchen über den Zuckerschatz bis hin zum Zuckerschnäbelein. Man findet aber dort auch die von Gottfried Keller geprägte Metapher des „schönen Zuckerauges“, den frömmelnden „Zuckerchristen“ oder die vor allem bei Kindern begehrte „Zuckerlade“ in Mutters Küchenschrank. Daß man im Wienerischen statt Bonbon schlicht und einfach „Zuckerl“ sagt, ist ebenso Bestandteil der „Zuckersprache“ wie die Gewohnheit vieler Architekten, allzu überladene Fassaden als „Zuckerbäckerstil“ oder ein hübsches Mädchen als „Zuckerpupperl“ zu bezeichnen. Die Liste alles „Zuckrigen und Zuckichten“, „Ver- und Überzuckerten“ oder „Zuckerweißen“ ließe sich beliebig fortsetzen und findet auch in zahlreichen anderen Sprachen – man denke etwa nur an das englische „sugarbaby“ –, seine Pendants. Sie alle führen letztlich auf ein Wort aus der heiligen Sprache der Inder, dem Sanskrit, zurück, die bereits ein geheimnisvolles „carkara“ kannten. Wer nun freilich glaubt, „carkara“ habe damals wohl soviel wie „süß“ bedeutet, der irrt. „Carkara“, häufig auch „sarkara“ geschrieben, bedeutete soviel wie „zerrissenes, zerkleinertes Stückchen“, worunter die alten Veden allerdings nicht einen Vorläufer des Würfelzuckers verstanden, sondern lediglich die Tatsache, daß Zuckerrohr, um es nutzbar zu machen, zuerst zerkleinert werden muß.

Vom „carkara“ zu Zucker, Saccharin und Saccharose ist es, rein sprachgeschichtlich betrachtet, gar kein so weiter Weg gewesen. Die Araber, die zu den großen Pionieren der Zuckerkultur zählten, machten aus dem „sarkara“ einen „sukkar“, den die Kreuzfahrer des Mittelalters, als sie seine Süße erstmals auf der Zunge spürten, schlichtweg in „zucker“ verwandelten. Eine andere Spur führt auf das ebenfalls mit der Sanskrit-Wurzel verwandte griechische „Sakcharon“ zurück, aus dem über das lateinische „saccharum“ unser Saccharin wurde. Die alten Römer verstanden darunter allerdings nicht, wie man glauben könnte, Zucker, sondern vielmehr eine sandige, kieselsäurehaltige Abscheidung des Bambusrohrs, die eher nach Salz als nach Zucker schmeckte und in der antiken Medizin als wichtiges Heilmittel galt. Ein anderes Wort für Zucker stammt ebenfalls aus der Sprache der alten Inder. Aus ihrem „khand“ entwickelte sich im Laufe der Zeit der Kanditor bzw. Konditor sowie der Kandiszucker, der – so betrachtet – eigentlich ein „Zuckerzucker“ ist.

*„Carkara“ ist die früheste Bezeichnung für Zucker in Sanskrit.*

शर्करा

***Ist Zucker gesund?***

Ein Nahrungsmittel, das wie der Zucker den Ehrentitel „Baustoff allen Lebens“ führen darf, kann – zumindest wenn man denselben wie jede andere Nahrung mit Maß und Ziel verwendet – nur gesund sein. Tatsächlich wurde Zucker, wie wir noch sehen werden, jahrhundertelang auch keineswegs beim Greißler oder Zuckerbäcker verkauft, sondern vor allem in der Apotheke und allenfalls auch noch beim Gewürzhändler. Lange Zeit galt Zucker sogar als wichtiges Heilmittel, und auch heute noch „versüßt“ er im wahrsten Sinne des Wortes so manche bittere Medizin.

Die meisten Ärzte des Mittelalters und der Renaissance standen dem Zucker sogar mit außerordentlicher Offenheit gegenüber. Schon 1480 verschrieb der Stadtarzt Ellenberg aus Meiningen einen Kandiszuckertrank gegen die Schwindsucht. Der Renaissancearzt Kunrath war der Überzeugung, daß Zucker Wunden heilen und dieselben vor Brand schützen könne. Angelus Sala, der Leibarzt des Herzogs von Mecklenburg und Verfasser der ersten wissenschaftlichen, deutschen Zuckerkunde, der 1637 erschienenen „Saccharologia“, schrieb dem Zucker gar beruhigende, fiebermildernde, lösende, nährende, stärkende, blutreinigende und ebenfalls wundenreinigende Wirkungen zu. Im übrigen war er auch der Überzeugung, daß Magen-, Leber- und Nierenfunktion durch Zucker angeregt werden können. Schließlich brach auch Christoph Wilhelm Hufeland, der große Arzt der Goethezeit, in seinem berühmten Werk „Die Kunst, das menschliche Leben zu verlängern“ (1795), eine Lanze für den Zucker, den er – obwohl er gleichzeitig vor der damit verbundenen Gefahr von Zahnkaries warnte – insgesamt als „kühlend, auflösend und reinigend“ sowie als bestes Digestiv zur Förderung der Verdauung und zur Erhaltung der Gesundheit rühmte.

Mittlerweile liest man in medizinischen Fachzeitschriften nur noch wenig über die positiven digestiven Wirkungen des Zuckers, dafür um so mehr über die Kariesgefahr. Dabei läßt sich der häufig gehörte Vorwurf, Zucker sei die alleinige Ursache der Zahnkrankheit Karies, schon aus historischer Sicht keinesfalls aufrechterhalten. Kieserkrankungen finden sich nämlich auch bei urzeitlichen Elefanten- und Bärengebissen sowie Skelettresten aus vorchristlichen Epochen, in denen es noch gar keinen Zucker gab.

Der schlechte Ruf, den der Zucker (der, nebenbei bemerkt, auch ein unentbehrlicher Rohstoff zur Penicillinherstellung ist) heute bisweilen unter Ärzten und Ernährungsphysiologen hat, ist daher wohl am allerwenigsten dem Nahrungsmittel selbst, sondern vielmehr seinem Mißbrauch durch die Menschen

*Werbepostkarte für Zucker, um 1910*

*Titelblatt der ältesten Zucker-Monographie der Welt von 1637: „Saccharologia“ von Angelus Sala. Sie erschien noch während des Dreißigjährigen Krieges 1637 in Rostock.*

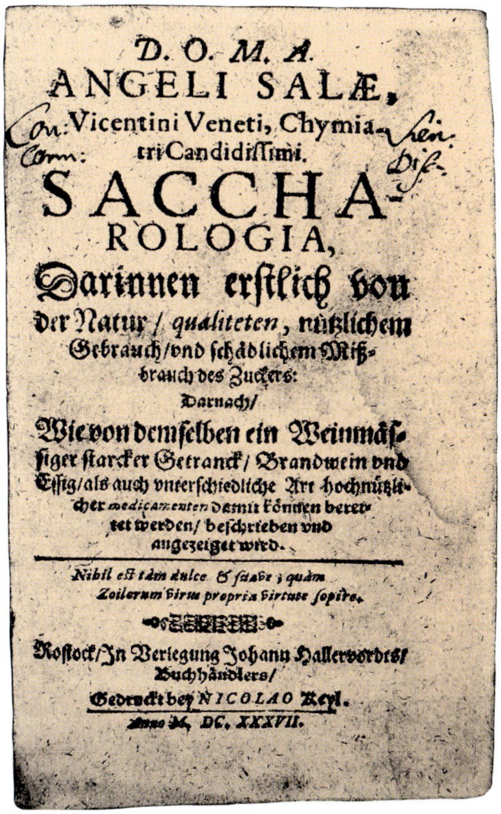

D. O. M. A.
ANGELI SALÆ,
Vicentini Veneti, Chymiatri Candidissimi.
SACCHAROLOGIA,
Darinnen erstlich von der Natur / qualiteten, nützlichem Gebrauch/vnd schädlichem Mißbrauch des Zuckers:
Darnach/
Wie von demselben ein Weinmässiger starcker Getranck/ Brandwein vnd Essig/als auch vnterschiedliche Art hochnützlicher medicamenten damit können bereitet werden/ beschrieben vnd angezeiget wird.

Nihil est tam dulce & suave; quam Zoilorum virus propria virtute sopire.

Rostock/In Verlegung Johann Hallervordts/ Buchhändlers/
Gedruckt bey NICOLAO Keyl.
Anno M. DC. XXXVII.

*Werbepostkarte für Zucker, um 1930*

der Überflußgesellschaft von heute anzulasten.
Sogar Zahnärzte – zumindest die objektiveren unter ihnen – räumen daher mittlerweile ein, daß übermäßiger Zuckergenuß die Entstehung von Karies zwar zu begünstigen vermag, aber keineswegs alleine verursacht. Die wahrhaft Schuldigen wurden längst in mangelnder Mundhygiene sowie unzureichender Zahnpflege dingfest gemacht – und die hat mit dem Zucker ebensowenig zu tun wie mit Salz, Fleisch, Brot oder anderen Nahrungsmitteln, die nun einmal durch die Zähne hindurchmüssen, um in den Verdauungstrakt zu gelangen.
Auch daß Zucker dick macht, ist ein weitverbreitetes Vorurteil, das viele zu chemischen Zuckerersatzstoffen greifen läßt, die aus ernährungsphysiologischer Sicht in Wahrheit wesentlich bedenklicher sind als der Zucker selbst. Auch wer vom Arzt auf eine 800-Kalorien-Diät gesetzt wurde, braucht daher getrost auf das gewohnte Stück Würfelzucker keineswegs zu verzichten, um seinen Kaffee oder Tee zu süßen. Es verfügt mit seinen recht bescheidenen 16 Kalorien nämlich über kaum mehr als den Brennwert einer vollreifen Tomate. Ähnliches gilt etwa für Bitterschokolade mit hohem Kakaoanteil, die in zahlreichen – ansonsten durchaus strengen – Diäten sogar ausdrücklich empfohlen wird.
Schließlich wissen auch gute Diätärzte um die zutiefst menschliche Sehnsucht nach dem Süßen. Nur wenn diese Sehnsucht auch auf verantwortungsvolle Weise gestillt wird, hat eine Diät letztlich Aussicht auf Erfolg. Daß ebendiese Sehnsucht auch zur gefährlichen Sucht werden kann, ist leider eine ebenso unbestrittene Tatsache, deren wahre Ursachen freilich fast immer in der Psyche des Süchtigen und nicht so sehr in den unleugbaren Lockungen der süßen Welt liegen, die – mit Vernunft genossen – gerade jene Lebensfreude zu schenken vermag, die der Süchtige vielleicht so nötig braucht.
So gilt also auch und gerade für den Zucker, was der große Arzt und Alchimist Paracelsus grundvernünftigerweise über alle Lebensmittel sagte: „Allein die Dosis macht's!" Eine Weisheit, die sich längst auch alle guten Patissiers dieser Welt zu eigen gemacht haben, wenn sie Zucker genauso sparsam und mit Bedacht einsetzen wie die Köche das Salz.

*Philippus Aureolus Theophrastus Paracelsus, Arzt und Naturforscher, 1493–1541. (Bildnis auf einem Flugblatt des 16. Jahrhunderts, Kupferstich)*

# Honig mit und ohne Bienen

## Wie der Zucker nach Europa kam

*Honigraubender Bär. Die Vorliebe des Bären für den süßen Honig war von alters her bekannt und sogar namengebend. In manchen Sprachen bedeutet das Wort für Bär „Honigfresser". (Handkolorierter Kupferstich, Nürnberg, um 1720)*

### *Zuckerlose Alte Welt*

Unsere Vorfahren sind, so sie nicht Bewohner diverser, damals noch unentdeckter Inselparadiese Ozeaniens waren, zu bedauern. Die Völker der Alten Welt, die wir im übrigen heute mit Recht als die ersten Kulturvölker bezeichnen, hatten nämlich alles – bloß keine Zuckerkultur. Sie kannten kein Zuckerrohr und schon gar keine Zuckerrübe. Zucker war ihnen völlig fremd. Ganz und gar nicht fremd war Sumerern, Babyloniern, Ägyptern, Israeliten, Persern und Griechen indessen die Sehnsucht nach dem Süßen. Allein wer die Bibel durchblättert, wird Tausende Male das Wort „süß" finden, sei es nun in Verbindung mit der Süße des wahren Glaubens oder aber auch mit jener schöner Frauen, vor allem aber mit dem Nektar jener Tage – dem Honig.

*„Aristaeus Inventor Mellis" („Aristaeus, Erfinder des Honigs") lautet die Inschrift. Aristaeus war eine vorgriechische Gottheit, Sohn Apollos, des göttlichen Beschützers der Bienen. (Kupferstich von Hendrick Goltzius, 1558–1617, nach einer Zeichnung von Frans Floris)*

*Metgelage am Bienenstand. (Holzschnitt aus der deutschen Ausgabe von „Historia de gentibus septentrionalibus“ von Olaus Magnus, 16. Jahrhundert)*

Das „Land, das von Milch und Honig fließt“, wird in den Büchern des Alten Testaments gleich zwanzigmal verheißen, und es ist bezeichnend, daß es sich in beiden Fällen nicht um saure, sondern um süße Gaumenreize handelt, die da mit dem „gelobten Land“ und daher auch mit der Erinnerung an den verlorenen Garten Eden gleichgesetzt werden. Noch heute wird von orthodoxen Juden übrigens die erste Seite, die ein fünfjähriger Junge aus der Heiligen Schrift vortragen kann, mit Honig begossen, weil er damit die „Süße der Weisheit und des Glaubens“ kennengelernt hat.

Obwohl die alten Ägypter bereits frühe Formen der Bienenzucht kannten, handelte es sich beim Honig, der die süßen Bedürfnisse der alten Völker befriedigte, wohl in den seltensten Fällen um von Imkern gezogenen Bienenhonig. Der Normalfall dürfte eher gewesen sein, daß man Bienenstöcke, die man in den meisten Baumhöhlen fand, ausräucherte und den darin zurückgelassenen wilden Honig ohne Rücksicht auf die Zukunft des Bienenstaats entfernte. Eine Darstellung eines solchen „Honigräubers“ findet sich bereits auf den zwischen 10 000 v. Chr. und 4000 v. Chr. entstandenen Felszeichnungen in den Höhlen von Arana in Spanien. Und auch von Johannes dem Täufer wird berichtet, er habe sich ausschließlich von Heuschrecken und wildem Honig ernährt.

Aus Honig wurde schließlich nicht nur der germanische Göttertrank Met gewonnen, sondern er diente auch als Binde- und Süßmittel für die Herstellung von Honigkuchen. Auch das im 4. Jahrhundert n. Chr. entstandene Kochbuch des Apicius zählt zahlreiche antike Süßspeisen wie gekochten Strauß in Honig, Flamingo mit Datteln und Honig, Rosenfrikassee mit Honig, Eier mit Honig oder afrikanischen Honigkuchen auf, die den Honig auch als Vademecum der römischen „Gourmetküche“ ausweisen. Auch die antiken Haushaltsbücher sprechen für sich: Am Hofe Kaiser Neros wurden beispielsweise bei einem einzigen Bankett 400 000

*Bemaltes Bienenstockstirnbrettchen, sogenanntes „Bienenbrettchen“. Diese Stirnbrettchen sind an der Vorderseite der Bienenstöcke angebracht und besitzen an ihrer Basis ein Flugloch. Das Brettchen unten zeigt den Kreuzweg Christi.*

*Diese steinzeitliche Wandmalerei (ca. 12 000 v. Chr.) in den Cuevas de Araña bei Bicorp, Spanien, zeigt eine Honigsammlerin, die von Bienen umschwärmt wird.*

Sesterzen (kleine Silbermünzen) für Honig ausgegeben. Neben dem Bienenhonig diente den Köchen und Köchinnen zwischen Assyrien und Palästina vor allem der aus Baumfrüchten gepreßte „Dattelhonig" sowie der auch „Palmenhonig" genannte Palmsaft als Süßmittel. Das Wörtchen Honig wurde bald zum Synonym für Süße, und so verwundert es nicht, daß die Menschen, als sie im 4. Jahrhundert v. Chr. zum ersten Mal mit dem Zuckerrohr Bekanntschaft schlossen, dasselbe kurzerhand als „Honigrohr" bezeichneten.

### *Zucker aus allen Rohren*

Wer kann sich heute noch vorstellen, daß ein Volk wie das ungarische den Paprika erst lange nach Christoph Columbus kennenlernte, auf dessen Schiffen er erstmals den Weg nach Europa fand? Noch schwerer vorstellbar als ein Ungarn ohne Paprika ist allerdings ein Wien ohne Zucker. Und dennoch: Es hat sie auch hier gegeben, die lange, lange zuckerlose Zeit.
Zucker ist, so leid es dem Chronisten des Wiener Zuckers tun mag, nun einmal kein Wienerkind, sondern hat seinen Ursprung im fernen Neuguinea, und es waren die heute noch – übrigens aufgrund ihrer hohen Kulturstufe völlig zu Unrecht – als primitiv geltenden Melanesier, die in grauer Vorzeit erstmals bemerkten, wie wohlschmeckend es sein kann, an süßen Zuckerrohrstengeln zu kauen.
Über die genaue Datierung des historischen Datums sind sich die Wissenschaftler alles andere als einig. Die erste Bekanntschaft eines menschlichen Gaumens mit den Freuden des Zuckerrohrs (Saccharum officinarum) dürfte aber irgendwann zwischen 15 000 und 8000 v. Chr. stattgefunden haben. Rund zweitausend Jahre lang

*Zuckergewinnung im 19. Jahrhundert aus der chilenischen Zuckerpalme*

*Oben und rechts unten: Zuckerrohr (Saccharum officinarum) wird zur Zuckerrohrgewinnung angebaut. Die Pflanze hat maisähnliche Blätter und der bis zu sieben Zentimeter dicke Stengel enthält zuckersafthaltiges Mark. Die Pflanze wird in subtropischen und tropischen Gebieten auf durchlässigen Böden angebaut. Zuckerrohr benötigt in der Wachstumsperiode Temperaturen zwischen 25° und 28°C und regenreiche Sommer. Hohe Ernten weden nur bei dauernder Neupflanzung erreicht.*

haben die Melanesen daran vermutlich alleine gekaut, doch um etwa 6000 v. Chr. bahnte sich eine Veränderung in der Frühgeschichte des Zuckers an: Das bislang autochthon melanesische Zuckerrohr begann zu wandern. Es wanderte ostwärts und fand auf den Fidschi-Inseln sowie in ganz Polynesien so große Verbreitung, daß der Zucker dort sogar in die Schöpfungsgeschichte Eingang fand.
Nachdem die Welt, so erzählt die Legende, ursprünglich nur von Männern bewohnt gewesen sei, pflanzten diese eines Tages den Steckling eines Zuckerrohrs, das sie zufällig aus dem Meer gefischt hatten, in die Erde ein. Daraus entstand alsbald eine Frau, die sich zwar im Rohr verbarg, aber den Männern nächtens heimlich ein gutes Essen kochte. Dabei wurde sie allerdings ertappt und von einem der Männer zur Frau genommen. Aus dieser Verbindung, so erzählt man in Polynesien noch heute, entstand das Menschengeschlecht.
Westwärts wanderte der Zucker über die Philippinen, Borneo, Java und Sumatra landeinwärts nach China, Indien und Hinterindien. Hier, vor den Toren der Alten Welt, legte das Zuckerrohr allerdings einen mehrtausendjährigen Zwischenstopp ein, und es bedurfte erst des abenteuerlichen Indien-Feldzugs Alexanders des Großen, bis die abendländische Zivilisation erstmals

*Gegenüberliegende Seite:
Zuckerhältige Pflanzen und Zuckerfabrikationsprozeß in Westindien. (Stich aus „Ost-Westindischer und sinesischer Lust- und Staatsgarten“, 1668)*

1.
2.
p. 263.
p. 265.
Bamboes Riet.
Rotang Zucker
3.
Zucker Schilff
p. 265.
4.
Das Zucker Roh: VIBA.
p. 266.
5.
Zucker-Mühle und Küche.
6.
p. 269.
p. 269.
Zucker-Preß.
Zucker-Läuterung.
7.
p. 269 u. 272.
8.
KOKOS oder Palmbaum
p. 299.
9.
10.
11.
12.
13.
West In = dische Palm = Bäume.
PINDOVA
p. 308.
CARNAIBA. I.
p. 309.
CARNAIBA. II.
p. 309.
TUCUM.
p. 310.
AIRI.
p. 310.

*Frühe Form der Zuckergewinnung in Indien (1812). Bereits 10 000 v. Chr. gab es auf Neuguinea Zuckerrohr, die Zuckergewinnung in geschichtlicher Zeit nahm aber in Indien ihren Anfang. Im Altertum nannte man die Provinz Bengalen „Land des Zuckers".*

auf den Rohrzucker kam. Es sollte allerdings auch von diesem Zeitpunkt an noch eine ganze Weile dauern, bis das Abendland mit dieser Errungenschaft tatsächlich etwas anzufangen wußte.
Auch in der Frage, wie die alten Inder und Chinesen mit ihrer frühen Kenntnis der Geheimnisse des Zuckerrohrs umgingen, sind wir heute eher auf Spekulationen als auf Tatsachen angewiesen. Von Zuckerverarbeitung in vorchristlicher Zeit finden sich keinerlei Spuren. Dafür liest man allerdings im Atharva-Veda, einem der

*Lateinamerikanische Zuckerrohrpflanzung, um das Jahr 1910.*

großen indischen Nationalepen, den Spruch: „Ich habe dich mit rankendem Zuckerrohr bekränzt, damit du mir nicht ungeneigt wärest.“

*Zuckerrohrernte in Ägypten, um die Jahrhundertwende*

Es ist nicht die einzige Stelle in der indischen Literatur, in welcher das Zuckerrohr eine Rolle spielt. Meist wird der Zucker darin als Saft, ja sogar als Rauschtrank gepriesen, und so liegt die Vermutung nahe, daß die Inder den Zucker zunächst als flüssige Nahrung zu sich nahmen. Wahrscheinlich saugten oder preßten sie die reifen Stengel der Zuckerrohre zunächst einfach aus und erinnerten sich angesichts der so erzielten süßen Geschmacksempfindungen ans Paradies. So wäre auch die alte indische Sage zu erklären, daß der Priester Vishvamitra das Zuckerrohr als Götterspeise für das dem Raja Trishanku geweihte irdische Paradies geschaffen habe.

Der Schritt vom Kauen und Auspressen des Zuckerrohrs zum Einkochen auf eine sirupartige Masse (modhu) bis zur Gewinnung eines kristallisierten Produkts (guda) bedurfte mehrerer Jahrtausende. Im Laufe der Zeit verdichten sich jedoch die Belege für die Verwendung von Zucker im Küchenalltag. So würzte man etwa einen Reispudding mit Milch und Zucker, man stellte gezuckerten Gerstenbrei her und schmeckte vergorene Getränke mit Ingwer und Zucker ab. An kulinarischem Ideenreichtum in Sachen Zuckerverwertung scheint es den alten Indern also nicht gemangelt zu haben.

*Afrikanische Zuckerrohrpresse*

*Durch Alexander den Großen kam das Abendland erstmals mit Indien in Berührung. Seine Krieger drangen bis in das Stromland des Indus vor und berichteten von einem Rohr, das „Honig ohne Bienen“ gibt, dem Zuckerrohr.*

*Gegenüberliegende Seite:*
*Blütenstand und verschiedene Wachstumsstadien des Zuckerrohrs. Die Ausschnitte zeigen einen Zweig der Blütenrispe (unten), die Trauben mit den sitzenden und gestielten Ähren (links) und eine ausgebildete Blüte mit Narben (Mitte). Die Stengelstücke mit den Knoten und Gliedern stammen von gelbem, gestreiftem, violettem und grünem Zuckerrohr.*

## *Das Glück des Nearchos*

Die Feldzüge Alexanders des Großen verliefen, wie man weiß, durchwegs ruhmreich, doch das Kriegsglück endete an den Grenzen von Persien nach Indien. Hier wurde der große Feldherr nämlich von seinem eigenen Heer zur Umkehr gezwungen, und Alexanders Heerführer scheinen dafür durchaus ihre Gründe gehabt zu haben. So war beispielsweise der aus Kreta stammende Admiral Nearchos, während er die Küste zwischen der Euphrat- und der Indusmündung entlangsegelte, auch in Kontakt mit der indischen Bevölkerung gekommen – und die hatte auf den beherzten Kreter alles andere als einen leicht unterjochbaren Eindruck gemacht. Und auch wenn Alexanders geplanter Indien-Feldzug letztlich an der Erschöpfung seiner eigenen Truppen scheiterte, so mag wohl dabei auch die Überlegung eine Rolle gespielt haben, daß die Inder über mancherlei Errungenschaften verfügten, die selbst Alexander dem Großen basses Staunen entlockten.

Eine dieser Errungenschaften war das von Nearchos gefundene „Schilfrohr, das ohne die Mithilfe von Bienen einen Honig hervorbringt, aus dem sich ein berauschendes Getränk herstellen läßt, obwohl die Pflanze keinerlei Früchte trägt“. Was Alexanders demoralisierte Truppen daher möglicherweise für einen Zaubertrank hielten, war in Wahrheit nichts anderes als der ausgepreßte Saft des Zuckers. Und Nearchos darf in der Zuckergeschichte wohl ohne Zweifel als der erste Europäer gelten, der am eigenen Gaumen verspüren durfte, wie Zucker schmeckt.

Es dauerte nicht lange, bis aus dem indischen „sarkara“ das griechische Wort „sakcharon“ wurde, und unter diesem Namen taucht es auch in der Arzneimittellehre des berühmten antiken Arztes Dioskurides (1. Jh. n. Chr.) als eine von 600 heilkräftigen Pflanzen auf: „Es ist eine Art geronnenen Honigs aus Indien und dem glücklichen Arabien, wird an Schilfrohren gefunden, ähnelt dem festen Salz und zerbröckelt wie dieses unter den Zähnen; in Wasser aufgelöst und getrunken, wirkt es gut für den Magen und erleichternd für die Gedärme; auch ist es gut bei Nierenleiden, und als Pulver beseitigt es auch die Trübungen des Auges.“

Redlicherweise muß in diesem Zusammenhang darauf hingewiesen werden, daß manche Wissenschaftler der Überzeugung sind, daß Dioskurides hier – wie auf ganz ähnliche Weise auch Plinius d. Ä. – keinen Rohrzucker, sondern Bambuszucker beschrieben hat, einen Kautschuk von süßlichem Geschmack, der mit unserem Zucker jedoch nicht das Geringste zu tun hat.

Umgekehrt weist der angesehene Lebensmittelforscher R. Y. Forbes in seinen 1966 erschienenen „Studies in Ancient Technology“ darauf hin, „daß in Indien ( … )

Georg Wigand's Verlag

*Der Zuckerhut und sein Nachfahre, der Würfelzucker*

zumindest in geringen Mengen Zucker produziert (wurde) und auch die römische Welt ( … ) in den Tagen von Plinius seine Bekanntschaft" machte.
Dadurch wird die verbreitete Annahme, daß die Antike keinen Zucker kannte, zwar relativiert, aber keineswegs widerlegt. Tatsächlich fand sich das antike Sakcharon – so es sich tatsächlich um aus Flüssigkeit kristallisierten Zucker handelte – allenfalls in den „Giftschränken" einiger antiker Forscher und Naturheilkundler, im täglichen Leben spielte es ganz gewiß keinerlei Rolle.

### *Vom Zuckerhut bis zum Koran*

Was den Griechen und Römern verborgen blieb, ergründeten indessen die Sassaniden (224 v. Chr.–651 n. Chr.), jenes mächtige persische Herrschergeschlecht aus dem heutigen Irak, das dem mittlerweile christianisierten Römischen Reich an dessen Ostgrenze immer wieder stark zu schaffen machte und 627 nicht nur Jerusalem, sondern auch das Kreuz Christi erbeutete.
Wie Nearchos, Dioskurides und Plinius hatten auch persische Mediziner Kenntnis vom indischen Zuckerrohr erlangt, dessen in Indien noch reichlich primitive Verarbeitung jedoch im Gegensatz zu Griechen und Römern weiterentwickelt. Um 600 n. Chr. war es schließlich so weit, daß sie ein Verfahren beherrschten, das den Zukker, der bislang nur als halberstarrter und abgepreßter Sirup bekannt war, durch mehrfaches Lösen und

*Weißer Zucker wurde über 1200 Jahre durch die sogenannte Hutreinigungsmethode hergestellt.*

*Künstlerische Darstellung der Zuckergewinnung auf Sizilien. Im Hintergrund wird das geerntete Zuckerrohr mit einem Esel herbeigeschafft, in Stücke geschnitten, anschließend in der Wassermühle zerkleinert und mit der Spindelpresse ausgepreßt. Der eingedickte Sirup wird in Formen gefüllt, in denen er kristallisiert. Die aus den Formen herausgelösten Zuckerhüte trocknen und werden versandt. (Kupferstich von Philipp Galle aus der Bilderfolge „Nova reperta", 1570)*

Kristallisieren von allen Fremdstoffen reinigte und als erste „Zuckerraffination" im modernen Sinn gelten darf. Als Läuterungsmittel verwendeten die persischen Zuckerforscher, die ihren Sitz in der Stadt Gondishapur am Ufer des Kleinen Tigris hatten, Milch, und da sie den Zucker in konischen, kegelförmigen Gefäßen ablaufen und erstarren ließen, gelten sie mit Recht auch als die Erfinder des Zuckerhuts, der jahrhundertelang die klassische Form des Zuckervertriebs bleiben sollte.
Die Expansion des Persischen Reiches bis nach Jerusalem rief unterdessen den oströmischen Kaiser Heraklius (675–641) auf den Plan, der in dem frommen Bestreben, das Kreuz Christi wieder dem christlichen Abendland zurückzugeben, 627 in das Perserreich eindrang, die königliche Residenz Dastagerd eroberte und dort – unter zahlreichen Gewürzen und Spezereien – auch ein ganzes Vorratslager persischer Zuckerhüte entdeckte, die in zeitgenössischen Quellen nach wie vor als „indisches Luxusgut" beschrieben werden.
In den folgenden blutigen Wirren um die Eroberung Jerusalems bekam der Zucker unversehens neben seiner wirtschaftlichen auch eine theologische Bedeutung. Heraklius, der glorreiche Retter des Heiligen Kreuzes, mußte nämlich miterleben, wie sein Lebenswerk allmählich zerbröckelte und das Persische Reich nach der Entmachtung der Sassaniden in arabische Hände fiel. Von der Arabischen Halbinsel aus verbreitete sich damals die von Mohammed (570–632) gegründete Religion des Islam mit einer für das christliche Abendland beängstigenden Geschwindigkeit über den gesamten Orient. Der Islam wurde zur persischen Staatsreligion, und während die arabischen Kalifen in nur einem knappen Jahrhundert von Bagdad aus ihr über ganz Afrika bis Spanien reichendes Weltreich errichteten, kam dem Zucker, dessen Produktion sie aus dem

*Zuckerhutform*

*Innenansicht einer Speicherkammer für Farinzucker. (Stich nach Diderot von Antonio Baratta, um 1771)*

*Gegenüberliegende Seite: Großer Trockenspeicher für Zuckerhüte im Längsschnitt (Stich nach Diderot von Antonio Baratta, um 1771)*

*Unten: Baster- oder Vergärtopf/Ablauftopf für den groben Sirup (Melasse)*

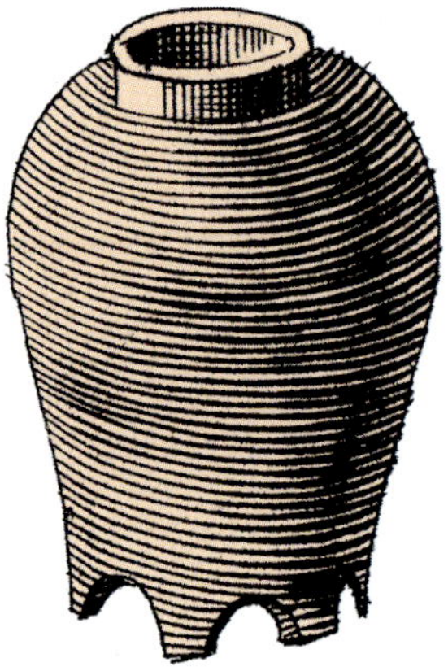

Sassanidenreich übernommen hatten, plötzlich eine ganz neue Funktion zu.
Das strenge Alkoholverbot des Islam machte die arabische Welt nämlich um so mehr für alle anderen Genußmittel empfänglich, und so war es vor allem der süße „Rauschtrank" aus dem Zuckerrohr, für den sich eine unerwartete Marktnische auftat: Als der Kalif von Bagdad im Jahre 807 Hochzeit feierte, soll er mit seinem Hofstaat die beachtliche Menge von 40 Tonnen Zucker und Süßigkeiten verzehrt haben. Die Steuern, um derartige Gelage zu bezahlen, trieben die Kalifen ebenfalls gerne in Zuckerform ein. Von Harun al Raschid wird beispielsweise berichtet, daß er seinen Zuckerrohr anbauenden Provinzen alljährlich eine Steuer von 10 bis 15 Tonnen Zucker abverlangt hat.
Die Kalifen förderten, nicht zuletzt wohl um dem „heidnischen" Wein den Garaus zu machen, den Anbau von Zuckerrohr in allen arabischen Provinzen, unter anderem auch in Sizilien, Malta sowie an der spanischen Südküste, und sie bedienten sich dabei vor allem auch des ägyptischen Know-hows in der Färberei, Glasherstellung und beim Seifensieden. Die in diesen Handwerkszweigen verwendeten Techniken wurden nämlich ab 710 auch auf die Zuckerproduktion angewandt. Zur Klärung der Zuckerlösung verwendete man nun nicht mehr Milch, sondern vor allem Kalk und Pflanzenasche, und die Zuckermasse wurde nicht mehr wie bisher durch ständiges Umkochen gereinigt, sondern durch das Decken oder Waschen genannte Ablaufenlassen des Muttersirups von den Zuckerkristallen.
Man deckte die gereinigte Zuckermasse dafür mit feucht gehaltenem Töpferton ab, und das von dieser Decke herabsickernde Wasser verdrängte den dunklen Sirupmantel, welcher die Zuckerkristalle einhüllte. Zurück blieben schließlich lediglich die weißen Zuckerhüte, die noch bis in unser Jahrhundert die wichtigste Produktionsform des Zuckers bleiben sollten.
Die Bezeichnung „Decken" wird übrigens auch noch verwendet, wenn es darum geht, dunklen Rohzucker in einer Zentrifuge zu reinigen.
Der Zucker – bislang eine luxuriöse Ingredienz der Märchenländer aus 1001 Nacht – verbreitete sich auf diese Weise über nahezu den gesamten Mittelmeerraum. Denn wo immer die Araber hinkamen, schreibt etwa der amerikanische Anthropologe Sidney W. Mintz in seinem Buch über „Die süße Macht", „brachten die Araber den Zucker mit – das Produkt und die Technologie seiner Herstellung; der Zucker ( ... ) folgte dem Koran."

*In Mitteleuropa lernte man den Zucker erst durch die Kreuzzüge kennen. Um 1100 berichten Kreuzfahrer von einem Honigschilf in der Ebene bei Tripolis: „Die Leute saugten die Rohre mit Wonne aus, freuten sich über den wohltuenden Saft und konnten sich wegen seiner Süßigkeit an diesem Genusse nicht ersättigen."*

# Der Zucker vom heiligen Kreuz

## Das Christentum entdeckt und verbreitet das Zuckerrohr

### *Zucker im Ostarrichi-Land?*

Gab es in Ostarrichi, jenem 996 urkundlich erstmals erwähnten Landstrich im heutigen Mostviertel, schon Zucker?
Jeder einigermaßen seriöse Kulturhistoriker wird auf diese Frage selbstverständlich den Kopf schütteln und darauf verweisen, daß hier – wie überall anders im christlichen Abendland – um diese Zeit noch wie weiland bei den alten Kelten und Germanen mit Honig gesüßt wurde.
Andererseits macht die Jahreszahl 996 gerade jenen stutzig, der sich bemüht, die verschlungenen Fährten des Zuckers im europäischen Mittelalter zu verfolgen. 996 ist nämlich jenes Datum, mit dem der französische Historiker Dorveaux in seinem Buch „Le sucre au moyen âge" den Einzug des Zuckers in Venedig ansetzt. Der amerikanische Zuckerhistoriker Sidney W. Mintz hält dieses Datum in seiner Zucker-Kulturgeschichte sogar für wesentlich zu spät angesetzt und verleiht seiner Überzeugung Ausdruck, daß der Zucker wahrscheinlich schon früher in Venedig zu finden war.
Wie dem auch sei: Venedig, das sich in der ersten Hälfte des zweiten Jahrtausends zum europäischen Haupthandelsplatz für den Zuckerhandel entwickelte, unterhielt 996 durchaus bereits Handelsbeziehungen mit den Gebieten nördlich der Alpen. Und so ist es zwar urkundlich in keiner Weise nachweisbar, aber auch keineswegs unwahrscheinlich, daß auf den Saumpfaden neben Seidenballen, Wein und Edelsteinen auch bereits so mancher Zuckerhut den Alpenhauptkamm überquert hat.
Ausführlich Gelegenheit, Bekanntschaft mit dem Zuckerhut zu schließen, hatten die Bewohner der damaligen Ostmark des deutschen Reiches allerdings erst hundert Jahre nach dem Ostarrichi-Datum, als im Jahre 1096 durch Papst Urban II. und seinen Propagandisten, den Prediger Peter von Amiens, die Aufforderung zum Ersten Kreuzzug erging, der auch durch Österreich führte. Das heiligmäßige Unternehmen endete zwar aufgrund mangelnder Ausrüstung mit einem strategischen Desaster, darf jedoch mit einigem Recht als Initialzündung für die abendländische Zuckerkultur gelten. (Tatsächlich hatten Wallfahrten zum Heiligen Grab in

*Gegenüberliegende Seite:*
*Mit dem Auspressen des Zuckerrohrs beginnt die Zuckergewinnung. Die Tafel zeigt zwei Arten von Mühlen. Das obere Bild eine von Pferden, Ochsen oder Maultieren betriebene Zuckerrohrmühle, das untere die Innenansicht einer geschlossenen Wassermühle. (Stich nach Diderot von Ferdinando Fambrini, um 1770)*

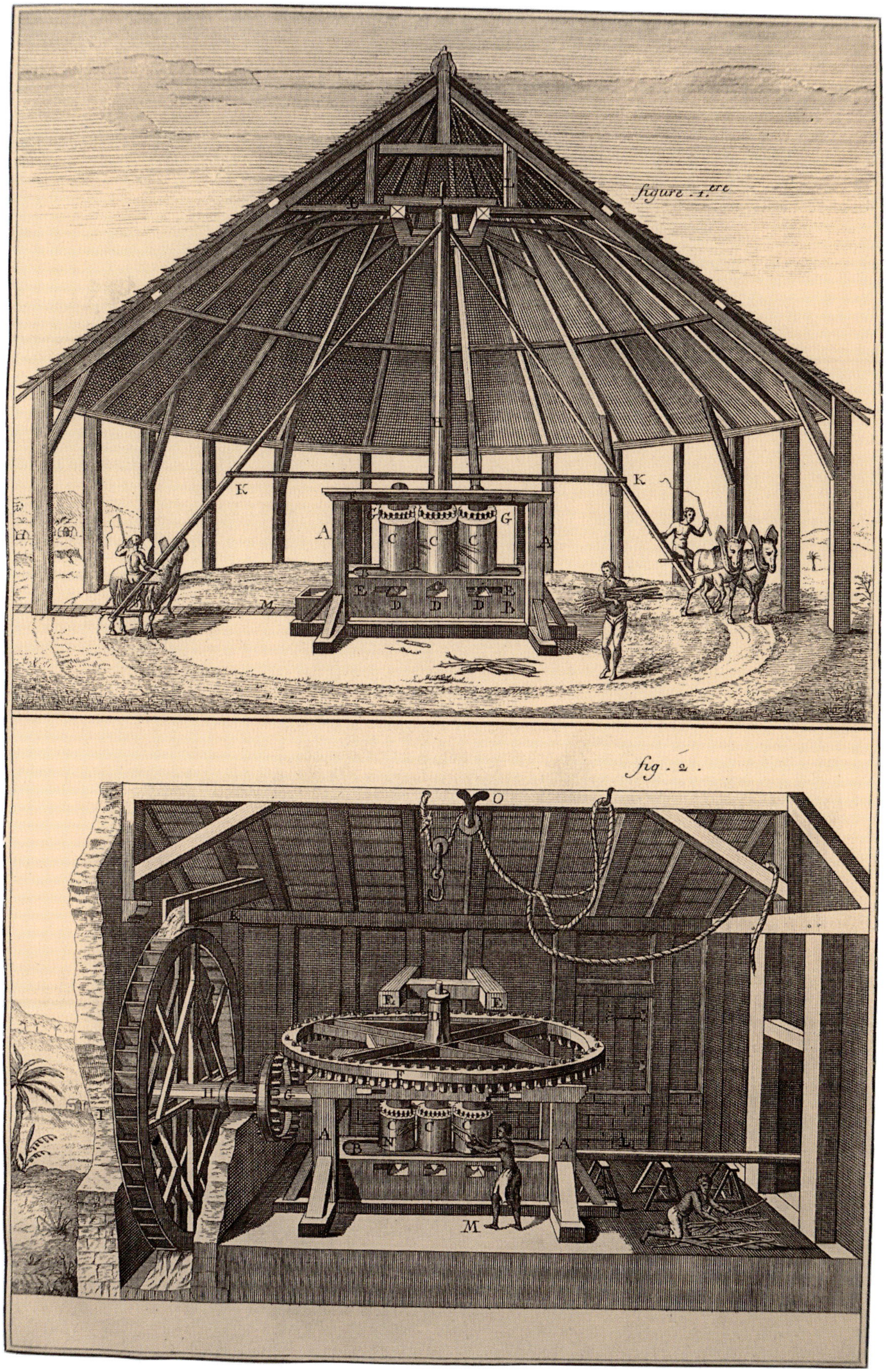
figure .1.ere
fig. 2.

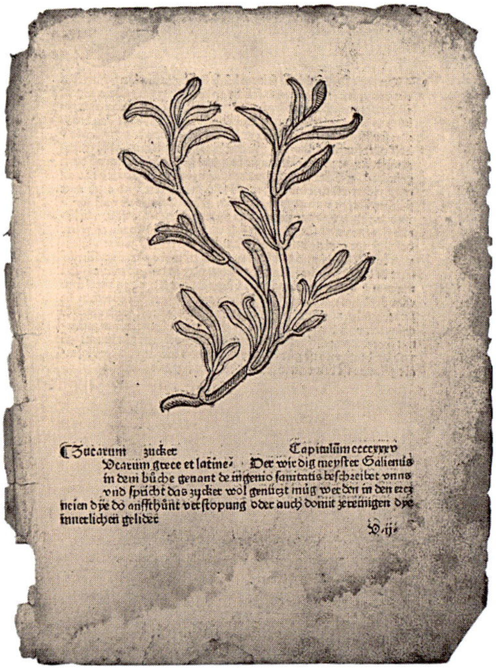
Zucarum zucker Capitulum ccccxxxv
Zucarum grece et latine. Der wirdig meyster Galienus
in dem büche genant de ingenio sanitatis beschreibet vnns
vnd spricht das zucker wol genüczt müg werden in den erczneien dye do auffthünt verstopung oder auch domit zereinigen dye innerlichen gelider

„Zukarum, zucker." Inkunabel mit erdachter Zeichnung vom Zuckerrohr. (Aus: „Gart der Gesundheit. Hortus Sanitatis", Mainz 1485)

Jerusalem schon seit dem vierten Jahrhundert immer wieder stattgefunden, und es darf daher angenommen werden, daß auch Wallfahrer früherer Jahrhunderte bereits mit der arabischen Zuckerkultur in Kontakt gekommen sind.)
Albert von Aachen, der später aufgrund von Augenzeugenberichten eine Chronik dieses Kreuzzugs verfaßte, schildert freilich, daß diese Begegnung mit dem süßen Element unter reichlich bitteren Begleitumständen stattfand:

*„In den Feldern der Ebene bei Tripolis fand man auch reichlich ein Honigschilf, das sie dort Zucra nennen; die Leute saugten die Rohre mit Wonne aus; freuten sich über den wohltuenden Saft und konnten sich wegen seiner Süßigkeit an diesem Genusse gar nicht ersättigen. Dieses Gewächs wird aber dort von den Einwohnern alljährlich mit großer Mühe angebaut. ( … ) An diesem Zuckerrohr von süßem Geschmack hat sich das Volk auch damals während der Belagerung von Elbarieh, Marrah und Arkah sehr erquickt, da es von so fürchterlichem Hunger gequält war."*

An anderer Stelle schreibt Albert von Aachen über Balduin von Edessa, den Bruder des Kreuzzugsführers Gottfried von Bouillon und nachmaligen König von Jerusalem: „Als um die neunte Stunde der schwere Kampf beendet war und Balduin siegreich ( … ) zurückblieb, schlug er daselbst die Zelte auf, weil dort ein Quell mit süßem Wasser und viel nach Honig schmekkendes Zuckerrohr war, woran die Christen sich erquickten."
Die Kreuzritter, die das „Königreich Jerusalem" in den Jahren 1099–1187 nicht nur politisch, sondern auch wirtschaftlich kontrollierten, lernten den Zucker im Heiligen Land jedoch nicht nur schätzen, sondern sie erlernten dort auch die Kunst, ihn selbst in sogenannten „Zuckermühlen" zu raffinieren. Besonders die Malteserritter, nach denen nicht ganz zufällig heute noch die „Malteserzuckerln" benannt sind, eigneten sich auf dem Gebiet der Zuckerproduktion sehr schnell eine hohe Kunstfertigkeit an, die sich schon bald auch in deutschen Landen herumgesprochen zu haben schien. Denn bereits 1205, also nur wenig mehr als ein Jahrzehnt nach Beginn des Ersten Kreuzzugs, wußte Wolfram von Eschenbach schon ganz genau Bescheid um die Geheimnisse des süßen Elements aus dem Süden. „Für Zucker äßen ihn die Frauen" – so lautet, nicht ohne doppelten Boden, die erste literarische Erwähnung des Zuckers in der deutschen Literatur.
Es dauerte vor dem Hintergrund des durch die Kreuzzüge in Bewegung geratenen Europas nicht lange,

bis sich auch in Venedig, dem wichtigsten Umschlagplatz des mittelalterlichen Warenverkehrs, Zuckerraffinerien etablierten, die schon bald im Ruf standen, die besten der Welt zu sein. Auch die Profession des Zuckerbäckers ist in Venedig bereits seit dem 12. Jahrhundert bekannt. Die Legende, daß die Kunst der Zuckerherstellung von einem Venezianer erfunden worden sei, wurde zwar vom Canale Grande aus jahrhundertelang kräftig genährt, ist allerdings falsch. Indessen kann man durchaus davon ausgehen, daß der hohe Standard der venezianischen Zuckerkultur nach Norden ausstrahlte, wovon auch jene Stadt profitierte, die später einmal als „das süße Wien" weltweit bekannt werden sollte.

*Christoph Kolumbus landet 1493 auf seiner zweiten Reise in Westindien und läßt auf San Domingo Zuckerrohr aussetzen*

### *Die Habsburger und der Zucker*

Das Haus Habsburg ist mit der Geschichte des Zuckers keineswegs nur durch Süßigkeiten wie Kaiserschmarren und Kaisergugelhupf eng verbunden. Wirklich Bekanntschaft mit der süßen Welt schloß das Herrscherhaus, das über ein halbes Jahrtausend lang das Antlitz Europas prägte, allerdings keineswegs von seiner Residenz in Wien, sondern von Spanien aus.

Als Philipp der Schöne (1478–1506), der Sohn Kaiser Maximilians I., 1496 durch die Heirat mit Johanna der Wahnsinnigen die spanische Krone an das Haus Habsburg brachte, war Spanien nämlich gerade im Begriff, gemeinsam mit Portugal zur Drehscheibe des internationalen Zuckerhandels zu werden.

Der junge Habsburger, dem als König von Kastilien leider kein allzulanges Leben beschieden sein sollte, fand Spanien in einem Zustand des beginnenden Kolonialrausches vor, den erst sein Sohn Karl V. (1500–1558) voll auskosten konnte.

Die Voraussetzungen dafür waren erst vier Jahre vor Philipps Heirat geschaffen worden. Damals war ein italienischer Zuckerfrächter, der Zuckerrohr von Madeira in seine Heimatstadt Genua transportierte, vom spanischen Königspaar mit der Erkundung eines neuen Seewegs nach Indien beauftragt worden. Es handelte sich um einen gewissen Christoph Kolumbus, der mit einer gebürtigen Madeirerin verheiratet war und daher auch genauen Einblick in die Produktionsvorgänge auf der portugiesischen Insel hatte, wo der Zuckerrohranbau bereits seit 1425 in voller Blüte stand.

Als Kolumbus die beiden Bahamainseln San Salvador und Haiti erreichte und damit erstmals seinen Fuß auf die Gestade der Neuen Welt setzte, fühlte er sich an das Klima von Madeira und der etwas südlicher liegenden Kanarischen Inseln erinnert, wo das Zuckerrohr ebenfalls prächtig gedieh. Bereits auf seiner zweiten

*Johanna die Wahnsinnige (Gemälde von Juan de Flandes, um 1500), links, und Philipp der Schöne (Gemälde, vermutlich von Juan de Flandes, um 1500), rechts*

*Kaiser Karl V. mit seiner Ulmer Dogge.*
*(Gemälde von Jakob Seisenegger, 1530)*

*Kaiser Ferdinand I. als 18jähriger Herzog.*
*(Gemälde von Hans Maler, 1521)*

Amerika-Reise hatte Kolumbus daher eine geballte Ladung karibisches Zuckerrohr mit an Bord der insgesamt 17 Karavellen, mit denen er 1493 von Cadiz aus in die Neue Welt aufbrach.
In einem Bericht, den der Entdecker Amerikas 1494 – es war das Jahr, in dem Philipp der Schöne die spanische Erbprinzessin ehelichte – an das spanische Königspaar schrieb, konnte Columbus bereits erfolgreich rapportieren: „Die kleine Menge Zuckerrohr, die man gepflanzt hat, gedeiht vortrefflich; entspricht die Güte der Schnelligkeit, so werden die hiesigen Produkte denen von Andalusien und Sizilien in nichts nachstehen.“ Daran schloß Christoph Kolumbus die Bitte an das Herrscherpaar, doch dafür „Sorge zu tragen, daß Zuckerrohr bester Art abgeschickt werde“.
So verhielt es sich ausnahmsweise einmal umgekehrt. Während Kolumbus und seine Nachfolger aus Amerika einen geradezu unerschöpflichen Reichtum neuer Kulturpflanzen – man denke etwa an Kartoffeln, Tomaten, Paprika oder Ölkürbisse – nach Europa brachten, schenkte er dem neuentdeckten Kontinent mit dem Zuckerrohr eine beinahe unerschöpfliche Quelle künftiger Prosperität. Freilich tat er das keineswegs ohne einen gewissen Eigennutz. Die Zuckersaat ging auf, und bereits 1516 konnte der erste Zucker aus der Neuen Welt zurück nach Spanien verschifft werden.
Philipp der Schöne war damals längst gestorben, und der erst sechzehnjährige spanische Thronfolger Karl erbte gerade von seinen Großeltern Aragonien, Neapel, Sardinien sowie Sizilien und stand damit am Beginn jenes Weltreichs, in dem nicht nur die Sonne niemals unter-, sondern auch der Zucker niemals ausging, ob er nun von den europäischen Atlantikinseln oder aus Übersee kam.
Freilich: Die Transportkosten waren in jedem Fall hoch, und der Zucker blieb daher noch lange, was er schon am Hof der Kalifen von Bagdad gewesen war: ein echtes Luxusprodukt, das zwar der adeligen Oberschicht in reichem Maße zur Verfügung stand, keineswegs jedoch den breiten Massen.
Für Karls jüngeren Bruder Ferdinand, der wie er am spanischen Hof aufwuchs, war indessen soviel Zucker und Zuckerwerk vorhanden, daß ihm die gediegensten süßen Leckereien geradezu ein Lebenselixier wurden. Es verwundert also keineswegs, daß Ferdinand darauf auch nicht verzichten wollte, als er 1521 im Zuge der Erbfolge die österreichischen Lande zugesprochen erhielt und 1522 nach Wien ziehen mußte, von wo aus er später als Kaiser Ferdinand I. (1556–1564) das Heilige Römische Reich regierte.

*Darstellung einer Zuckermühle in Brasilien: „Praefecturae Paranambucae pars borealis, una cura praefectura de Itamarca". (Kolorierter Stich aus dem Atlas Blaeu, Bd 45, Tafel 8, Mitte 17. Jahrhundert)*

### *Von Zuckerbäckern und Zuckergelehrten*

Es mag ein wenig verwunderlich sein, daß der junge Habsburger-Erzherzog Ferdinand ausgerechnet am bekannt strengen und lustfeindlichen spanischen Hof seine Liebe zu Schleckereien, Marmeladen, eingelegten Früchten und all den anderen süßen Sachen entdeckte. Des Rätsels Lösung findet sich allerdings nicht in Madrid, sondern wesentlich weiter nördlich, im Reich der als besonders lebenslustig und allen Gaumenfreuden aufgeschlossenen Burgunderherzöge, zu dessen wichtigsten Ländereien auch die Niederlande zählten. Schon Ferdinands und Karls Großvater, Kaiser Maximilian I., war, als er ganz im Sinne der habsburgischen Heiratspolitik („Tu felix Austria nube! – Du, glückliches Österreich, heirate!") mit Maria von Burgund vermählt wurde, vom Glanz der Städte Gent und Brügge geblendet worden. Besonders jedoch beeindruckte ihn der schier unerschöpfliche Reichtum an feinem Konfekt und edlen Konfitüren – kurzum: an den Metamorphosen des Zuckers.

Ähnlich wie die Republik Venedig waren auch die

*Porträt eines Zuckerbäckers aus dem 16. Jahrhundert*

Niederlande, was die Versorgung mit dem Rohstoff Zucker betraf, in einer durchaus bevorzugten Lage. Die Handelsstadt Brügge galt als „Venedig des Nordens“ und damit als wichtigster Umschlagplatz aller Waren, die auf den Weltmeeren verschifft wurden. Es fehlte hier also weder an Zucker von den kanarischen Atlantikinseln noch an vazierenden Künstlern, die ihr Handwerk im zuckersüßen Süden gelernt hatten und die in den stets ein wenig zur Ausschweifung tendierenden Burgunderherzögen großzügige Mäzene und Arbeitgeber fanden. So entstand hier allmählich der Beruf des „Kanditors“, der auf niederländisch auch „Zuggermacher“ genannt wurde. In seinen Aufgabenbereich fiel neben dem damals bereits besonders beliebten Kandieren von Früchten und dem Einkochen von Obst mit Hilfe von Zucker auch die Herstellung des berühmten „Hypocras“, eines durch Zucker und Gewürze zu fast likörartiger

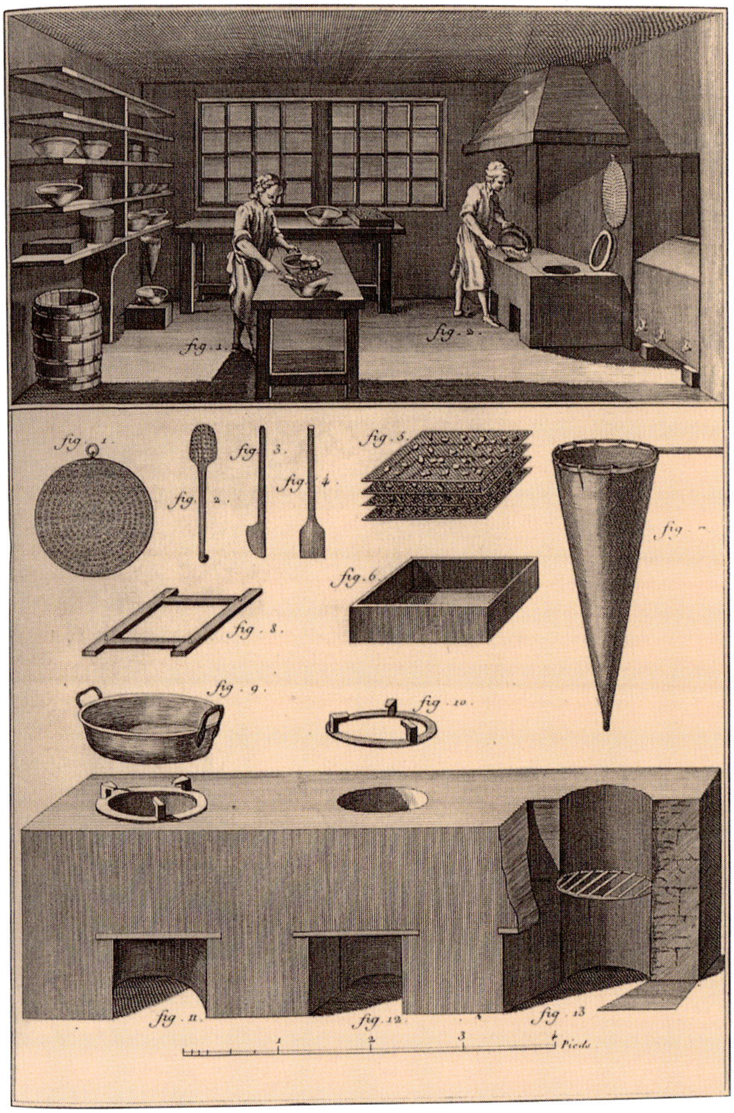

*Zuckerbäckerstube im 18. Jahrhundert. (Stich nach Diderot von Antonio Baratta, 1772)*

Konsistenz verfeinerten Burgunderweins, über den der Straßburger Botaniker, Medicus und nachmalige Hofapotheker des Herzogs von Mecklenburg, Walther Hermann Ryff (1500–1548), in seinem „Confect-Büchlein“ (1544) schrieb:

*„Hypocras ist ein köstlicher, lieblicher und anmutiger Trank, der gemeinhin in allen gut ausgerüsteten Apotheken zubereitet wird, und zwar nicht allein gegen allerlei Leiden und Gebrechen des Leibes, sondern auch zur Wollust von herrlicher fürstlicher Bankette, wo ein solch edles Getränk mehr zur Prachtentfaltung und zum Überfluß als zur Erhaltung der Gesundheit dient und ebenso unnütz verschwendet und vergeudet wird wie das köstliche Marzipan-Kraftbrot mitsamt vielen anderen kostbaren Confecten. Dieser Trank wird auch gemeinhin wie eine kalte Suppe auf nüchternen Magen getrunken,*

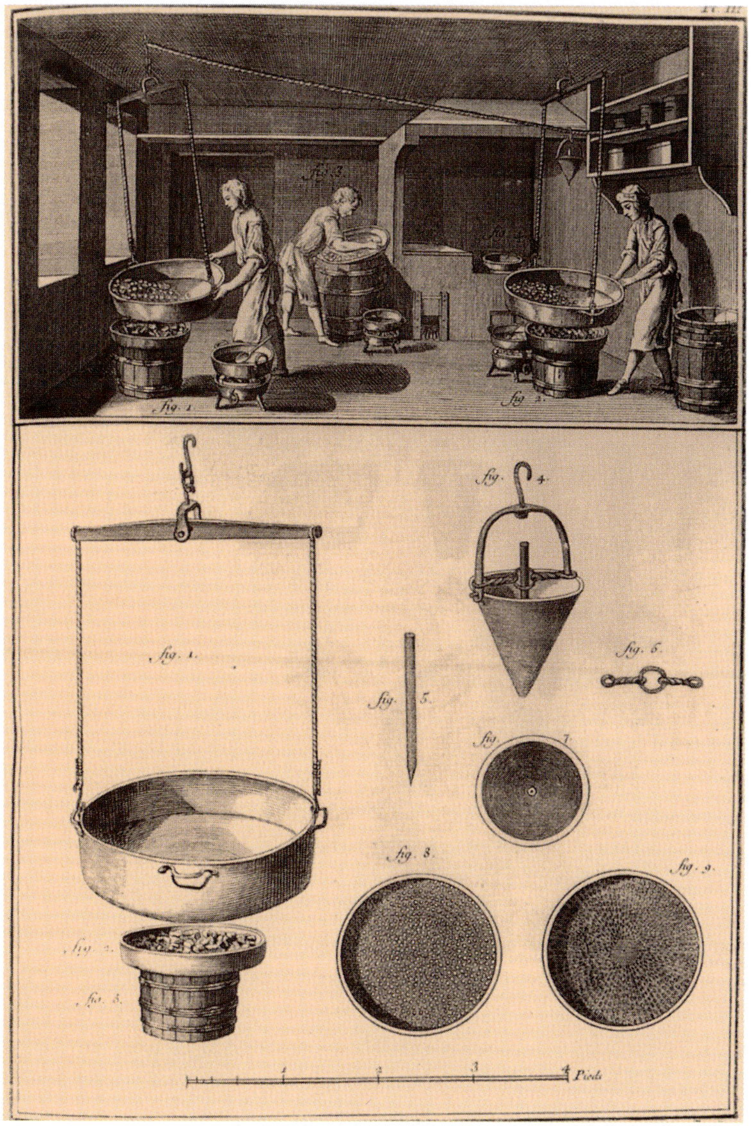

*Zuckerbäcker bei der Erzeugung von Dragees. (Stich nach Diderot von Antonio Baratta, 1772)*

*Marzipanfrüchte*

*Kaiser Maximilian I. mit seinem Sohn Philipp dem Schönen, seiner Gattin Maria von Burgund, seinen Enkeln Ferdinand I. und Karl V. sowie seinem Adoptivsohn Ludwig II. von Ungarn. (Gemälde von Bernhard Strigel, 1516)*

*und zwar von jenen, die eine lange Nacht in Üppigkeit und Mutwillen mit Fressen, Saufen und anderen Lastern zugebracht haben. Dieser Trank ist fast schleckerhaft und voll Anmut auf der Zunge. Außerdem erwärmt er den erkalteten Magen, weckt neuen Appetit, stärkt und bekräftigt die Verdauung und erweist sich fast schon als nützliche, heilsame und kräftige Arznei.“*

Ganz nebenbei nennt Herr Ryff übrigens auch eines der ältesten „Martzapan“-Rezepte der Kochbuchliteratur:

**Marzipan**
*Nimm auf ein halbes Pfund gestoßene Mandeln, dreiviertel Pfund Zucker, vom besten und schönsten, siede denselben mit Rosenwasser, bis alle Feuchtigkeit verzehrt wird, und rühre also die gestoßenen Mandeln darunter, über dem Feuer, so wird auch ein schöner weißer Teig daraus, den streich auf Oblaten in ein kreisrundes Reiflein, so dick und breit du solches Marzipan haben willst. Dann so lege sie in eine dazu gemachte Fladenpfanne mit einem Dekkel, mach ein fast blindes Feuer darunter, laß es gemächlich backen und trocknen. Hab gute Sorge, daß du es nicht verbrennst. Etliche tun vom allerbesten Zimt, rein gestoßen und subtil, gar wenig in den weißen Teig, ehe sie ihn aufstreichen, damit solch Marzipan kräftiger sei.*

Die Verbindung der Niederlande zum spanischen Hof ergab sich einmal mehr durch die österreichische Heiratspolitik. Maximilians burgundische Gattin Maria war schließlich die Mutter jenes Philipp des Schönen, der durch seine Heirat mit Johanna von Aragon das spanische Königreich an das Haus Habsburg band. Ohne es zu wollen, sahen sich die Niederländer – übrigens durchaus gegen ihren Willen – mit der ungeliebten spanischen Krone verbunden. Eine Konstellation, die übrigens auch von Frankreich jahrhundertelang mit äußerstem Argwohn betrachtet und in weiterer Folge auch bekämpft wurde.
Süß war und blieb an all diesen fürstlichen Vernunftehen letztlich nur der Zucker. Und als Ferdinand I. – seinem ganzen Wesen nach das, was man „einen Süßen“ nennt – 1522 seine Residenz in Wien aufschlug, war er damit, was die Donaustadt auf dem Gebiet des „Kandierens“ zu bieten hatte, alles andere als zufrieden. Ferdinand ließ also kurzerhand eine „Hof Compostrey“ für die Herstellung von Konfitüren und Fruchtsäften eröffnen, für die er „Zuggermacher“ und Zuckerblaser, die in der Lage waren, mit einem Blasröhrchen die unterschiedlichsten Hohlformen und Figuren aus Zucker herzustellen, aus den Niederlanden und Spanien an den Wiener Hof berief. Wirklich offiziell kann dieses „süße Kommando“ des Kaisers allerdings nicht vonstatten

*Darstellung einer Zuckerbäckerküche. (Stich 1694)*

gegangen sein. Denn in den Hofstaatslisten Kaiser Ferdinands wird man Hinweise auf frühe „Zuckerbeamte“ vergeblich suchen.
1560 trat dann jedoch auch offiziell, und zwar in Person des Holländers Matthias de Voss, der erste Wiener Hofzuckerbäcker in der Funktion eines „Zuggerpachers“ mit einem Jahresgehalt von 93 fl 30 kr seinen Dienst an und wurde – ganz comme-il-faut – 1566 auch in die Akten des Wiener Hofkammerarchivs eingetragen.
Die von Ferdinand I. angezettelte Zuckerrevolution fiel in Wien jedenfalls auf süßen Boden. Vielleicht hatte der aus Spanien angereiste Thronfolger auch ein wenig übertrieben, als er sich über die mangelnde Zuckerkultur seiner künftigen Untertanen mokierte. Zucker von den Kanaren war für die feineren Leute längst, wie auch überall anders in Europa, zunächst in den Apotheken erhältlich, und in Wien hatte sich ein gewisser Hanns Eysengrein sogar schon 1519 – also fast 40 Jahre vor Matthias de Voss – das Privileg des Konfektverkaufs

*Bestreute Schokoladepastillen*

Der Lebküchner. (Stich von Christoph Weigel, 1698)

Lebzeltherz mit Zuckerverzierung

gesichert, das er damit den Wiener Apothekern abnahm: Als „Confectmacher in Wien" spezialisierte er sich, wie auch seine Vorbilder, die italienischen „confectionarii", auf die Herstellung von verzuckerten Früchten, Gewürzstangen oder Nüssen sowie sogenannten „Zeltlein" aus gesponnenem und gefärbtem Zucker, zu denen wir heute schlicht „Zuckerln" sagen würden.
1555 schlug schließlich die Geburtsstunde der Wiener Zuckerbäckerinnung, die in Kaiser Ferdinand einen wohlwollenden Förderer fand. Einen solchen benötigte sie allerdings auch, denn das zuckersüße Treiben der neuen Zunft erweckte bei den angestammten Lebzeltern und Bäckern nichts als Neid und Mißgunst. Und es dauerte mehr als nur eine geraume Weile, bis die Zuckerbäcker, nachdem sie sich ausdrücklich verpflichtet hatten, keinerlei Ware aus Mehl zu backen, sondern lediglich „glatte und krause Confecte" aus Mandeln, Kastanien, Zibeben, Pistazien und Reis zu verarbeiten, als eigenständiges und angesehenes Handwerk galten.

Der Rohstoff, den sie dafür verwendeten, kam – wie gesagt – meist von ziemlich weit her, entweder von Madeira und den Kanarischen Inseln oder den Kolonien in der Neuen Welt. 1573 entstand in Augsburg allerdings bereits auch die erste Zuckerraffinerie auf deutschem Boden, der 1587 eine in Dresden folgte. Die erste wissenschaftliche deutsche Zuckerkunde, die „Saccharologia“ des Angelus Sala, wurde im Auftrag des Herzogs von Mecklenburg-Schwerin erst 1637 von einem gebürtigen Italiener verfaßt, der die Zuckerwirtschaft in Venedig kennengelernt und studiert hatte.
Bis zu einer echten zentraleuropäischen Zuckerindustrie war es damals freilich dennoch ein weiter Weg – und Zucker blieb, was er schon seit der Zeit der Kreuzzüge war: exotisch.

*Wiener Mandeln*

*Der Zuckerbäcker. (Stich von Christoph Weigel, 1698)*

*Sklavenschicksal, um 1830*

### *Der Zucker und die christliche Seefahrt*

Um es gleich vorwegzunehmen: Besonders christlich war es nicht, wie die christliche Seefahrt mit dem Zucker, vor allem aber mit seinen eigentlichen Produzenten umging. Denn während die Zuckerhändler immer reicher wurden, gelangten jene Völker, die Zuckerrohr anbauten und verarbeiteten, zunehmend ins Elend und fast durchwegs in die Sklaverei. „Das Band zwischen Zuckeranbau und Sklaverei, das bis zum 19. Jahrhundert erhalten bleiben sollte", schreibt der Geograph J. A. Galloway in seiner 1977 erschienenen Arbeit über die mediterrane Zuckerindustrie, „wurde bereits auf Kreta, Zypern und in Marokko geschmiedet". Schuld an diesem Zustand war, so meint zumindest Galloway, in erster Linie der Schwarze Tod, der diese Länder im 15. Jahrhundert mit besonderer Härte heimsuchte. Der Arbeitsmarkt wurde dadurch

*Gegenüberliegende Seite: Zuckerrohrplantage auf Guadeloupe um 1900. Die unteren Darstellungen zeigen den Querschnitt durch die Trockenkammer, in der Zuckerhüte auf Rosten aufgereiht sind, verschiedene landwirtschaftliche Geräte und einen Zuckerrohrstengel. (Stich nach Diderot von Giovanni Ganocchi, um 1770)*

*Rechts: Sklavenfang in Afrika. Ganze Familien werden gefesselt von den Bewachern zur Küste getrieben und von Sklavenschiffen in die Neue Welt transportiert. (Lithographie, um 1865)*

fig. 2.
M
L
K
N
fig. 1.ere
A
I
I
B
B
F
C
F
D
E
fig. 4.
P
fig. 3.
O
fig. 5.
Q
fig. 6.
R
fig. 7.
S

besonders eng, und da die Zuckerrohrernte- und Verarbeitung eine ebenso personalaufwendige wie zeitintensive Tätigkeit ist, lag für die frühe europäische Zuckerindustrie der Rückgriff auf Sklavenarbeiter geradezu auf der Hand.
Was im Mittelmeerraum, auf Madeira oder den Kanaren seine „Generalprobe" erlebte, sollte schließlich in der Zuckerproduktion der Neuen Welt zum Normalfall werden. Mit Hilfe der unterworfenen indianischen Bevölkerung und eigens dafür aus Europa importierter Negersklaven bewirtschaftete der Mexiko-Eroberer Hernando Cortez (1485–1547) auf seiner Plantage Tuxtla bei Veracruz gleich zwei Zuckerrohrmühlen, über deren Anlage er 1524 stolz seinem Lehensherren, Kaiser Karl V., berichtete. Dabei fiel dem ehemaligen Konquistador auch auf, daß Indianer und Negersklaven recht unterschiedliche Fähigkeiten hatten: Während er die Indianer lieber für die Rohrpflanzungen einsetzte, leisteten ihm, wie er meinte, die Neger bei der Zuckergewinnung die besseren Dienste.
Der Peru-Eroberer Pizarro war da mit noch ganz anderen Problemen konfrontiert. Als er 1529 immer ausgedehntere Zuckerrohr-Plantagen für die landwirtschaftliche Nutzung der eroberten Landstriche anlegen ließ, bedauerte er erstmals, daß man die indianische Urbevölkerung so gut wie ausgerottet hatte – und forderte entsprechende Sklaven-Kontingente aus Spanien an.
In Brasilien wiederum waren es ausgewiesene Juden sowie verurteilte Verbrecher und deportierte Dirnen, die

*Zuckerrohrpresse und Zuckersiederei als Kinderbuchdarstellungen. (Zwei Kupferstiche von Emanuel Eichel nach Vorlagen von Christian Erhardt, 1779)*

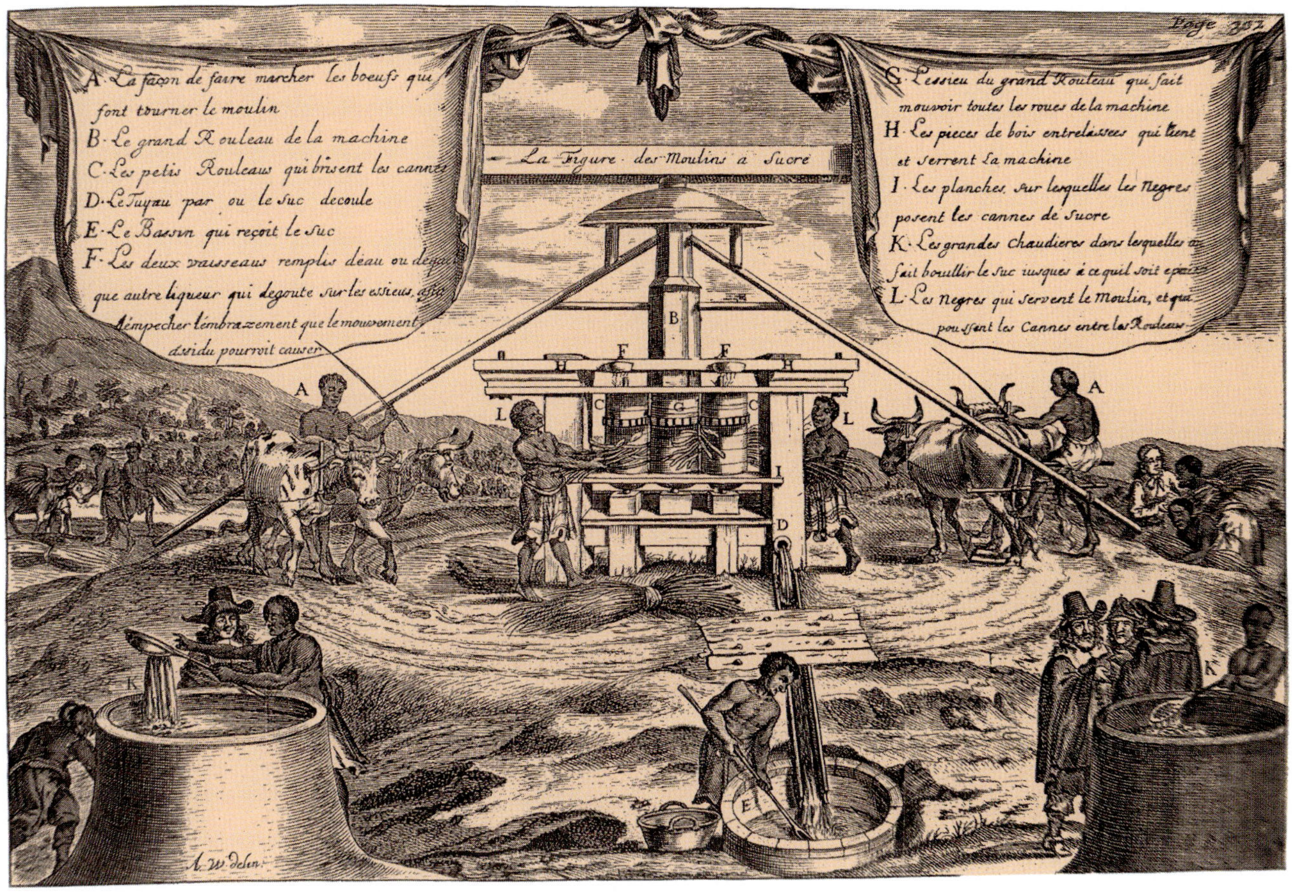


*Holländische Zuckerrohrmühle mit Sklaven auf Jamaika. (Aus: „Histoire Naturelle et Morale des Antilles de l'Amérique", 1665)*

eine bis heute florierende Zuckerindustrie aufbauten. Durch die massenhafte Ausrottung der indianischen Urbevölkerung wurde der Arbeitskräftemangel schon in den zwanziger Jahren des 15. Jahrhunderts in ganz Mittel- und Südamerika eklatant, und der Sklavenhandel blühte entsprechend. Allein auf San Domingo gab es 1530 bereits 30 große Zuckersiedereien, auf deren Plantagen 30 000 Negersklaven arbeiteten. Insgesamt wird angenommen, daß in den Jahren 1517 bis 1860 mehr als 30 Millionen schwarze Sklaven – wegen ihrer wertvollen Arbeitskraft auch „schwarzes Elfenbein" genannt – von Westafrika nach Amerika verfrachtet wurden.
Der Transport der billigen Arbeitskräfte funktionierte dabei relativ einfach: Die Schiffe, die den gewonnenen Zucker neben zahlreichen anderen Kolonialwaren aus der Neuen Welt nach Europa brachten, fuhren nicht leer nach Amerika zurück, sondern luden vor der erneuten Überquerung des Atlantiks an Afrikas Küsten ihre gesamte Förderkapazität mit Sklaven voll.
Die Kanditoren, Zuckerbäcker und Konfektmacher in Europa kümmerten derlei menschliche Tragödien in Übersee allerdings recht wenig, möglicherweise haben sie auch gar nichts davon erfahren. Zucker war, ob er

*Ansicht einer Plantage an der Reede von Rio, Brasilien. (Lithographie nach einer Vorlage von Johann Moritz Rungendas)*

nun von den Kanaren oder aus der Karibik stammte, sündteuer – und wer ihn bezahlen konnte, der fragte nicht danach, ob er sein Zuckerbrot nicht in Wahrheit nur der Macht der Peitsche verdankte.

### *Verzuckerte Trachten und schleckrige Possen*

Es war keineswegs der mit der Zuckerrohrausbeute verbundene Sklavenhandel, der die ersten Kritiker der neuen Zuckerkultur auf den Plan rief. Nicht daß der Zuckerhandel dem Gebot der Nächstenliebe zuwiderliefe, tadelten fromme Gottesmänner wie Abraham a Sancta Clara (1644–1709). Ihnen ging es vielmehr um jene zunächst klammheimliche und im Laufe der Zeit immer offener zur Schau gestellte Lüsternheit, die sie unter dem Zuckerguß zu orten glaubten. Allen möglichen „verzuckerten Trachten, krystallenen Sülzen und schleckrigen Possen", so kanzelte der strenge Gottesmann seine Schäflein ab, gingen dieselben auf den süßen Leim.

Gleichzeitig geißelte Abraham jedoch auch die Mode, um jeden Preis Leckerbissen aus den entlegensten Teilen der Welt nachzujagen, wobei die verderbten Genießer „gantze Schüßlen von Calecutischen Confect auslähren", weil die „Teutsche[n] Speisen ( ... ) nur für die Bauren-Hochzeit gehören. Jetzt müssen die Cappauner

mit Pistätzen und Piscotten gefüttert werden. Die Sardellen müssen im Spanischen Wein gebeitzt werden/die Materien zum Dorten müge genommen werden/wo die Zucker-Candel an statt der Eyszapffen von Dächern hängt."
Wo von der Kanzel dermaßen gegen „Zucker-Candeln" gewettert wird, dort müssen sie – so darf man zumindest annehmen – auch in den Lebensgewohnheiten eine große Rolle spielen. Und dafür, daß sie das im barocken Wien sehr wohl taten, ist keineswegs nur Abraham a Sancta Clara ein verläßlicher Zeuge, von dem auch der gewiß vor allem auf die verderbliche Tätigkeit der Wiener Patissiers gemünzte Ausspruch stammt: „Die Köch wissen fast keine neuen Inventiones mehr genugsam zu erdichten, damit sie nur ihrer Herren delikate Zungen nach Contento delektieren."
Wer in Kochbüchern blättert, die Ende des 17. und zu Beginn des 18. Jahrhunderts entstanden sind, wird beispielsweise feststellen, daß es bereits zu Pater Abrahams Zeiten Rezepte für einen „Mülch Raimb Strudl" – den Vorläufer unseres Millirahmstrudels – Mandelbögen und Mandelpasteten sowie zahreiche andere frühe Vorboten des Wiener Mehlspeishimmels gab.
Das 18. Jahrhundert erwies sich dann endgültig als ein Säkulum der Süßigkeiten, Torten, Krapfen und all der anderen Köstlichkeiten, die im Jahre 1794 schließlich in dem Standardwerk „Der vollständige wienerische Zuckerbäcker oder praktische Anleitung eines herrschaftlichen Koches und Zuckerbäckers" münden. Der Koch, der dieses Werk verfaßte, hat den Zuckerbäcker übrigens recht ordentlich herausgekehrt. Denn Zucker empfiehlt er keineswegs nur für die Mehlspeisküche, sondern setzt ihn – etwa bei einem in Butterteig gebackenen Blattspinat – auch bei durchaus pikanten Gerichten als Gewürz ein. Aus dieser Epoche stammt

*Abraham a Sancta Clara. (1644–1709), (Anonymes Gemälde, Ende 17. Jahrhundert)*

*„Anti-Saccarites" – In England bildet sich eine Bewegung gegen Zuckerverbrauch und Sklaverei: Die „Anti-Saccaristen" oder John Bull und seine Familie verzichten auf den Zucker: König Georg III. schlürft begeistert seinen zuckerlosen Tee, während die Queen den mißmutigen Prinzessinnen erklärt, wie vorzüglich doch Tee ohne Zucker schmecke. (Radierung von James Gillray, 1792)*

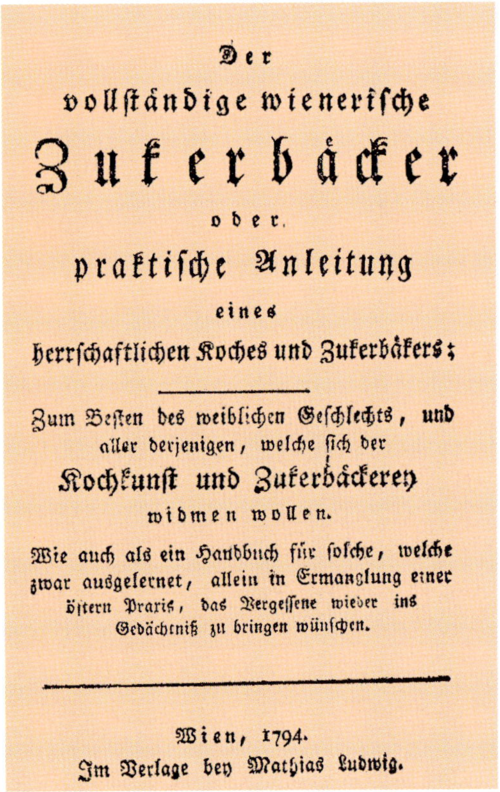

Der
vollständige wienerische
Zukerbäcker
oder
praktische Anleitung
eines
herrschaftlichen Koches und Zukerbäkers;

Zum Besten des weiblichen Geschlechts, und aller derjenigen, welche sich der
Kochkunst und Zukerbäckerey
widmen wollen.
Wie auch als ein Handbuch für solche, welche zwar ausgelernet, allein in Ermanglung einer öftern Praxis, das Vergessene wieder ins Gedächtniß zu bringen wünschen.

Wien, 1794.
Im Verlage bey Mathias Ludwig.

*Titelblatt des Standardwerks: „Der vollständige wienerische Zuckerbäcker oder praktische Anleitung eines herrschaftlichen Koches und Zuckerbäckers", Wien 1794*

wohl auch die in Wien – im Unterschied zu anderen Städten und Landesküchen – bis heute beibehaltene Gewohnheit der leicht gesüßten Salatmarinaden und gezuckerten Tomatensaucen.
Zudem wurde der Zucker gerade in der maria-theresianischen Epoche auch für das gehobene Bürgertum erschwinglich. Ein halbes Kilo Zucker kostete damals 34 Kreuzer, während man in der „Goldenen Anten" in der Schulerstraße für 17 Kreuzer – also den Gegenwert eines Viertelkilos Zucker – immerhin schon sechsgängig speisen konnte. Ein Wiener Faschingskrapfen, der nicht mit Honig, sondern mit Zucker gesüßt war, kostete damals fünf Kreuzer, und ein einfacher Wiener Zimmermann verdiente um die Mitte des 18. Jahrhunderts 24 Kreuzer am Tag und mußte für ein Kilo Zucker daher ziemlich genau drei Tage arbeiten.
Die Brennpunkte des „süßen Wien" waren damals beispielsweise die „Kunigund" in der Bräunerstraße und

*Gegenüberliegende Seite:*
*Zuckerbäcker in zeitgenössischer Tracht, der seine zahlreichen Erzeugnisse zur Schau stellt. (Kolorierter Kupferstich von M. Engelbrecht, um 1720)*

*Rechts: Patisseriestube im 18. Jahrhundert. (Stich nach Diderot und d'Alembert, 1762)*

Un Confiſſeur. Ein Zuckerbacher od: Candifer.

1. Un pain de ſucre. 1. ein Zuckher Hüth. 2. Citron. 2. Zitrone. 3. Orange. 3. Pomeranze. 4. pommes et poires. 4. Äpffel und Birn. 5. Raiſins. 5. Weintrauben. 6. toute ſorte de Sucreries en piramide. 6. ein von köſtlichen Sachen zugerichter Aufſatz. 7. repreſentation en ſucrerie. 7. ſchön formiertes od. Candiertes Zuckerwerckh. 8. forme de noix empoivrée. 8. Pfeffer Nüße. 9. Langues de patiſsier. 9. Maul Taſchen. 10. Maſſe pains. 10. Marzepan. 11. Forme. 11. Model. 12. Pain d'epices. 12. Leb Kuchen.

*Krapfenverkäufer in Wien*

das „Krapfenmädel" am Kohlmarkt, das angeblich „so hübsch wie ein Krapferl" war. Und auch die vor allem aus Italien nach Wien gekommenen „Mandoletti-händler" hatten, wie sich Johann Pezzl 1783 erinnert, mit ihren süßen Schleckereien Hochsaison:

*„Überall flitzen sie mit ihren Bauchladen herum, besetzen die Straßenecken, die Spazierwege, die Gärten, die Schauspielhäuser. Vor sechs Jahren waren ihrer nur zwei solcher welscher Schleckereientrödler, heute sind ihrer wohl vierzig, welsche wie deutsche."*

Die Mandolettihändler verdankten, um der Wahrheit die Ehre zu geben, ihren schlechten Ruf allerdings nicht nur ihrer fremdländischen Herkunft, sondern auch der Tatsache, daß sie neben Zucker auch noch andere „süße Sachen" verkauften. So erfährt man etwa durch den Theaterschriftsteller Ferdinand Eberl („Jeder bleibe bei seiner Portion"), daß ein Herr Mandolettitrödler im ersten Stock über einem Wiener „Mandolettigwölb"

*Faschingskrapfenarrangement in der Auslage der k. k. Hofzuckerbäckerei Demel*

*Der Zuckerbäcker oder Conditor. (Kolorierter Kupferstich von Georg Vogel nach einer Vorlage von Ambrosius Gabler, um 1790)*

recht „niedlich hergerichtete Zimmer" als Stundenhotel betrieb.

Den im Gegensatz zu den Mandolettis mittlerweile schon alteingesessenen Wiener Zuckerbäckern machte die süße Konkurrenz aus dem Süden jedenfalls alles andere als Freude. Sie beschwerten sich bei Kaiser Josef II. über das Mandolettiunwesen in der Wiener Innenstadt und wurden vom Kaiser in den Prater und in die Vorstädte verbannt, wo sie als Wiener Volkstypen noch lange Zeit das Straßenbild belebten.

Die Mandolettis stießen in der Hofkammer des aufgeklärten Asketen Josef II. übrigens auf ebensowenig Sympathie wie der Zucker selbst, den man von Amts wegen eher als notwendiges Übel denn als förderungswürdigen Wirtschaftszweig verstand: In einem an den Kaiser persönlich gerichteten Dokument aus dem September 1789 macht ein ungenannter Beamter beispielsweise kein Hehl daraus, was er von der

„verzuckerten“ Wiener Lebensweise wirklich hält: „Der Zucker ist in sich eine Ware des Luxus“, schreibt er, „und nur eine Art von Bedürfnis des Adels und der reicheren Klassen des geistlichen und Bürgerstandes. Dem Landmann und dem ärmeren Bürger gab die Natur, die für die wahren Bedürfnisse eines jeden Klimas sorgt, den ebenso angenehmen wie gesunden Honig, welcher nach der Entdeckung von Amerika durch den Zucker von den Tafeln der Reicheren zum großen Nachteil der Bienenzucht ist entfernt worden.“
Die Wiener Leckermäuler scheinen solche mahnenden Worte freilich in den Wind geschlagen – und recht munter weitergeschleckt zu haben. Sie hielten sich weniger an vertrocknete Hofbeamte als an Emmanuel Schikaneders knallbuntes Phantasiegeschöpf Papageno, dem dieser in der großen Vogelfängerarie aus Mozarts Zauberflöte die zuckersüßen Worte in den Mund legte:

*„Ein Netz für Mädchen möchte ich,*
*Ich fing sie dutzendweis für mich;*
*Dann sperrte ich sie bei mir ein,*
*Und alle Mädchen wären mein.*
*Wenn alle Mädchen wären mein,*
*Dann tauschte ich brav Zucker ein,*
*Die welche mir am liebsten wär,*
*Der gäb ich gleich den Zucker her.*
*Und küßte sie mich zärtlich dann,*
*Wär sie mein Weib und ich ihr Mann.“*

*Szenenbild aus Mozarts „Zauberflöte“. (Kolorierter Stich von J. und P. Schaffer, um 1793)*

# Zucker verderbt keine Speis …

## Süsse Kochrezepte aus der Frühzeit des Zuckers

*Fondantrosen*

***Ein Papst aus Zucker***

Wiener Mehlspeisrezepte, die aus Kochbüchern des 19. Jahrhunderts stammen, muß man unter einem anderen Blickwinkel betrachten als solche, die in Kochbüchern aus Renaissance, Barock und Rokoko überliefert sind.

Das Rezept für den „Papst aus Zucker“, das die Florentiner Bürger am 18. Oktober 1513 nebst 12 in Lebensgröße dargestellten Zuckerkardinälen und 300 anderthalb Meter hohen Zuckerkerzen an den Medici-Papst Leo X. (1513–1521) anläßlich seiner Krönung nach Rom schickten, ist leider nicht bekannt. Der hohe gesellschaftliche Wert, der dem Zucker zu Beginn der Neuzeit im höfischen Leben zugemessen wurde, ist jedoch unübersehbar.

In der Haus- und Kochbuchliteratur, die im 16. und 17. Jahrhundert ihre erste große Blüte erlebte, finden derlei „Zuckerorgien“ zwar noch keinen Niederschlag, der Zucker selbst ist jedoch bereits in den ältesten bekannten Kochbüchern präsent.

Zu diesen zählt beispielsweise das um 1545 entstandene Kochbuch der Tiroler Fürstengattin Philippine Welser (1527–1580), die aus jener Augsburger Kaufmannsfamilie Welser stammte, die seit 1509 selbst Zuckerrohrplantagen auf den Kanarischen Inseln betrieb. In Innsbruck führte sie auf Schloß Ambras gemeinsam mit ihrem Gatten, dem Habsburger-Erzherzog Ferdinand II., einen für seine Schlemmerfreudigkeit in ganz Europa bekannten Hof.

Seltsamerweise kam die schöne Welserin beim Backen ihrer berühmten Mandeltorte oder bei der Zubereitung ihrer Bratäpfel in Vanillesauce ganz ohne Zucker aus (zumindest erachtete sie es nicht für notwendig, ihn extra zu erwähnen), dafür hielt sie das teure „Confect“ jedoch in keiner Weise für zu schade, um damit samt einigen nicht minder kostspieligen exotischen Gewürzen ihren „Aal in Weinsud“ zu verfeinern.

*Kandierte Veilchenblätter*

**Aalsuppe mit Zucker**
*(um 1545)*
*Willst du einen eingelegten Aal zubereiten, so nimm einen ganzen Aal, ziehe ihm die Haut ab und reibe dir die Hände dabei mit Salz ein, dann klappt es besser. Schneide ihn danach in Stücke, entferne seine Adern fein säuberlich und lege ihn in frisches Wasser. Laß ihn eine gute Weile darin liegen und salze das Wasser. Danach nimm ihn heraus und reinige ihn erneut mit viel frischem Wasser. Danach nimm einen guten Wein, lege den Fisch hinein, spare nicht am Wein, denn der Aal soll darin kochen. Wenn er halb gar ist, so gib Safran, Ingwer, Zimt, Zucker und ein paar Nelken dazu und lasse alles noch einmal aufwallen, damit es gar werde. Richte den Aal in der Brühe an.*

Fast scheint es so, als hätte man Zucker tatsächlich damals in erster Linie als Prestigeobjekt und erst in zweiter Linie zur Geschmacksverbesserung eingesetzt –

und das rief wohl auch prominente Zucker-Kritiker wie den deutschen Botaniker Tragus hervor, der mit bürgerlichem Namen Hieronymus Bock (1498–1554) hieß und in seiner 1550 erschienenen „Teutschen Speißkammer" an den „süßen Zuckermäulern" kein gutes Haar läßt, da sie „sonst nichts anderes wollen haben oder wissen, es sei denn mit Zucker versalzen" (mit „versalzen" war „übersüßt" gemeint). Bock duldet den Zucker daher auch allenfalls als Zutat für allerlei Medikamente gegen Kehlkopfkrankheiten, Brust- und Lungenleiden sowie Hüftbeschwerden. Im übrigen bevorzugt er den „guten, schönen deutschen Honig", da ihn der „Betrug und die falsche Ware des Zuckers verdrießen".
Von milderer Gestimmtheit ist da schon Gualtherus Ryff in seinem 1544 erschienenen „Confectbuch oder Hauß-Apothek":

*„Zucker ist in solchen Ruf und allgemeinen Gebrauch gekommen, daß er nicht alleine in der Apotheke der*

*Zuckerbäckerei im 18. Jahrhundert.*
*(Stich nach Diderot und d'Alambert, 1772)*

*Kandierte Orangen*

*Arznei vorbehalten bleibt, sondern auch den Köchen in die Küchen geraten ist und gar nahe zu aller Kost und fremdem Getränk, weil den Geschmack zu hofieren schleckerhaft bereit, vermischt und gebraucht wird, daß sogar ein besonderes Sprichwort daraus erwachsen ist: Zucker verderbt keine Speis.“*

***Von Confect-Kästen und indianischen Brühen***

Wolf Helmhart von Hohberg (1612–1688), ein Schloßbesitzer zu Weistrach und Erla im niederösterreichischen Mostviertel, ist Germanisten als bedeutender protestantischer Barockdichter und Ökologen als vorausschauender Agronom ein Begriff. In seinem Hauptwerk, den 1682 erschienenen „Georgica curiosa oder Adeliches Land- und Feldleben“ findet sich allerdings auch ein Versatzstück, das nichts mit Barocklyrik und auch nur wenig mit Landbau zu tun hat: nämlich eine Anweisung für die Ausrüstung eines sogenannten „Confect-Kastens für die adeliche Hausmutter“. Ganz im Sinne der ihm eigenen protestantischen Ethik wird hier jedoch keineswegs Schlemmerei und Verschwendung gepredigt. „Wenn man von Gott also gesegnet ist“ – mit Wohlstand, versteht sich –, so stehe es wohl an, „daß dieser Überfluß von edlen, erfahrenen und auch in der Wissenschaft geübten Damen recht löblich angewendet werde“. Aus Portugal, Spanien, Italien und Frankreich, so fährt Hohberg fort, käme auch das entsprechende Vademecum für solcherlei lustvolles Beginnen: der Zucker. Unter dem „Confect“, das die hohe Dame in ihrem Kästlein aufbewahren sollte, verstand Hohberg allerdings noch nicht Bonbons im heutigen Sinn, sondern kandierte Früchte.
An einschlägigen Rezepten, solche „Conditen und Conserven“ herzustellen, herrschte damals bereits keinerlei Mangel. Ein 1721 – also etwa 40 Jahre nach Hohberg – erschienenes Konfitürenlehrbuch versammelte bereits ein halbes Tausend Rezepte für eingemachte Aprikosen und andere Früchte, für Biskuits, gezuckerte Fruchtkonserven, Limonaden, Makronen, Marmeladen, Orangeaden, Pralinen (das Wort wurde vom Küchenmeister des französischen Marschalls Du Plessis-Praslin in Anlehnung an den Namen seines Arbeitgebers für in Zucker geröstete Mandeln geprägt), Säfte, Sirups und allerlei köstliches Zuckerwerk.
Doch auch bereits im Jahre 1544 hatte der bereits erwähnte Walther Ryff in seinem Confect-Büchlein nicht mit verzuckerten Rezepten gespart. Immerhin finden sich auch dort bereits über 80 Rezepturen für Conditen, Conserven, Sirupe und verzuckerte Weine, darunter auch das folgende Rezept für eine „Conserve“ von blauen Märzveilchen.

**Veilchenzucker**
*(1544)*
*Nimm die schönsten und frischesten der blauen Märzveilchen von gutem, edlem Geruch, rupfe die blauen Blätter allesamt von den grünen Stengeln ab und zerhacke oder stoße sie, bis fast ein Mus daraus wird. Gib genausoviel Zucker wie Veilchen dazu, mische alles gut durcheinander, fülle es in ein Glas, verschließe dasselbe und stelle es an einen heißen Fleck in der Sonne, wo du es drei Monate lang täglich umrührst, damit es in der Hitze gut durchkoche. Dann kannst du es, je nach Bedarf, gebrauchen.*

Daß das Image des Zuckers jahrhundertelang auf einem recht schmalen Grad zwischen Heil- und Genußmittel, Apotheke und Küche, Notwendigkeit und Luxus angesiedelt war, läßt sich auch im 1686 zu Grätz (Graz) erschienenen Koch- und Arzneibuch nachlesen, das in einer ähnlichen Tradition wie das Kochbuch der Philippine Welser steht, in dem ebenfalls Koch- und Arzneirezepte in so trautem Nebeneinander zu finden sind, daß man meinen könnte, damals sei jeder Zuckerbäcker ein Apotheker gewesen und umgekehrt. (Tatsächlich lagen die beiden Professionen damals wesentlich näher beieinander als heute, und noch der berühmte Gastrosoph Anthelme Brillat-Savarin meinte zu Beginn des 19. Jahrhunderts: „Wenn jemandem etwas Wesentliches fehlt, so ist er wie ein Apotheker ohne Zucker.")
Im „Arzneybuch" spielt der Zucker daher mindestens eine so große Rolle wie im Kochbuch. Zuckerrezepturen sollen gegen „Winde" sowie gegen Gallen-, Leber- und Nierenbeschwerden, aber auch gegen Kopfweh und Schwindel hilfreich sein.
Außerdem findet sich in dem Büchlein ein

**Köstlicher Zucker gegen Herzklopfen und Ohnmachten**
*(1686)*
*Erstens nimm – je nach Größe – ein oder zwei Zitronen und hacke sie mitsamt den Schalen sehr klein, nimm zu gleichen Teilen welschen Rosmarin, Boretschblüte, Ochsenzungenblüte, gelbe Veilchenblüte und gib alles in ein Glas. Gieße einen guten Muskat oder einen anderen starken Wein darauf, daß alles gut durchtränkt wird, laß es zwei Tage beizen und brenne (destilliere) es fein kühl aus. Dann nimm von diesem Wasser ein Mäßel (= 1,4 l) und gieße es auf ein Pfund (0,5 kg) Küchenzucker, und laß ihn sieden, bis er erstarrt. Dann nimm 12 Lot (1 Lot = 17,5 g) schöne dicke rote frisch abgeschnittene Gewürznelken, zerstoße sie in einem steinernen Mörser und schütte es in den Zucker. Nun setze noch ein oder zwei kleine Sude auf, dann schäle aus sechs Zitronen*

*Heidelbeermarmelade*

*Lebkuchenplätzchen*

*das Saure heraus und gib es ebenfalls zum Zucker, mache weitere drei oder vier Sude, nimm die Flüssigkeit vom Feuer und gieße sie zum Gebrauch in ein Glas um. Wer es will und leiden mag, der kann zuletzt, wenn er die Flüssigkeit ins Glas umschüttet, ein bis zwei Gran Bisam oder Ambra, wohl gerieben, hineinrühren.*

Der Autor verschweigt, ob er diese, wie sich denken läßt, auch geschmacklich recht probate Medizin (die im Grunde nichts anderes als ein Gewürzbranntwein ist), nur Kranken verschrieben oder sie auch selbst genossen hat. Bedeutungsvoll ist in jedem Fall, daß er das Rezept nicht als Schnaps, Elixier oder Trank, sondern – nach der ihm offensichtlich wichtigsten Zutat – als Zucker bezeichnet.
Seltsamerweise beginnt das Kochbuch des nämlichen anonymen Autors auch nicht mit Vorspeisen oder Suppen, sondern damit, was ihm offensichtlich am meisten am Herzen liegt, nämlich mit „allerlei Lebzelten, Zuckerwerk und eingemachten Sachen". Dabei vergißt der Anonymus auch nicht, ausführlich zu erklären, „wie man Zucker läutern und clarifizieren soll, den man zum Confectüberziehen und anderen

*Österliche Lebkuchenformen*

Sachen brauchen tut“ oder „wie man allerhand Sachen candiren soll von Gewürz, Früchten und auch Blumen“. Und ohne Zucker geht’s selbstverständlich auch nicht ab, wenn man eine gute Torte backen will, wie zum Beispiel eine

**Mandeltorte**

*(1686)*

*Nimm ein Pfund Mandeln, weiche es über Nacht in Wasser ein, schäle und zerstoße sie am Morgen und laß ein halbes Pfund Butter zergehen, aber so, daß sie nicht heiß wird. Gieße die Butter über die Mandeln und schlage zwölf Eier (acht ganze und vier Dotter) fein nacheinander dazu, wobei du von den acht ganzen Eiern zwei Eiklar zuvor mit Zitronensaft ausschlagen und es erst hernach unter die Butter gießen sollst. Nun rühre es zwei oder drei Stunden und gib soviel Zucker dazu, wie ihr es süß haben wollt. Rührt es noch einmal gut durch, laßt es stehen und gießt die Masse in einen Tortenmodel, setzt diesen in eine Tortenpfanne, nehmt frische Glut und backt es ab. Wenn man will, kann man auch Eis darüber geben.*

Unter dem Begriff Eis ist selbstverständlich kein Speiseeis gemeint (das hätte man „Gfrornes“ genannt), sondern eine Tortenglasur, genauer gesagt: entweder eine reine Zucker- oder eine Schokoladenglasur, die in der Zuckerbäckerei in weiterer Folge noch eine bedeutende Rolle spielen sollte. Mit der Schokolade hat der Zucker nämlich in der Renaissance – spät, aber doch – jene süße Schwester bekommen, mit deren Hilfe er vom süßen Gewürz erst wirklich zur echten „Süßigkeit“ werden konnte. Die spanischen Konquistadoren hatten nämlich, quasi im Gegenzug fürs Zuckerrohr, das sie selbst der Neuen Welt beschert hatten, von dort einen seltsamen Rauschtrank zurückgebracht, den sie zunächst nur „die indianische Brühe“ nannten.
In seinem Ursprungsland war das „Chocolatl“ – das Wort stammt aus dem Aztekischen und bedeutet „bitteres Wasser“– allerdings alles andere als ein süßer Trank und wurde daher von abendländischen Gaumen auch alles andere als geschätzt. Manche, die davon kosteten, meinten gar, daß das „chocolatl“ wie die Hölle selbst schmecke. Aus den vom Caucauatlbaum gepflückten Kakaobohnen bereiteten die Eingeborenen nämlich einen zwar kühlen, aber dafür mit Chilischoten versetzten Erfrischungstrank zu, der in Europa zunächst auf ebensowenig Gegenliebe stieß wie die als äußerst giftig verschrienen Tomaten und Kartoffeln.
Erst als man den Pfefferoni durch Zucker und das kalte durch kochendes Wasser ersetzte, konnte die Schokolade zu jenem Lieblingsgetränk der feudalen Gesellschaft werden, das in den Salons des Sonnenkönigs

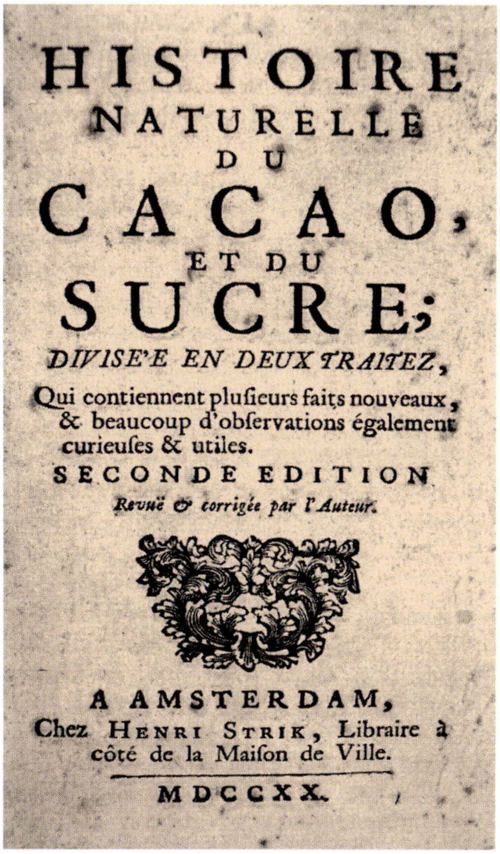


*Titelblatt der „Naturgeschichte des Kakaos und des Zuckers“ von De Quélus, mit der ersten genauen Beschreibung der Zuckergewinnung in Westindien, zweite Auflage, 1720*

Ludwig XIV. ebenso Furore machte wie in den Gemächern des spanisch-österreichischen Habsburgerhauses. Als „kostbares Pech“ und als „indianischen Niederschlag, von dem der Gaumen im Sommer und im Winter glücklich ist“ feierte man das damals nur zu Höchstpreisen gehandelte Luxusprodukt, aus dem die begehrte Trinkschokolade hergestellt wurde.
Ähnlich wie der Zucker, wurde auch die mit diesem bald untrennbar verbundene Schokolade zum Statussymbol schlechthin. Die Kombination der beiden höchstpreisigen unter den damaligen Genußmitteln konnten sich nur die Allervornehmsten und Reichsten leisten. Für sie war wohl auch das folgende Rezept aus einem der stilbildenden europäischen Kochbücher bestimmt, das allerdings ganz besonders für die Entwicklung der Wiener Kochkunst maßgeblich war. Es handelt sich um ein 1701 in Wien verlegtes Standardwerk mit dem heute etwas kurios anmutenden Titel „Freywillig-auffgesprungener Granat-Apffel Deß Christlichen Samaritans“. Der Samaritan war tatsächlich eine Samariterin, nämlich Eleonora Maria Rosalia Gräfin zu Gradisca, und ihr verdanken wir unter anderem auch ein Rezept für einen

**Schokoladenauflauf**
*(1701)*
*Zuerst nimm ein halbes oder ganzes Pfund Schokolade, reibe es schön klar zu Mehl, mach dasselbe mit einem Zucker(hut), tu es in einen glasierten Weidling, schlag Eiklar daran, und zwar soviel, daß ein Teig daraus wird, der sich walken läßt. Tue denselben auf ein Brett, streu geriebenen Zucker darunter, damit sich nichts anlegt, und mache daraus Lebzelten oder Busserln, nach deinem Gefallen. Du kannst den Teig auch in allerhand Model drucken oder, wenn du willst, Oblaten darauf legen und diese in der Tortenpfanne kühl (bei niedriger Ober- und etwas größerer Unterhitze) ausbacken.*

Das elitäre Schokoladenvergnügen büßte seine Exklusivität erst ein, als die Schokoladenproduktion – ähnlich wie die Zuckerherstellung – allmählich industrialisiert wurde. Doch bis dahin konnte die elegante Welt noch zahlreiche Kapriolen aus Zucker und Schokoguß schlagen, die einzig und allein ihr vorbehalten blieben.

*Küche in einem gutbürgerlichen Haushalt des 19. Jahrhunderts. (Zeitgenössischer Stich)*

***Gezuckertes Fleisch und Böhmische Busserln***
Verweilen wir noch ein wenig beim Granatapfel-Kochbuch, aus dem sich, wie aus den meisten alten Kochbüchern, ablesen läßt, daß das Süße und das Saure damals längst nicht als solche Gegensätze betrachtet wurden wie heute. Beim Durchlesen alter Menüfolgen

stellt man immer wieder mit einigem Erstaunen fest, in wie trauter Nachbarschaft sich süße Mehlspeisen oft mit Fischen und Bratenstücken einfanden. Auch vor dem Süß-Sauren, wie es heute vor allem noch in vielen fernöstlichen Küchen praktiziert wird, scheute man – wie wir schon bei Philippine Welser gesehen haben – keineswegs zurück. Und selbst der große Naturwissenschaftler und Philosoph Gottfried Wilhelm Leibniz (1646-1716) empfahl seinen kochenden Zeitgenossen in den „Utrechter Denkschriften" (1714), Fleisch für kurze Zeit in geschmolzenen Zucker einzutauchen, um es zu konservieren.
Daß dieses fröhliche Nebeneinander von Zucker und Salz als zwei geschmacklich gleichwertigen und einander durchaus nicht ausschließenden Gewürzen auch der Gräfin von Gradisca geläufig war, beweist etwa die „March-Dorten" aus ihrem Granatapfel-Kochbuch, die allerdings trotz ihres Namens nicht das Geringste mit dem Marchfeld zu tun hat.

*Moderner Backofen, 19. Jahrhundert. (Zeitgenössischer Stich)*

**Süße Ochsenmark-Torte**
*(1701)*
*Nimm ein halbes Pfund Ochsenmark, schneide es in kleine, nußgroße Stücke und gib die gleiche Menge gestoßenen Zucker sowie vier Eidotter, ein wenig Salz, Zirbelnuß, kleine schwarze Weinberln, ganz klein gehackte Zitronenschalen, Zuckerbrot und Biskotten dazu, auch Makronen oder geschälte, gestoßene Mandeln oder ein paar Semmel(bröseln). Mische das alles gut durch und tu es in den Teig, den du ausgetrieben und in eine Tortenpfanne gelegt hast, bedecke die Torte mit einem ausgeschnittenen Deckel, schieb sie in den Ofen, bestreue sie, wenn sie schon fast gar ist, mit Zucker und schieb sie noch einmal in den Ofen.*

Während dieses Rezept, das die Autorin auch noch mit kleingehackten Kalbsnieren oder Kalbszungen zu verfeinern vorschlägt, unseren heutigen Geschmack wohl kaum zu treffen vermag (obwohl es, wenn man das Rindermark etwa durch Butter ersetzt, gleich wesentlich „g'schmackiger" klingt), so läßt das folgende Rezept wohl auch einem „Zuckergoscherl" von heute das Wasser im Munde zusammenlaufen.

**Böhmische Busserln**
*(1701)*
*Nimm ein Pfund des schönsten Zuckers (offenbar wußte man damals hoch- und minderwertige Zuckersorten bereits klar zu unterscheiden, Anm. d. Verf.), fähe ihn durch ein engmaschiges Sieb, nimm von zwei Eiern das Klar und klopfe es wohl ab, drücke den Saft einer Lemoni darunter, ist diese aber besonders saftig, so nimm nicht*

*den ganzen. Schneide die Lemonischalen klein darunter, mache also einen festen Teig an, der sich zwar wirken läßt, aber nicht zu fest ist. Forme Kügerln daraus und backe sie in einer Tortenpfanne fein kühl, wobei oben und unten gleiche Glut seye (nicht allzuheiß; bei gleichmäßiger Ober- und Unterhitze, Anm. d. Verf.).*

Fast ein Jahrhundert älter ist Ignaz Gartlers 1787 veröffentlichtes „Wienerisches bewährtes Kochbuch", das bereits zu einer Zeit erschien, in welcher die Geheimnisse des Rübenzuckers zwar schon wissenschaftlich erforscht, aber industriell noch in keiner Weise genutzt waren. Auch zu Gartlers Zeit war Zucker daher immer noch ein exotischer Luxus mit dem Geschmack der weiten Welt, ebenso übrigens wie die Orange, die gemeinsam mit dem Rohrzucker die Grundlage des folgenden Rezepts bildet, das im selben Jahr wie Mozarts „Don Giovanni" entstand, der ebenfalls im damals so populären „fernen Süden" spielt.

**Orangenkuchen**
*(1787)*
*Erstlich mache man etwas dicken Milchbrei, rühre dafür etwas Feinmehl in kochende Milch ein und lasse ihn unter ständigem Rühren gut abkochen. Danach treibe man ein Pfund frisch ausgewaschene Butter mit zwei Eidottern ab, gebe ein halbes Pfund fein geriebenen Zucker und die von den Orangen abgeriebenen Schalen dazu und vergesse dabei niemals, den Milchbrei immer in der gleichen Richtung ständig zu rühren. Wird der nach Gutdünken zugerührte und abgekühlte Milchbrei, wenn er schließlich zu einer ziemlich dicken Masse geworden ist, langsam in einem Rohr gebacken, so gerät er recht gut.*

Auch wenn sich das, was Ignaz Gartler hier vorschlägt, durchaus nicht reizlos anhört, so zeigt es doch, daß zumindest die bürgerliche Wiener Mehlspeisküche im 17. Jahrhundert noch recht wenig elaboriert und ausgefeilt war. Das, was wir heute unter dem „Altwiener Mehlspeishimmel" verstehen, das sollte sich erst im 19. Jahrhundert auftun, und die damals noch als zartes Pflänzchen keimende Zuckerindustrie leistete ihren wesentlichen Beitrag dazu.

# Rüben ohne Zahl

## Ein Wurzelgemüse verändert die süsse Welt

*„Der Seehandel". – Ankunft der ersten Zuckerladung aus Übersee in Antwerpen im Jahr 1508. Da man hauptsächlich Rohzucker anlieferte, der für den Verbrauch erst gereinigt werden mußte, entstanden vor allem in den Hafenstädten zahlreiche Zuckersiedereien. (Gemälde von Pieter Verhaert, 1899)*

***Die Anfänge der österreichischen Zuckerindustrie***

Auch wenn der Wiener Hof zu den spanischen Habsburgern noch so gute verwandtschaftliche Beziehungen unterhalten mochte, so ließ es sich letztlich doch nicht verleugnen, daß Spanien, ebenso wie die Niederlande und England, große Seemächte waren und Österreich eben nicht. Die Folge davon lag, zumindest was den Zucker betraf, auf der Hand: Im binnenländischen „süßen Wien" war Zucker, da er ja von zuckerproduzierenden Handelsnationen importiert werden mußte, noch teurer als in vergleichbaren Ländern. Andere europäische Kontinentalstaaten, die wie etwa Rußland, Dänemark und Preußen ebenfalls keine überseeischen Kolonien oder zuckerproduzierenden Atlantikinseln ihr eigen nannten, standen damals vor ganz ähnlichen Problemen – und sannen auf Abhilfe.

Ein erster Schritt bestand darin, daß diese Staaten allesamt dazu übergingen, nicht mehr das teure Endprodukt Zucker einzukaufen, sondern lediglich die billigere Rohware, das Zuckerrohr. Im 16. und 17. Jahrhundert kam es daher fast überall auf dem Kontinent zur Gründung eigener Zuckerraffinerien. Bereits um 1620 entstanden die ersten Zuckersiedereien in Kopenhagen, zwischen 1660 und 1673 folgten ähnliche Gründungen in der Mark Brandenburg. Und 1701 wurde auf Befehl von Zar Peter dem Großen (1682–1725), der auf seiner anonymen Reise nach Holland nicht nur den Schiffsbau, sondern auch die Zuckerverarbeitung von der Pike auf kennengelernt hatte, die erste russische Raffinerie eröffnet, die man, da sie direkt im Moskauer Kreml untergebracht war, bald nur noch „Zuckerpalast" nannte.

In Österreich begann die Zuckerindustrie offiziell mit einem Protokoll der Wiener Hofkammer aus dem Jahre 1666, in dem nicht mehr und nicht weniger als die „Introducirung der Zuckersiederei in diesen österreichischen Landen die Rede ist". Allein: Die berüchtigt bürokratischen Wege des Aktenlaufs in der altösterreichischen Hofkammer erwiesen sich beim Zucker als ganz besonders verschlungen, und so darf man sich nicht wundern, daß gleich mehrere Jahrzehnte vergingen, bis die Zuckersiederei erneut in den Annalen der Habsburgermonarchie auftauchte.

Man schrieb damals das Jahr 1713, und Österreich war gerade im Begriff, unter Kaiser Karl VI. durch den

*Innenansicht einer Zuckersiederei in Orléans. (Stich nach Duhamel du Monceau, 1764)*

Frieden von Utrecht seine Hand auf das heutige Belgien mit dessen Haupthafen Antwerpen zu legen.
Die Chancen Österreichs, nach spanischem oder britischem Vorbild nunmehr endlich auch selbst ein eigenes Kolonialreich zu gründen, standen damals – noch – recht gut, und es dauerte nur wenige Jahre, bis Kaiser Karl 1719 die Gründung einer „Ostendischen Kompanie" bekanntgab und auch gleich eine von deren wichtigsten Aufgaben definierte: nämlich neben diversen anderen Kolonialwaren vor allem den in Wien so heiß begehrten Rohzucker in die Donaulande zu schaffen, wo das Zuckerrohr auch an Ort und Stelle verarbeitet werden sollte.
Die Kompanie wurde vom Kaiser zu diesem Zweck auch mit den nötigen Privilegien ausgestattet, und eigentlich wäre dem Aufblühen einer österreichischen Zuckerindustrie nicht das Geringste im Wege gestanden, wäre dies nicht durch ein Ereignis verhindert worden, das mit Zucker nicht das Geringste zu tun hatte: Karl VI. konnte nämlich – obwohl reich an Macht und Ansehen – nicht mit dem für die kaiserliche Erbfolge notwendigen männlichen Thronfolger aufwarten.
In seinen Fußstapfen wartete lediglich Karls Tochter Maria Theresia auf die Krone, doch um ihr diese nach dem Ableben ihres Vaters aufs Haupt drücken zu können, bedurfte es der Anerkennung durch die übrigen europäischen Fürstenhäuser, sprich: jener „pragmatischen Sanktion", deren Durchsetzung Karl VI. einen großen Teil seiner politischen Tätigkeit widmete.
Vor allem die Engländer und Holländer verstanden es, aus diesem dynastischen Bestreben wirtschaftliches Kapital zu schlagen. Aus verständlichen Gründen war ihnen deshalb die „Ostendische Kompanie" und die Konkurrenz, die ihnen daraus erwuchs, von Anfang an ein Dorn im Auge gewesen. Jetzt schien ihnen die Stunde günstig, die drohende Gefahr zu bannen, und so forderten die beiden Länder als Pfand dafür, daß sie

*Gegenüberliegende Seite: Fensterladen einer Kolonialwarenhandlung, um 1800*

*Rechts: Innenansicht einer Zuckersiederei. (Stich nach Diderot von Antonio Baratta, um 1770)*

Salat Oel

*Westindische Zuckersiederei mit fünf Kesseln, 18. Jahrhundert. In der Siederei wird der Rohzucker hergestellt: rechts im Bild die Zuleitung von der Mühle, die in den Sammelbehälter führt, daneben die fünf Kessel, die jeder einen eigenen Namen haben; der erste heißt der Große Kessel, der zweite der Reine Kessel, der dritte die Fackel, der vierte der Sirupkessel, der fünfte und kleinste die Batterie. Zwei Sklaven sind mit großen Schöpfern beim Abschäumen beschäftigt. (Stich nach Diderot von Giovanni Canocchi, um 1770)*

Maria Theresia den Weg zur Kaiserwürde ebneten, den Verzicht Österreichs auf sein Engagement in den Kolonien. Karl VI. ging nolens volens auf den Kuhhandel ein – und löste 1733 nicht nur die „Ostendische Handelskompanie" wieder auf, sondern gab damit auch der gerade erst keimenden österreichischen Zuckerindustrie den – zumindest vorläufigen – Todesstoß.
Kaum hatte Maria Theresia jedoch die Herrschaft übernommen, wurde ihr, nicht zuletzt am Beispiel des mit Österreich damals nicht nur rivalisierenden, sondern auch kriegführenden Preußen klar, daß ein moderner Merkantilismus ohne eine funktionierende Zuckerwirtschaft nicht mehr denkbar war. Sie erteilte also 1750 einer Antwerpener Kaufmannsgesellschaft die Erlaubnis, im Freihafen der Handelsstadt Fiume (heute: Rijeka) zollfrei eingeschifften Rohzucker zu raffinieren und weiterzuverkaufen. Der größte Teil des hier verarbeiteten Zuckers wurde jedoch zu einem Vorzugszoll über die Grenze nach Österreich eingeführt – was Fiume schließlich eine Art Monopol auf die Zuckerversorgung der Länder unter und ober der Enns sicherte, zu denen sich später auch noch die Steiermark, Krain, Kärnten und Tirol sowie große Teile Ungarns gesellten. Nur in den von Hamburger Raffinerien aus versorgten Ländern Böhmen und Mähren vermochten sich die Fiumer nicht durchzusetzen.

Gleichzeitig erwies sich die österreichische Kaiserin auch als durchaus innovationsfreudig, wenn es darum ging, Ideen zu unterstützen, wie man auch mitten im Binnenland Zucker gewinnen konnte, ohne deshalb gleich teures Zuckerrohr verwenden zu müssen:
Als etwa – im Zuge des englisch-französischen Kolonialkriegs – wieder einmal eine Zuckerverteuerung anstand, legte der aus den österreichischen

Niederlanden stammende Kommerzienrat Van Thys der Kaiserin ein umfangreiches Elaborat darüber vor, wie man das teure Zuckerrohr durch den Saft des Ahornbaums ersetzen könne. Einschlägige positive Erfahrungen aus den Niederlanden hatte Van Thys bereits der Klagenfurter Ackerbaugesellschaft mitgeteilt und mit deren Hilfe einen Kleinversuch in der Kärntner Stadt Gmünd gestartet, wo 1766 aus drei angebohrten Ahornbäumen immerhin 15,7 kg Ahornzucker gewonnen werden konnten, von denen er der Kaiserin eine Probe vorlegte, die diese an ihren Leibarzt Van Swieten weitergab. Van Swieten stellte seinem niederländischen Landsmann ein ausgezeichnetes Zeugnis aus und erklärte die Zuckerprobe für einwandfrei, und auch Maria Theresia schien dem Projekt alles andere denn abgeneigt. Daß es letztlich dennoch scheiterte, lag am

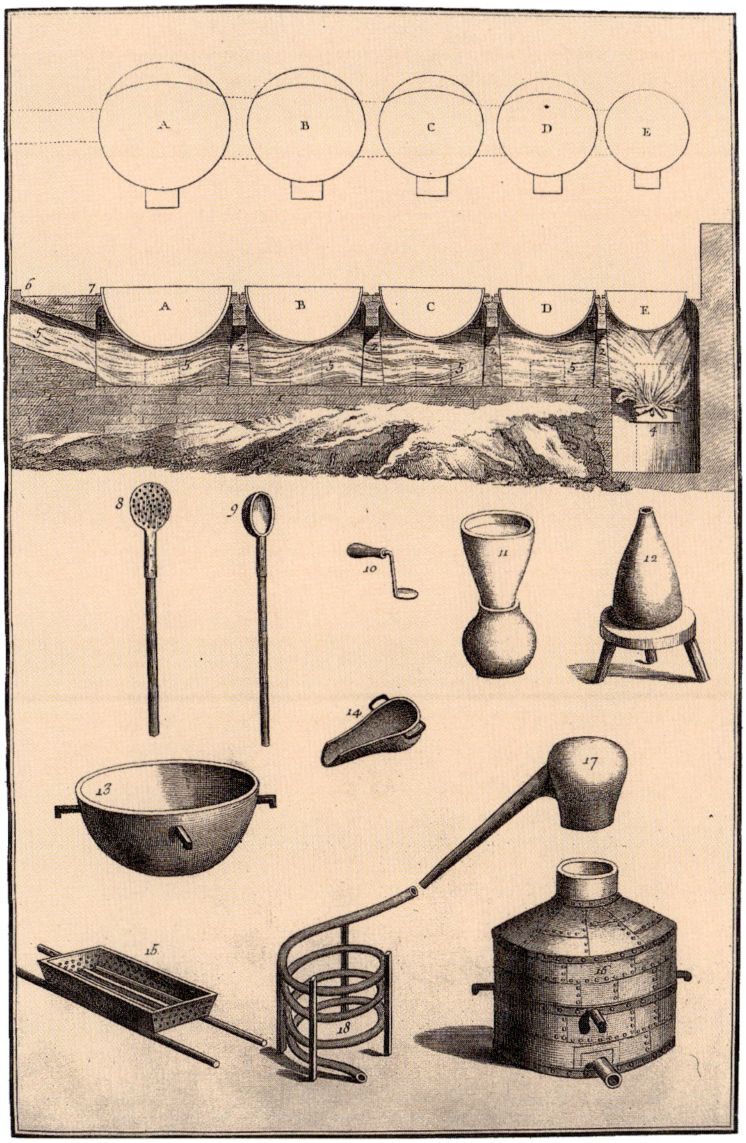


*Schematische Darstellung der Gewinnung von Rohzucker und der dazu benötigten Werkzeuge. Der Zuckersaft wird, nachdem der Spund geöffnet ist, in den großen Kessel gefüllt. Je nach der Qualität des Saftes mischt man ihn mit weniger oder mehr Asche und Kalk. Im Herd unter dem Kessel wird ein kleines Feuer angezündet. Nach etwa einer Stunde kocht der Saft. Anschließend werden alle Unreinheiten, die auf der Oberfläche schwimmen, abgeschöpft. Der geklärte Saft wird durch einen Seihlappen aus starkem Tuch in den zweiten Kessel umgefüllt. Dies berechtigt später beim Verkauf der Ware zu dem Hinweis, daß es sich um „passierten" Zucker handelt. Durch weiteres Einkochen in den folgenden Kesseln erlangt der Sirup immer größere Festigkeit. Im fünften Kessel, der Batterie, wird der Sirup durch mit Alaun versetztes Kalkwasser vollständig vom Fett gereinigt, schließlich in den Abkühler geschüttet und mit einem Holzspatel aufgerüttelt, bis sich überall in gleicher Weise die Kornbildung einstellt. Den richtigen Grad des Kochens zu erkennen ist die Hauptaufgabe bei der Zuckergewinnung. (Stich nach Diderot von Giovanni Canocchi, um 1770)*

*Zuckergewinnung aus einem Ahornbaum*

massiven Einspruch der maria-theresianischen Forstbehörden. So viele Ahornbäume anzubohren, wandte man dort nämlich ein, sei dem Wachstum des heimischen Ahornbestands äußerst abträglich.
Der Ahornzucker hatte in Österreich also fürs erste keine Zukunft. Ähnliches galt auch für andere Zucker-Surrogate, wie etwa den bereits von den Indianern Mexikos als Süßmittel verwendeten Maiszucker, für dessen Erzeugung der Weltpriester Josef Kandler 1787 von Maria Theresias Sohn Josef II. immerhin ein veritables Privilegium erhalten hatte, ohne damit jedoch einen nennenswerten wirtschaftlichen Erfolg zu erzielen. Rübenzucker erwies sich als konkurrenzlos im Habsburgerreich, und die geschäftstüchtigen Antwerpener Kaufleute taten in ihrer Freihafen-Raffinerie an der Adria das Ihrige dazu, daß es so blieb.
Das von Maria Theresia gewährte Fiumaner Zuckerprivileg hatte für die Niederländer allerdings auch einen Haken: Es war auf fünfundzwanzig Jahre begrenzt. 1775 verlor Fiume seine süßen Vorrechte also erneut, und es konnte nunmehr – vor allem unter der Herrschaft Kaiser Josefs II. – auch zu innerösterreichischen Raffineriegründungen kommen. Die erste Raffinerie auf österreichischem Boden wurde von Josef von Sauvaigne –

einem ebenfalls aus den österreichischen Niederlanden gebürtigen Wallonen und Beamten der Fiumaner Zuckerfabrik – 1785 in Klosterneuburg gegründet.
Auf den Kaiser selbst scheint Herr von Sauvaigne, der von Zeitgenossen wegen seines erkauften Adelsprädikats auch als „Chevalier d'industrie" bezeichnet wurde, allerdings keinen besonders vorteilhaften Eindruck gemacht zu haben. Ein Subventionsansuchen Sauvaignes beschied Josef II. jedenfalls ebenso forsch wie abschlägig mit den Worten, daß „diesem Manne selbst, welcher sich durch seine bisherigen Handlungen nicht am vorteilhaftesten ausgezeichnet hat, von Seiten des Aerarii (= Herrschers) in keinem Stücke je ein Kredit gegeben werden kann." Trotz solcher harten Worte war es gerade Josef II., der es Josef von Sauvaigne mit seiner Politik ermöglichen sollte, doch noch in die Zuckerindustrie einzusteigen.
Durch die von Kaiser Josef angeordnete Säkularisierung der meisten Klöster in den Kronlanden war nämlich auch das Franziskanerkloster in Klosterneuburg aufgehoben worden und stand zum Verkauf. Sauvaigne erwarb es zu einem etwas überhöhten Preis, der rund ein Drittel über dem Schätzwert lag. Die darin errichtete Zuckerraffinerie betrieb er allerdings nicht persönlich, sondern übergab sie einer neugegründeten Gesellschaft von Wiener Kaufleuten, während Sauvaigne sich selbst –

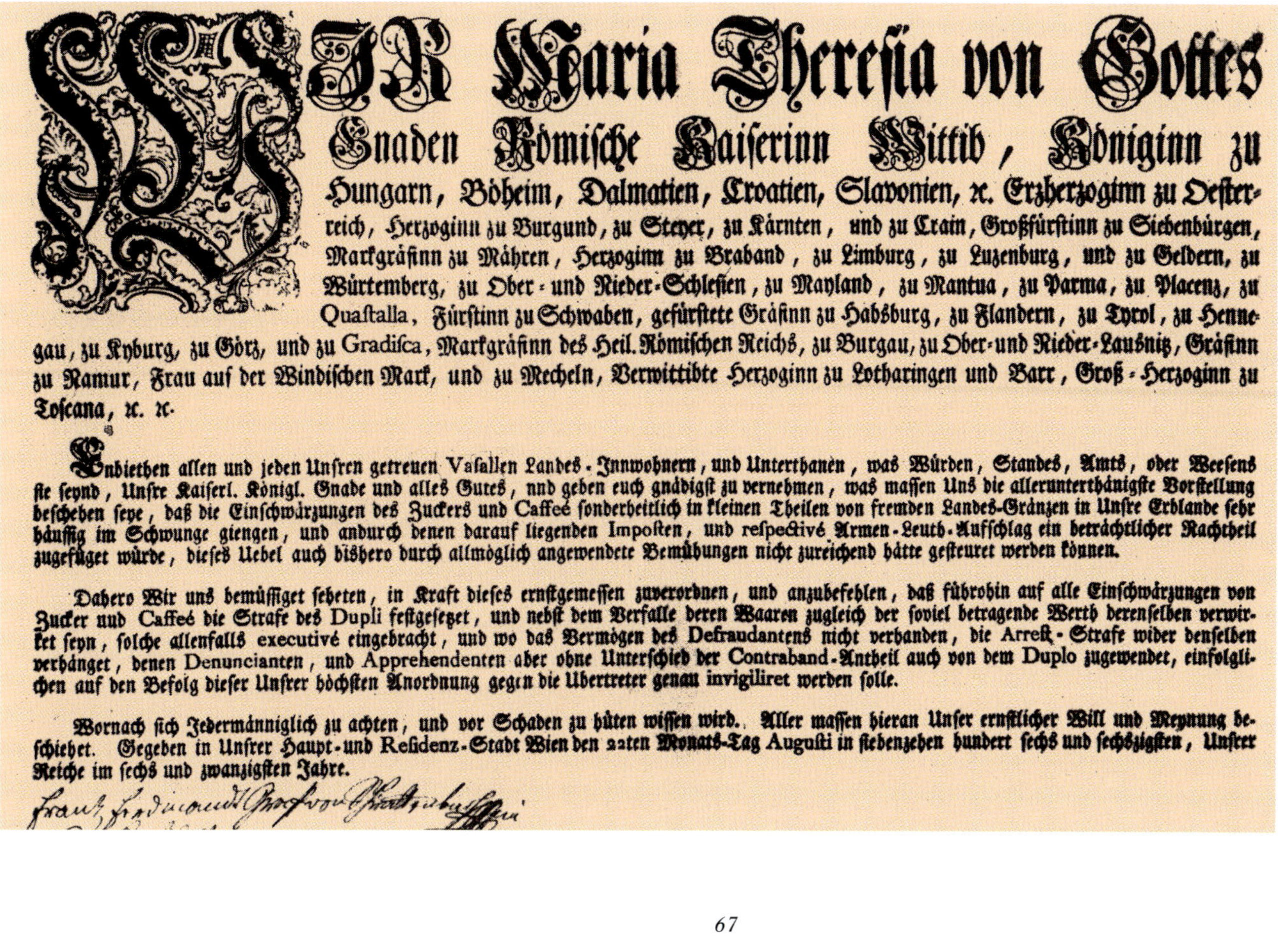
WIR Maria Theresia von Gottes Gnaden Römische Kaiserinn Wittib, Königinn zu Hungarn, Böheim, Dalmatien, Croatien, Slavonien, rc. Erzherzoginn zu Oesterreich, Herzoginn zu Burgund, zu Steyer, zu Kärnten, und zu Crain, Großfürstinn zu Siebenbürgen, Markgräfinn zu Mähren, Herzoginn zu Braband, zu Limburg, zu Luxenburg, und zu Geldern, zu Würtemberg, zu Ober- und Nieder-Schlesien, zu Mayland, zu Mantua, zu Parma, zu Placenz, zu Quastalla, Fürstinn zu Schwaben, gefürstete Gräfinn zu Habsburg, zu Flandern, zu Tyrol, zu Hennegau, zu Kyburg, zu Görz, und zu Gradisca, Markgräfinn des Heil. Römischen Reichs, zu Burgau, zu Ober- und Nieder-Lausnitz, Gräfinn zu Namur, Frau auf der Windischen Mark, und zu Mecheln, Verwittibte Herzoginn zu Lotharingen und Barr, Groß-Herzoginn zu Toscana, rc. rc.

Enbiethen allen und jeden Unsren getreuen Vasallen Landes-Innwohnern, und Unterthanen, was Würden, Standes, Amts, oder Weesens sie seynd, Unsre Kaiserl. Königl. Gnade und alles Gutes, nnd geben euch gnädigst zu vernehmen, was massen Uns die allerunterthänigste Vorstellung beschehen seye, daß die Einschwärzungen des Zuckers und Caffeé sonderheitlich in kleinen Theilen von fremden Landes-Gränzen in Unsre Erblande sehr häuffig im Schwunge giengen, und andurch denen darauf liegenden Imposten, und respectivé Armen-Leuth-Aufschlag ein beträchtlicher Nachtheil zugefüget würde, dieses Uebel auch bishero durch allmöglich angewendete Bemühungen nicht zureichend hätte gesteuret werden können.

Dahero Wir uns bemüssiget seheten, in Kraft dieses ernstgemessen zuverordnen, und anzubefehlen, daß führohin auf alle Einschwärzungen von Zucker und Caffeé die Strafe des Dupli festgesetzet, und nebst dem Verfalle deren Waaren zugleich der soviel betragende Werth derenselben verwirket seyn, solche allenfalls executivé eingebracht, und wo das Vermögen des Defraudantens nicht verhanden, die Arrest-Strafe wider denselben verhänget, denen Denuncianten, und Apprehendenten aber ohne Unterschied der Contraband-Antheil auch von dem Duplo zugewendet, einfolglichen auf den Befolg dieser Unsrer höchsten Anordnung gegen die Ubertreter genau invigiliret werden solle.

Wornach sich Jedermänniglich zu achten, und vor Schaden zu hüten wissen wird. Aller massen hieran Unser ernstlicher Will und Meynung beschiehet. Gegeben in Unsrer Haupt- und Residenz-Stadt Wien den 22ten Monats-Tag Augusti in siebenzehen hundert sechs und sechszigsten, Unsrer Reiche im sechs und zwanzigsten Jahre.

*Dekret der Kaiserin Maria Theresia vom 22. August 1766 gegen den Zuckerschleichhandel, in dem nicht nur die Beschlagnahme der Ware, sondern auch eine Geldstrafe in der Höhe des Warenwertes oder eine Arreststrafe angedroht werden.*

wenngleich letztlich erfolglos – um die Gründung einer Wiener Likörfabrik nach dem Vorbild Danzigs bemühte. Neben Klosterneuburg wurden die alten Kronlande einschließlich Ungarns und Siebenbürgens bald auch noch von zwei böhmischen Raffinerien in Königsaal und Neuhof bei Nachod versorgt, die – Klosterneuburg eingeschlossen – den geschätzten Bedarf von 4480 Tonnen Zucker allerdings keineswegs völlig decken konnten. Was über die 3360 Tonnen, welche sie beizustellen vermochten, hinausging, mußte durch teure Exporte beschafft werden.

Da Josef II. allein schon aus merkantilistischen Überlegungen zutiefst davon überzeugt war, daß der Zuckerbedarf der Monarchie ausschließlich durch inländische Raffinerien gedeckt werden sollte, ließ er die Einfuhr von fremdem Zucker schlichtweg untersagen, um dadurch neue Zuckerraffinerien auf österreichischem Boden zu fördern. Die erhofften Neugründungen blieben jedoch aus, und das einzige, was passierte, war, daß der vorhandene Zucker nur noch teurer wurde.

Außerdem löste Josefs Maßnahme im heimischen Zuckerhandel einen regelrechten Sturm der Entrüstung aus, der sich erst wieder legte, als sein Nachfolger, Leopold I., das Einfuhrverbot für ausländische Zuckerraffinade aufhob. Jetzt fühlten sich wiederum die eingesessenen Raffinerien wie Klosterneuburg und Königsaal von der ausländischen Konkurrenz bedroht.

Eine Lösung dieser wahrlich vertrackten Versorgungslage zeichnete sich damals um so weniger ab, als die Sklaven der Zuckerinsel Santo Domingo, angefeuert durch die Parolen der Französischen Revolution, 1791 einen Aufstand wagten und dabei mit dem französischen Teil der Zuckerinsel auch das bedeutendste Zuckerreservoir der damaligen Welt vernichteten.

Der Zuckerpreis stieg ins Uferlose. Und nur wenige wußten damals bereits, daß ein Berliner Apotheker die Lösung des Problems schon seit fast einem halben Jahrhundert in der Schublade liegen hatte.

### *O wundervolle Runkelrübe!*

Sie ist weder sehr schön, noch erfreut sie sich unter Genießern allzugroßer Wertschätzung. „Der is bled wia a Ruam" (= strohdumm), heißt eine alte, urwienerische Redewendung, „er hat ans über die Ruam kriagt" (= ein Kopfstück bekommen) lautet eine andere. Dennoch war es eine Rübe, und damit ein Vertreter dieses oft gescholtenen und viel zu selten hymnisch besungenen Wurzelgemüses, das zum „Stein der Weisen" der Zuckerforscher werden sollte. Während die Alchimisten nämlich daran scheiterten, aus Mineralien Gold zu machen, schaffte es der Berliner „Chymicus" Andreas Sigismund

Marggraf (1709–1782) glorios, eine simple Runkelrübe in Zucker – und damit in „süßes Gold", umzuwandeln. Die Runkel- oder Futterrübe zählt zur Familie der Gänsefußgewächse (Chenopodiaceae), von welcher in Europa über 500 Arten, darunter etwa auch der Blattspinat bekannt sind. Bei der Zuckerrübe, die auch eng mit Blattmangold, Stielmangold (rote Rübe) und Futterrübe verwandt ist, handelt es sich um eine einfache Mangoldart, die vom Naturforscher Carl von Linné (1707–1778) auf den auch nicht gerade vornehm klingenden lateinischen Namen „Beta vulgaris altissima" getauft wurde und in ihrer Stammform bereits in der Antike bekannt war. Damals erhielt die an den meisten Gestaden des Mittelmeers, besonders aber in Sizilien angebaute Kulturpflanze (Beta marritima oder Seemannsgold) nach dem b-förmigen Aussehen ihres Samenträgers den Namen Beta, den sie bis heute behalten hat. Die Griechen scheinen allerdings, wie wir bei Aristophanes nachlesen können, eher an den grünen Blättern der Pflanze interessiert gewesen zu sein, in denen sie Aale und andere Fische zu dämpfen pflegten. Die Wurzel wurde indessen lange Zeit zumeist den sprichwörtlichen Schweinen zum Fraße vorgeworfen, wenn man von diversen Verwendungen als Salatpflanze in der Armeleuteküche absieht.
Freilich gab es auch Ausnahmen: Die hl. Hildegard von Bingen beispielsweise empfahl die Runkelrübe als Krankenkost für an Husten und Wechselfieber Leidende. Der Seefahrer Kapitän James Cook (1728–1779) deckte sich vor seiner Weltumseglung ebenfalls mit ganzen Fässern voll Rüben ein, um seine Besatzung auf der langen Fahrt nach Tahiti durch den Vitaminreichtum des Wurzelgemüses vor Skorbut zu bewahren. Aufhorchen ließ schließlich auch der französische Agronom Olivier de Serres (1539–1619), der bereits um 1600, also fast hundertfünfzig Jahre vor Marggraf, über eine Rübe ins Schwärmen geriet und in seinem „Théatre d'Agriculture" deren stark rote, ziemlich dicke Wurzel rühmte, deren „Saft, den sie beim Kochen gibt ( ... ) dem Zuckersirup ähnlich" und „wegen seiner hochroten Farbe sehr schön anzuschauen" sei.
Das mag zwar eine durchaus richtige Beobachtung gewesen sein, aber sicherlich noch nicht – wie manche später wissen wollten – die eigentliche Entdeckung des Potentials, das in der Runkelrübe darauf wartet, in Zucker umgewandelt zu werden. Die Zuckerrunkel, auch „weißer Mangold" genannt, zeichnet sich dabei durch gleichförmig spindeligen Wuchs und feine Seitenwurzeln aus. Ein weiteres Charakteristikum ist, daß der Kopf nicht wie bei anderen Sorten aus der Erde hervorwächst und das Fleisch hart, dicht und weiß (keinesfalls also rot) ist.

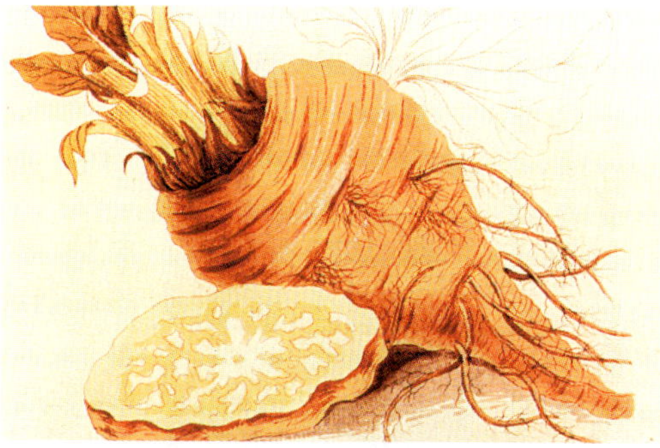

*Darstellung der Zuckerrübe, 1786*

*Andreas Sigismund Marggraf (1709–1782), Direktor der Physikalischen Klasse der Königlichen Akademie der Wissenschaften zu Berlin. Die Silhouette von J. G. F. Unger ist das einzige überlieferte Porträt, das zu seinen Lebzeiten entstand.*

In großem Stil angebaut wurde die Runkelrübe erst relativ spät, nämlich etwa um das Jahr 1700, als man sie vor allem in den Gegenden um Magdeburg und Halberstadt als probates Mittel für die Viehfütterung entdeckte. Als Viehfutter werden die übriggebliebenen Schnitzel der Runkelrüben gewiß noch heute verwendet, nachdem der Rübensaft der Zuckergewinnung zugeführt wurde. Doch es sollte nicht lange dauern, bis aus der „bleden Ruam" eine äußerst intelligente Rübe wurde – und eine menschenfreundliche obendrein, wie etwa das folgende, 1799 von einem Anonymus zwar etwas unbeholfen gereimte, aber immerhin treffende Gedichtchen beweist:

*„O wundervolle Runkelrübe!*
*Dir welkt das blut'ge Zuckerrohr,*
*Bald steigt beim Knall der Peitschenhiebe*
*Des Negers Schrei nicht mehr empor."*

### *Chymicus Marggrafs süßes Experiment*

Manche nannten den Sohn des Berliner Hofapothekers schon in verhältnismäßig jungen Jahren „den größten deutschen Chymicus". Doch auch wenn Andreas Sigismund Marggraf in Fachkreisen zeit seines Lebens unbestritten war, so hatte sich sein eigentliches Lebenswerk – die Entdeckung der Zuckerrübe – selbst nach seinem Tode noch nicht wirklich in deutschen Landen herumgesprochen. Daß Marggraf trotz seiner unzweifelhaften Reputation zu Lebzeiten nicht jenen Ruhm ernten konnte, den er verdiente, läßt sich allein daran ermessen, daß uns von diesem großen Wissenschaftler kein einziges Porträt erhalten ist. Als einziger Anhaltspunkt dient den Nachgeborenen nur eine Büste sowie ein Scherenschnitt von J. G. F. Unger, der ein streng geschnittenes Profil mit vorgeschobener Lippe, spitzer, markanter Nase und hohem, über einer sinusförmig gewölbten Stirn sitzenden Haaransatz zeigt.
Marggraf wurde am 3. März 1709 als Sohn des Berliner Hofapothekers Henning Christian Marggraf geboren, bei dem er auch die pharmazeutische Kunst erlernte. Die Ausbildung zum Apotheker reichte Marggraf jedoch nicht, weshalb er nach einem Praktikum in Frankfurt und Straßburg in Halle an der Saale Chemie und Medizin studierte und seine Ausbildung an der renommierten Freiberger Bergakademie abschloß.
Marggraf wurde in eine Zeit hineingeboren, über die der Philosoph Peter Sloterdijk heute meint: „ ... Tatsächlich war es eine Zeit, in welcher die Alchimie durch die Chemie, die Mystik durch die Aufklärung und das ptolemäische Weltbild endgültig durch das kopernikanische abgelöst wurde." Dennoch war das Bild des

Wissenschaftlers damals noch ein anderes als heute. Das Image des gelehrten Giftmischers haftete ihm ebenso an wie jenes des sensationslüsternen Scharlatans von der Art des Grafen Cagliostro.
Andreas Sigismund Marggraf bemühte sich ein Leben lang, diesem nicht immer nur guten Ruf seiner Zunft entgegenzuwirken, und vielleicht waren es gerade seine wissenschaftliche Redlichkeit und seine Bescheidenheit, die verhinderten, daß seine wichtigste Entdeckung schon früher einer breiteren Öffentlichkeit bekannt wurde.
1735 kehrte Marggraf von seinen Studienreisen in die väterliche Apotheke zurück, und es dauerte nur drei Jahre, bis er wegen seiner theoretischen und praktischen Brillanz in die Königliche Akademie der Wissenschaften aufgenommen wurde. 1754 unterstand ihm das Chemische Laboratorium der Akademie, 1760 wurde

*Der deutsche Chemiker Andreas Sigismund Marggraf entdeckte 1747 den hohen Zuckergehalt in einer heimischen Pflanze, der Rübe. (Aquarellierte Federzeichnung von Peter Schmidt-Schönberg)*

er von Friedrich dem Großen zum Direktor der Physikalischen Klasse – heute würde man sagen: zum Lehrstuhlinhaber für Physik – ernannt.
Marggrafs wissenschaftliche Verdienste waren so vielfältiger Natur, daß es auf den ersten Blick gar nicht leicht fällt, deren wahren Schwerpunkt zu erkennen. So war er einer der ersten Gelehrten, der das Heilwasser in den großen Kurorten seiner Zeit – Franzensbad, Karlsbad und Marienbad – einer wissenschaftlichen Quellanalyse unterzog. Er beschäftigte sich mit der Unterschiedlichkeit von Tonerden ebenso wie mit der Gewinnung von Zyankali, er entdeckte – quasi nebenbei – die damals noch unbekannte Phosphorsäure und die Ameisensäure, und er führte als erster Forscher der Welt die Benutzung des Mikroskops beim chemischen Versuch ein.
Das alles würde ihm – hätte es einen solchen damals schon gegeben – gewiß alleine den Nobelpreis eingetragen haben. Dennoch ist der Name Marggraf bis heute mit einem Phänomen verbunden, das der kleine Sigismund wahrscheinlich schon im Betrieb seines Vaters kennengelernt hat. In den Apotheken hing damals häufig ein gestickter oder in Bronze getriebener Spruch über der Tür: „Ohne Zucker, Wachs und Wein kann kein Apotheker sein."
Das Wachs und der Wein haben Marggraf wohl weniger fasziniert, doch dem Zucker widmete er bald seine ganze Aufmerksamkeit.
Auf den Zucker gekommen war er durch den Plan einer systematischen Untersuchung aller Pflanzensäfte. Dabei fiel ihm auf, daß sich aus den Wurzeln des weißen Mangolds, der auch „roter Mangold" genannten roten Rübe und der Zuckerwurzel Sium Sisarum gleichermaßen süße Kristalle gewinnen ließen, die Marggraf zunächst als „Salze" einstufte.
In seiner 1747 der Königlichen Preußischen Akademie der Wissenschaften vorgelegten Abhandlung über „Chymische Versuche, einen wahren Zucker aus verschiedenen Pflanzen, die in unseren Ländern wachsen, zu ziehen", erläuterte Marggraf zunächst, wie es ihm gelungen war, aus den unterschiedlichsten Pflanzen Salz auszuscheiden. Diese Errungenschaft, schreibt er, habe ihm Gelegenheit gegeben, „auch die Teile der Pflanzen, welche einen offenbar süßen Geschmack haben, hierauf zu untersuchen, und da fand ich, daß einige derselben, nicht allein etwas Zuckerähnliches, sondern einen wahren, vollkommenen und dem gebräuchlichen bekannten aus dem Zucker-Rohr bereiteten vollkommen gleichen Zucker enthielten."
Marggraf nahm, nachdem ihm diese Entdeckung gelungen war, eine Geschmacksprobe und stellte fest, daß seine Versuchspflanzen „nicht allein sehr süß schmecken, sondern auch mit einem Microscopio

betrachtet, cristallinische, dem Zucker gleich stehende weiße Teilchen ( ... ) auf sich sehen lassen." Wie es im Labor des preußischen „Chymicus" damals tatsächlich zugegangen sein mag, davon liefert der folgende Text, der wohl auch in der Giftküche eines Doctor Faustus oder dessen romantischem Nachfahren Doctor Miracel spielen könnte, ein recht anschauliches Bild. Nach seinem Experiment mit den Rüben nahm Marggraf, wie er in seinen „Chymischen Schriften" weiter zu Protokoll gibt:

*„Acht Unzen in Scheiben geschnittene und aufs sorgfältigste in gelinder Wärme recht wohl getrocknete weiße Mangoldwurzeln; ich stieß dieselben in einem Mörser zu einem gröblichen Pulver, welches ich, weil es gern feucht wird, nochmals trocknete. Von diesem gestoßenen und abgetrockneten, noch warmen Pulver nahm ich acht Unzen, tat sie in ein enghälsiges Glas, goß darauf sechzehn Unzen höchst rectificirten Spiritus Bini, der Schießpulver zündet, so daß das Glas bis auf die Hälfte davon voll wurde. Ich verstopfte das Glas mit einem Korkstöpsel, setzte es in eine Sand-Capelle und gab demselben einen solchen Grad des Feuers bis zum Kochen des Spiritus Bini, worauf ich das Glas vom Feuer nahm und das ganze Mixtum so geschwind als möglich in einen leinenen Beutel schüttete; den darin enthaltenen Saft aber, durch eine starke Auspressung von den Wurzeln absonderte, welchen ich nicht warm filtrierte und in ein enghälsiges Glas mit plattem Boden goß, das Glas aber mit einem Korkstöpsel wohl verstopfte, und an einem mittelmäßig warmen Orte verwahrte, da denn das Mixtum erstlich trübe wurde: nach einigen Wochen erhielt ich ein schönes hartes cristallinisches Salz, welches alle Eigenschaften des Zuckers besaß."*

Es paßt durchaus ins Bild dieser heute eher romantisch als chemisch anmutenden Prozedur, daß Marggraf für die Saftreinigung des gewonnenen Rohzuckers neben Eiweiß ausdrücklich das damals für diese Zwecke übliche Ochsenblut empfiehlt und mit den prophetischen Worten schließt:

*„Aus bishero Erzähltem erhellet, was für häusliche Vorteile man aus diesen Erfahrungen ziehen kann, wovon (ich) z. E. nur dieses anführen will: daß sich der arme Bauer dieses Pflanzen-Zuckers oder dessen Syrups, statt des ordinären teuren, sehr wohl bedienen könnte, wenn er durch Hilfe gewisser nicht viel kostender Maschinen den Saft aus diesen Pflanzen-Teilen preßte, solchen einigermaßen reinigte, und alsdann zur Konsistenz eines Sirups verdickte ( ... ) Übrigens wird nun wohl kein Zweifel mehr übrig sein, daß dies süße Salz, der Zucker,*

*Franz Carl Achard (1753–1821), dem es als Schüler und Amtsnachfolger Marggrafs gelang, durch gezielte Auswahl der Rübensorten und Verbesserung der Produktionsverfahren einen höheren Zuckerprozentsatz aus der Rübe zu gewinnen. (Darstellung nach einem Stich von Bollinger, um 1800)*

*in unseren Gegenden ebenso bereitet werden kann wie dort, wo das Zuckerrohr wächst."*

Trotz solcher euphorischer Worte, und obwohl er Friedrich dem Großen 1761 selbst einige Zuckerhüte aus der hauseigenen Rübenproduktion überreichen durfte, scheint der vielseitige Marggraf das Interesse am Rübenzucker allmählich wieder verloren und sich anderen wissenschaftlichen Herausforderungen gestellt zu haben, die ihn in Ehren ergrauen und als hochgeachteten Wissenschaftler von dieser Welt scheiden ließen.
Es sollte daher noch eine Weile – nämlich bis ins Jahr 1802 – dauern, bis diese „gewissen, nicht viel kostenden Maschinen" tatsächlich ihren Betrieb aufnahmen, woran ein anderer Berliner – ein gewisser Franz Carl Achard – nicht ganz unbeteiligt war, der den Worten des großen Andreas Sigismund Marggraf in dessen Berliner Vorlesungen ganz genau gelauscht hatte.

### *Monsieur Achard und der goldne Topf*

„Jenes Weib", sagte der geheimnisvolle Archivarius Lindhorst drohend zum Studenten Anselmus, der sich in dessen Tochter Serpentina verliebt hatte, „jenes Weib, das dir so feindlich ist, hat ihr Dasein der Liebe einer Drachenfeder zu einer Runkelrübe zu verdanken".
Und es dauert auch nicht lange, da sieht sich der arme Anselmus auch bereits in ein Fläschchen aus gläsernem Kristall hineingezaubert, von wo aus er seine Peinigerin, die alte Hexe, anfährt: „Du bist schuld an allem, du schnöde Runkelrübe."
Was sich wie ein etwas überfrachtetes Kindermärchen in Phantasy-Manier anhört, stammt tatsächlich aus der Feder des großen Romantikers E. T. A. Hoffmann und wird in dessen „Märchen vom goldnen Topf" erzählt. Es ist auch absolut kein Zufall, daß es ausgerechnet die Runkelrübe ist, die in diesem märchenhaften Gespinst aus allerlei romantischen Fäden eine so große Rolle spielt.
E. T. A. Hoffmann, der Dichter und Komponist, verdankte seine Inspirationen nämlich nicht zuletzt jenen rauschhaften Zuständen, in die er sich gerne mit Arrak und Punsch versetzte, Getränken, zu welchen er im Laufe seines Lebens eine durchaus begründete Haßliebe entwickelte. Zu Hoffmanns bevorzugten „Elixieren des Teufels" zählte dabei auch der Runkelrübenschnaps, zu jener Zeit auch Runkelrübenspiritus genannt. Und dieser wurde damals von einem gewissen Monsieur Achard in Berlin erzeugt.
Es handelt sich dabei um den nämlichen, mittlerweile schon etwas gereiften jungen Mann, der seinerzeit bei Chymicus Marggrafs Vorlesungen an der Berliner

Akademie der Wissenschaften die Schulbank gedrückt und dabei wohl aufgemerkt hatte.
Franz Carl Achard wurde am 28. April 1753, also mehr als ein halbes Jahrzehnt, nachdem Marggraf erstmals den Zucker aus der Runkelrübe geschmeckt hatte, als Sohn eines nach Preußen ausgewanderten, französischen Hugenottenpfarrers geboren. Ähnlich wie vor ihm Marggraf galt auch Achard schon in jungen Jahren als wissenschaftliches Wunderkind. Mit zwanzig Jahren hatte er bereits Aufnahme in die Berliner Botanische Studiengesellschaft gefunden, die sich vor allem auch mit Rübenzuchtversuchen befaßte und wo Achard auch erstmals auf Marggraf traf.
Als 1776 eine Stelle als dessen „Kollaborator“ frei wurde, bewarb sich Achard mit Erfolg um diesen Posten und wurde so nicht nur Zeuge, sondern auch Mitarbeiter an Marggrafs Projekten, zu denen unter anderem auch die Verbesserung der heimischen Tabakkultur und die Suche nach einem Schokoladensurrogat zählten. Vor allem erregte Marggraf jedoch auch das Gefallen seines Landesherren, Friedrich II. des Großen (1716–1786), den er besonders mit seinen Versuchen beeindruckte, Irrsinnige mit Elektroschocks zu behandeln. Der Alte Fritz schrieb dem jungen Forscher damals voll Respekt, wenngleich nicht ohne Ironie: „Wenn er Dummköpfe durch Elektrizität geistreich machen könne, wäre er mehr wert als sein Gewicht in Gold.“
Ganz so spendabel erwies sich der König dann zwar nicht, aber immerhin machte er Achard nach dem Tod seines Lehrers und Mentors Marggraf im Jahre 1782 zu dessen Nachfolger und wissenschaftlichem Testamentsvollstrecker. Achard begann nämlich, das, was Marggraf nur theoretisch angedacht und durch kleinste Versuchsanordnungen bewiesen hatte, auch großräumig in die Tat umzusetzen.
Obwohl Achard wußte, daß Friedrich der Große mit allen Genußmitteln, vom Tabak über den Kaffee bis hin zum Zucker nicht viel am dreispitzigen Hut hatte, appellierte er zumindest an die merkantilistische Überzeugung seines obersten Dienstherrn. Wenn die Menschen schon unbedingt Zuckerwerk wollten, argumentierte er, so sollte das Geld, das sie dafür ausgaben, wenigstens im Lande bleiben und sich dort nach Möglichkeit auch noch durch zusätzliche Besteuerung vermehren.
Achard, der in seinem Leben über 200 wissenschaftliche Publikationen veröffentlichte und als so penibel galt, daß er nicht davor zurückschreckte, für eine einzige Untersuchung 40 000 Einzelexperimente einzuleiten, fand trotz dieser Vielseitigkeit offensichtlich auch noch Zeit und Muße, ab 1784 auf dem Gut Caulsdorff bei Berlin Runkelrüben in vergleichenden Anbauversuchen auszupflanzen. Auch nachdem das Gut, an dessen

„Sirupkocherei“ heute noch ein alter Schornstein erinnert, durch einen Brand weitgehend zerstört worden war, gab Achard nicht auf und übersiedelte seine Rübenwirtschaft nach Französisch-Buchholz ins heutige Berlin-Pankow.
1799 – auf den 1786 verstorbenen Alten Fritz war längst König Friedrich Wilhelm III. (1770–1840) gefolgt – konnte Achard nach langjährigen Beobachtungen sowie Zucht- und Produktionsversuchen an seinen obersten Dienstherrn den wissenschaftlichen und gleichermaßen wirtschaftlichen Erfolg seines Forschungsauftrags rapportieren. Gäbe man ihm die Erlaubnis, seine Versuche nunmehr auch kommerziell umzusetzen, schrieb Achard, so könne

*„a) eine jährlich sehr große Summe, welche bei dem jetzigen und zu Kriegszeiten wohl immer sehr hohen indianischen Zuckerpreis sich auf 4,166.666 Taler beläuft, im Lande bleiben ( ... ),*
*b) den königlichen Kassen ein vermehrtes königliches Einkommen von 104.166 Talern verschafft werden,*
*c) dem „Publicum“, also den Zuckerkonsumenten, eine Ersparnis von jährlich 1,041.666 Talern garantiert werden und*
*d) durch die Fabrikation des Runkelrübenzuckers ein neuer Erwerbzweig entstehen, der vielen Menschen Unterhalt geben und sowohl Population als auch Staats-Einkünfte vermehren werde.“*

Über die Pflanze, die solches leisten sollte, wußte Achard freilich mittlerweile auch schon viel mehr als sein Vorgänger Marggraf. Aus der ganzen Vielfalt an Sorten und Möglichkeiten, welche die Runkelrübe und ihre Verwandten boten, hatte Achard die weißfleischige Rübe am höchsten einzuschätzen gelernt und sie somit zur „Stamm-Mutter aller Zuckerrüben“ gemacht, die unter dem Namen „Weiße Schlesische Rübe“ bald weithin Verbreitung fand.
Der König nahm Achards gewinnbringende Vorschläge „mit landesväterlicher Freude“ auf und gab am 15. Januar 1799 den Startschuß zum flächendeckenden Zuckerrübenanbau in allen Provinzen, in denen sich damals bereits Zuckersiedereien befanden. Erste Erfolgsmeldungen drangen schon am 28. März desselben Jahres an die Königliche Kommission: „Die Kultur der Runkelrübe“, wußte Achard damals nicht ohne Stolz zu vermelden, „ist die Basis, auf welcher der glückliche Fortschritt der Zuckerfabrikation allein beruht, denn mit

*König Friedrich Wilhelm III., Königin Luise und ihr ältester Sohn empfangen Franz Carl Achard. (Gemälde von Clara Elisabeth Fischer, 1903)*

zweckwidrig kultivierten Rüben wird man scheitern."
König Friedrich Wilhelm III. ließ sich, als er hörte, daß Achard in einem im Winter 1799/1800 gestarteten Großversuch 800 kg feinsten Rohzucker hergestellt hatte, auch in finanzieller Hinsicht nicht lumpen. Er gewährte seinem Zucker-Chemikus eine jährliche Gehaltszulage von 1500 Talern sowie eine zweckgewidmete Prämie von 50 000 Talern, mit denen Achard im Frühjahr 1801 ein Anwesen im schlesischen Cunern erwerben konnte, auf dem er jene Zuckerfabrik errichtete, die mit Recht als erste Rübenzuckerfabrik der Welt gilt.
Die Runkelrübe bekam auf diese Weise auch noch eine andere als nur eine wirtschaftliche Bedeutung. Die deutschen Romantiker, die – wie E. T. A. Hoffmann – der Runkelrübe soviel Aufmerksamkeit widmeten, waren nämlich keineswegs nur verliebt in alte Märchen, sondern formulierten in dieser entrückten, in vielen Zügen dem Mittelalter entlehnten Gegenwelt auch ihr Unbehagen an einer zunehmend industrialisierten, ihres Geheimnisses beraubten und damit auch inhumaneren Welt.
Wenn E. T. A. Hoffmann sein Märchen vom Goldnen Topf damit enden läßt, daß die „garstige Runkelrübe" nach dem Tod der bösen Hexe von einem Papagei aufgefressen wird, so verbirgt sich dahinter nicht nur die Angst des Dichters vor seinen Alkoholexzessen mit dem Runkelrübenschnaps. Der Bannstrahl trifft vielmehr auch Franz Carl Achard, der die Runkelrübe keineswegs nur destilliert, sondern auch industrialisiert und damit die Grundlage eines ganz und gar unromantischen, neuen Erwerbszweigs geschaffen hat.

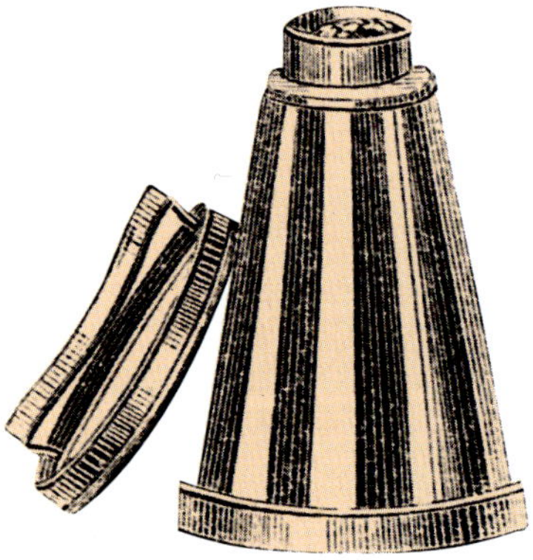

*Parfaitform*

# „Glückliche Lösung“ für ein süsses Problem

## Wie die Zuckerrübe nach Österreich kam

***Napoleons Truppen vor dem „süßen Wien“***
Die Kunde von Achards Errungenschaften und deren Erfolgen verbreitete sich wie ein Lauffeuer über den Kontinent. Doch während Achard nicht eben vom Glück begünstigt war – am 21. März vernichtete ein Großbrand die gesamte Fabrikation in Cunern mitsamt Fabrikationshallen und Maschinenpark –, wurden allenthalben nach dem preußischen Vorbild Zuckerrübenfabriken gegründet.
Auch Österreich machte da keine Ausnahme. In Wien hatte ein Freiherr von Jacquin in Zusammenarbeit mit dem Fabrikanten Konrad Adam bereits 1799 unter dem Eindruck der Achardschen Versuche mit dem Aufbau einer österreichischen Rübenzuckerproduktion begonnen und maßgeblich zur Gründung einer kleinen Zuckerfabrik im böhmischen Horzowitz beigetragen, dessen Rohzucker in der altbekannten Raffinerie Königsaal weiterverarbeitet wurde.
Auf österreichischem Staatsgebiet schlug die Stunde des Rübenzuckers in St. Pölten, wo ein gewisser Johann Ries, der die Rübenfabrikation in Cunern gelernt hatte, 1803 die erste österreichische Rübenzuckerfabrik eröffnete.

*Auf dem Gut Cunern in Niederschlesien gründete Franz Carl Achard 1802 die erste Rübenzuckerfabrik der Welt. (Ansicht des Wirtschaftsgebäudes um 1912)*

Bombardement Wiens durch die napoleonischen Truppen in der Nacht vom 11./12. Mai 1809. (Kolorierter Stich von B. Pieringer)

Zweifellos hätte das Zuckergewerbe des Herrn Ries aus St. Pölten aufs schönste floriert, hätten da nicht jede Menge Gewitterwolken die europäische Großwetterlage maßgeblich beeinträchtigt, die auch auf die Geschichte des Rübenzuckers nicht ohne Auswirkungen blieb. Napoleon stand damals „ante portas". Und obwohl gerade der kleine Korse sich später wie kein anderer vor ihm als Schirmherr der europäischen Rübenzuckerindustrie erweisen sollte, machte er derselben in Österreich zunächst einmal den Garaus: Bereits 1805 – nur zwei Jahre nach ihrer Gründung und während zwischen den nahen Orten Dürnstein und Loiben eines der blutigsten Gemetzel der napoleonischen Kriege tobte – mußte die St. Pöltener Rübenzuckerfabrik ihre Produktion wieder einstellen.

Der Zuckerbedarf in Österreich, vor allem aber in Wien, ging deshalb jedoch keineswegs zurück. Ganz im Gegenteil: Gerade an der Wende vom 18. auf das 19. Jahrhundert schien das „süße Wien" ganz und gar „verzuckert" zu sein.

1797 – die napoleonischen Truppen drangen damals gerade über Villach, Klagenfurt bis in die Steiermark vor – hatte das vernaschte Wien außer dem französischen Usurpator vor allem zwei Themen im Sinn: das „Gfrorne" und die „Limonadenhütten". Das „Gfrorne" war nichts anderes als unser heutiges Speiseeis und

Parfaitform

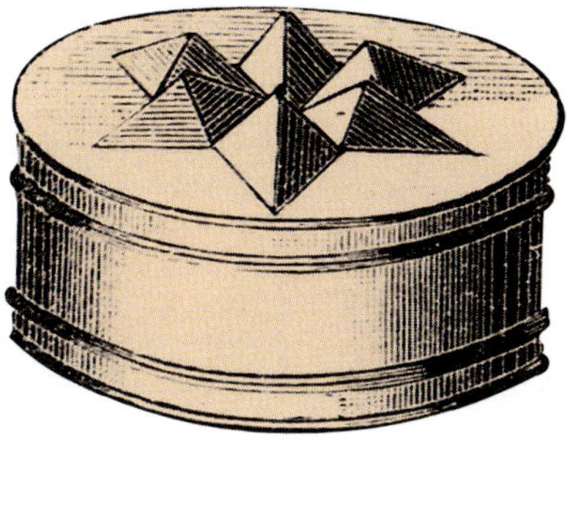

*Limonadenhütte auf dem Wiener Graben. (Lithographie von Anton Bensa)*

wurde nebst anderen eisgekühlten und süßen Köstlichkeiten in zeltähnlichen Etablissements – den sogenannten „Limonadenhütten" – am Graben oder am Hohen Markt angeboten.

Ihre besondere Beliebtheit verdankten diese Erfrischungszelte dem Umstand, daß es sich dabei im Grunde um veritable Kaffeehäuser handelte, die jedoch – im Gegensatz zu den „echten" Kaffeehäusern, von denen es im Jahr 1797 in Wien bereits gezählte 129 gab – nicht nur der Männerwelt vorbehalten waren, sondern auch von erfrischungsfreudigen Damen besucht werden durften.

Der Erfolg dieser neuen Art süßer Erlebnisgastronomie war so durchschlagend, daß die Wiener Theaterzeitung von 6000 Bechern Eis zu berichten wußte, die da allabendlich alleine in der „Ochsenmühle" des Kaffeesieders Milano im Paradeisgartl verschleckt wurden.

Gleich mehrere Erfrischungszelte stellte damals auch die stadtbekannte Witwe Kleopha Lechner am Hohen Markt auf, um den flanierenden Wienerinnen und Wienern „alle Gattungen Gefrorenes, auch in verschiedenen Formen" anbieten zu können, darunter solche Köstlichkeiten wie geeisten Früchtenektar, eisgekühlten Hypocras (jenen gezuckerten Gewürzwein, den Wien der Verbindung der Habsburger mit den Burgunderherzögen verdankt), Pistazienmilch und ein in vielerlei Farben funkelndes Elixier namens Rosoglio, das man heute wohl am ehesten als „Fancy Drink" bezeichnen würde.

Wie beliebt solche süßen Elixiere damals tatsächlich waren, beweist auch eine noch zu Zeiten der sitten-

*Parfaitform*

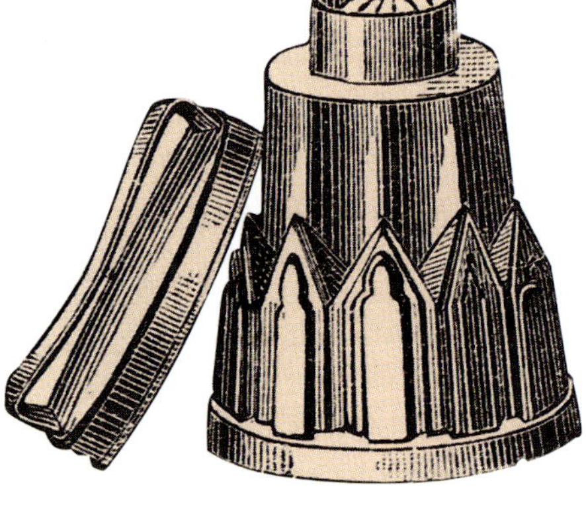

strengen Kaiserin Maria Theresia erlassene Verfügung an ihre Hofzuckerbäcker, die denselben ausdrücklich untersagt, „Liqueurs in oder außerhalb des Hofs zu brennen, um solche öffentlich oder unter Hand zu verkaufen, und daß nicht wohl gar dergleichen Waren und Effekten bei Hof selbst ihnen abgekauft und in die Wirtschafts-Offizien eingeliefert werden". Tatsächlich scheint die Kaiserliche Hofzuckerbäckerei damals nicht nur in der Gunst des Kaiserhofs, sondern durchaus auch im Ruf einer „Schwarzbrennerei" von süßen Likören gestanden zu sein.

Ob „Gfrornes" oder Sorbet, Limo oder Stangeneis, Gewürzwein oder Likör – was immer in den „Limonadenhütten" angeboten wurde, bedurfte des Zuckers, doch damit war der Zuckerbedarf des „süßen" Wien noch bei weitem nicht gestillt. Allenthalben hatten sich im Wien des 18. Jahrhunderts neben den Kaffeesiedern auch Zuckerbäcker wie jener Louis Dehne etabliert, der als einer der ersten die seltsame Verwandtschaft der Wiener Theaterlust mit der Wiener Naschhaftigkeit erkannt und für seine Geschäfte genutzt hatte. Gleich gegenüber dem alten Burgtheater am Michaelerplatz eröffnete er nämlich 1785 einen

*Parfaitform*

*Limonadenhütte auf dem Wiener Graben.*
*(Lithographie von W. Mayer)*

*J. Daums Kaffeehaus am Wiener Kohlmarkt. (Unbezeichneter Kupferstich)*

„Gfrornes-Salon“ im ersten Stock eines Rokokohauses mit „Zuckerbäcker-Fassade“, wo die Mitglieder des Kaiserlichen Hofstaats auch durchaus private Blicke ins Dekolleté der ein oder anderen Hofschauspielerin werfen oder dabei zuhören konnten, wie selbst entrückte Mimen untereinander wesentlich Profaneres als Shakespeare und Lessing zu deklamieren wußten.
Louis Dehne, aus dessen Gfrornes-Salon sich im 19. Jahrhundert die Konditorei Demel entwickeln sollte, starb 1799 an der Lungenschwindsucht, während Achard damals soeben seinen ersten Großversuch im Runkelrübenanbau startete. Der angesehene Zuckerbäcker hinterließ das florierende Geschäft seiner Witwe Antonia, die nach angemessener, aber nicht allzu langer Trauerzeit wiederum Dehnes Gesellen Gottlieb Wohlfahrth heiratete. Napoleon kehrte zu jener Zeit gerade von seinem siegreichen Ägyptenfeldzug nach Hause und rief sich zum Ersten Konsul und Alleinherrscher aller Franzosen aus.
Für die Zuckerversorgung Europas begannen damals allerdings ziemlich schlechte Zeiten. Hatte schon die Revolution von San Domingo die europäische Zuckerindustrie in eine tiefe Krise gestürzt, so war es spätestens die von Napoleon am 21. November 1806 gegen England verhängte Kontinentalsperre, die das Festland

*Die „Ochsenmühle“ des Kaffeesieders Milano im Paradeisgartl auf der Promenade der Burgbastei, im Hintergrund die Hofburg*

Das ehemalige Haus „Zum Schwarzen Elefanten am Graben", um 1860 (nachmals Haus „Zur Goldenen Krone")

von der Zuckerversorgung aus den britischen Kronkolonien abschnitt.

In Wien herrschte damals eine drückende Zuckernot. Ausländischer Zucker war nicht am Markt, und inländischer Zucker wurde nur gegen Silbergeld verkauft, das aber – nach den verlorenen Feldzügen der Jahre 1805 und 1809 – kaum noch jemand besaß. Statt dessen wurden sogenannte Bankozettel ausgegeben, deren wahrer Wert weit unter jenem des Silbergelds lag. Der Ruf nach Zuckersurrogaten wurde daher von Tag zu Tag lauter. Marggrafs und Achards Errungenschaften rund um die Runkelrübe beschäftigten damals zwar bereits die Gelehrtenwelt, waren aber von flächendeckender ökonomischer Umsetzung noch weit entfernt. So mußte man sich zu Beginn des 19. Jahrhunderts auch in Wien ernsthaft umsehen, wie man den enormen Zuckerbedarf an der Donau mit Surrogaten aller Art decken konnte. Ein Unterfangen, bei dem sich die Wiener allerdings durchaus innovativ und außerordentlich erfinderisch zeigten. Bevor die Wiener allerdings auf die Zuckerrübe kamen, feierte zunächst einmal der gute Ahornzucker, den Kaiserin Maria Theresias Oberförster volle vier Jahrzehnte mit ihrem naturschützerischen Bannfluch belegt hatten, fröhliche Urständ. Als Österreich dann jedoch nach dem verlorenen Feldzug des Jahres 1809 mit dem

*„Der Riese Handel überwältigt den Zwerg Blockade." – Mit der Niederlage Napoleons wird auch die Kontinentalsperre aufgehoben. Die englischen Waren, unter ihnen auch der Rohrzucker aus den Kolonien, überschwemmen erneut Europa. (Karikatur, 1807)*

Frieden von Schönbrunn das gesamte adriatische Küstengebiet mit den Seehäfen Fiume und Triest verlustig ging, brach in deren Hinterland eine dermaßen dramatische Zuckerknappheit aus, daß man auch die Ahornbäume (Acer saccharinum) wieder anzubohren begann.
Allein: Die süße Kraft des Ahornbaums erwies sich indessen letztlich doch als begrenzt, und so schrieb der niederösterreichische Statthalter Franz Graf von Saurau nach ausführlicher wissenschaftlicher Prüfung der Ahornzucker-Raffination am 6. Mai 1810 in seinem in der verschnörkelten barocken Amtssprache abgefaßten Bericht an die Wiener Hofkammer:

*„Wenn nun schon die Betrachtung richtig ist, daß die beschränkte Anzahl von Ahornbäumen dermal gar nicht erwarten läßt, ein solches Quantum von Zucker zu erzeugen, wodurch der ausländische ganz unentbehrlich werden dürfte, so ist dieser Umstand doch kein Grund, nun dieser so wichtigen Erfindung nicht alle Unterstützung zuzuwenden. ( ... ) Daher halte ich es vielmehr für wesentlich, mit der möglichsten Förderung dieser Anstalt auch zugleich die Sorgfalt zu verbinden, daß die Erzeugung des Runkelrübenzuckers, und ebenso auch*

*Zuckergewinnung aus Ahornsaft*

*Der Innenminister überreicht Napoleon den ersten französischen Rübenzucker. – Aufgrund der Unterlagen, die Achard an den französischen Innenminister sandte, stellte man die ersten Zuckerhüte aus Rüben her und präsentierte sie Napoleon. (Zeichnung nach einem Stich von David, 1811)*

*jene des durch die Erfahrung bereits als anwendbar anerkannten Traubensyrups soviel immer möglich befördert werde, um auf diese Art durch mehrere Mittel und Wege dahin zu wirken, den mit so beträchtlichem Kostenaufwand aus dem Auslande hereinzuziehenden ostindischen Zucker nach und nach immer mehr entbehrlich zu machen.“*

Der sich auf diesen Bericht hin entspinnende Wettstreit zwischen den „Muster-Ahornzuckerfabriken“ im Salzkammergut und im Wiener Prater und dem ebenfalls mit staatlicher Förderung bedachten Runkelrübenanbau konnte schließlich ganz eindeutig von den Verfechtern der Rübe für sich entschieden werden, obgleich die österreichischen Behörden derselben von Anfang an wesentlich skeptischer gegenüberstanden als dem Ahorn. Es kam daher auch einer gewissen Niederlage der Behörden gleich, als sie am 3. April 1816 in einer Eingabe an Kaiser Franz zugeben mußten, daß man von der österreichischen Ahornzuckergewinnung, mit welcher „überdies ein unnützer Zeit- und Müheaufwand verbunden ist, für die Folge ganz abzukommen habe“. Napoleon Bonaparte, der sich als Usurpator des ganzen Kontinents um das Lebenswerk Achards und den europäischen Zuckerrübenanbau in vieler Hinsicht so verdient gemacht hatte, daß er auf Karikaturen gerne beim Auspressen von Rübensaft in seinen Kaffee gezeigt wurde, weilte um diese Zeit schon in seinem Exil auf St. Helena.

*„Napoleon und die Zuckerrübe“. – Napoleon war von den Zuckerproben so begeistert, daß er ein Dekret zur Einführung der Rübenzuckerproduktion erließ und – so zeigt es die englische Karikatur 1807 – Rübensaft in seinen Kaffee träufelte.*

### *Der brenzlige Sirup des Herrn Jassnüger*

Man sollte sich von der zunehmenden Verdichtung der Ereignisse in der Zuckergeschichte zu Beginn des 19. Jahrhunderts nicht täuschen lassen. Was der Berliner Chymicus 1844 ersonnen und sein Schüler

Achard ab 1799 auch in die Tat umgesetzt hatte, war sowohl im Ursprungsland Preußen als auch in Österreich zunächst nicht viel mehr als eine ökonomische Marginalie, die in der nachnapoleonischen Ära überdies im Verruf stand, von Napoleon über Gebühr gefördert worden zu sein. Das katastrophale Image des Korsen, der ganz Europa in eine tiefe Krise gestürzt hatte, übertrug sich sehr schnell auch auf den Rübenzucker, den man mit Napoleon auf ähnliche Weise identifizierte wie später Bayreuth mit Hitler. Und als Franz Carl Achard am 20. April 1821 auf seinem Gut in Cunern im Alter von 69 Jahren verstarb, hatte seine Errungenschaft überraschenderweise nur in Frankreich wirklich Furore gemacht, und es sollte noch eine Weile dauern, bis der Rübenzuckeranbau in den dreißiger und vierziger Jahren des vorigen Jahrhunderts seinen Siegeszug durch Europa antrat.

In Österreich, wo die Rübenzuckerindustrie erst 1849 bedeutend genug war, daß man sie mit einer eigenen Steuer belegte (was in Frankreich bereits 1831 und in Deutschland immerhin 1841 der Fall war), kann man daher davon ausgehen, daß große Teile dessen, was Konditoren, Mandoletti- und Gfrornimänner, Limonadenhütten und Kaffeehäuser an Zucker umsetzten, zumindest im ersten Drittel des vorigen Jahrhunderts doch eher von den atlantischen Zuckerrohrinseln oder aus den Kolonialstaaten in Übersee als von Rübenfeldern vor den Toren Wiens stammten.

Dort hatte, wie wir uns erinnern, schon Johann Ries 1803 den bereits 1805 am Rübenfreund Napoleon gescheiterten Versuch unternommen, auch in Österreich eine eigene Zuckerrübenfabrik zu etablieren. Auch „inner der Linien Wiens", so kann man in Stephan von Keess' 1819 erschienener „Darstellung des Fabriks- und Gewerbswesens im österreichischen Kaiserstaate" nachlesen, „war der verstorbene landesbefugte Fabrikant chemischer Waren, Konrad Adam, der erste, welcher die Fabrikation des Runkelrübenzuckers im Großen und mit gutem Erfolge betrieb". Dann heißt es allerdings weiter: „Die meisten Fabriken entstanden aber im österreichischen Staate sowie im Auslande während der Kontinentalsperre seit dem Jahr 1810."

In diesem Jahr wurde auch der erste von staatlicher Seite geförderte Versuch gestartet, Zucker aus Rüben zu erzeugen. Hatte Johann Ries in St. Pölten zwischen 1803 und 1805 noch ausschließlich auf eigenes Risiko gearbeitet, so bewilligte Kaiser Franz dem Mediziner und Chemiker Johann Nepomuk Jassnüger nunmehr die nicht unbeträchtliche Summe von fast 5000 Gulden, um Kessel, Öfen und Bottiche für eine im Wiener Michaelerkloster untergebrachte Zuckersiederei anzuschaffen. Den ehrgeizigen Forscher begleiteten bei seinen Bemü-

„Promptes Eintreffen der Kolonialwaren". – Als auf dem Höhepunkt der Französischen Revolution Ludwig XVI. 1793 hingerichtet wurde, begann der erste Koalitionskrieg, und England blockierte die französischen Häfen. Der neue Weg der Zuckerproduktion stieß deshalb in Frankreich auf besonders großes Interesse, da durch die Kontinentalsperre ausländische Waren nur sehr zögernd ins Land kamen.

hungen überdies die besten Wünsche der staatlichen Stellen. So schrieb der mit Jassnügers Subventionsansuchen befaßte Hofrat von Dürfeld damals an Graf Saurau, den bereits zitierten Statthalter des Landes unter der Enns: „Wie wichtig die endliche glückliche Auflösung des großen Problems der Zuckererzeugung aus Runkelrüben für die österreichische Monarchie sein würde, bedarf keiner Erwähnung, und man kann daher nur mit dem Erfinder seinen im Großen vorzunehmenden Versuchen den besten Erfolg wünschen."
Das Wünschen allein scheint allerdings nicht viel geholfen zu haben. Die von Herrn Jassnüger mit Hilfe von Kalk und Eichenrinde erzeugten 123 Pfund Zuckerrübensirup waren nämlich, wie sich bald herausstellen sollte, weder quantitativ noch qualitativ dazu angetan, die mißliche Zuckerversorgungslage der Wiener zu verbessern. Als erste Degustationsproben des Sirups ergaben, daß sich statt der erwarteten Süße eine irritierende Brandigkeit und ein brenzliger Geschmack auf der Zunge einstellten, war an einen Käufer für diesen ersten auf Wiener Boden hergestellten Rübenzucker nicht zu denken. Die Sirupfässer blieben zwei Jahre lang bei den Michaeler Mönchen stehen, bis das Barnabitenkollegium für die Nutzung der dazu bereitgestellten Räumlichkeiten nach zwei Jahren Eigenbedarf anmeldete.

### *Der Zucker des tauben Hofrats*

Für den Staatsdienst, so hatte man ihm beschieden, war Johann Christian Waykarth nicht mehr geeignet. Wegen „zunehmender Gehörlosigkeit“ wurde der Hofrat der montanistischen Hofkammer in die Frühpension geschickt, weigerte sich aber dennoch beharrlich, von nun an „zum alten Eisen“ gezählt zu werden.

Hofrat Waykarth suchte vielmehr nach einem neuen Aufgabengebiet und fand es in Inzersdorf am Wienerberg, unmittelbar vor den Toren der Haupt- und Residenzstadt Wien, wo er 1810 inmitten einer fruchtbaren Landschaft mit einem Barmittelaufwand von 8000 Gulden Konventionsgeld eine Rübenzuckerfabrik gründete, von deren Funktionieren sich die gestrengen (und wohl auch etwas mißtrauischen) niederösterreichischen Behörden schon bald – nämlich am 7. Januar 1811 – durch eine Inspektion vor Ort überzeugen konnten.

Der diesbezügliche Bericht des Fabriksinspektors Stephan von Keess fiel jedenfalls durchaus freundlich aus und bescheinigte Hofrat Waykarth „unstreitig das Verdienst, der erste gewesen zu sein, welcher in Österreich die Erzeugung des Runkelrübenzuckers im großen Stil zu betreiben begann“.

Da der Bericht mit peinlicher Genauigkeit die Funktionsweise der Maschinen in der Inzersdorfer Fabrik darlegt sowie auch den Produktionsvorgang äußerst übersichtlich beschreibt, ist er aus wirtschaftshistorischer Sicht ein unschätzbares Dokument über die Zuckerrübenproduktion anno 1811, die er auf höchst lebendige Weise veranschaulicht:

*„Das Etablissement ( … ) befindet sich ( … ) zu Inzersdorf nächst Wien, und verdient nicht nur wegen der Größe und Zweckmäßigkeit der Anlage, sondern vorzüglich wegen der einfachen Methode, die er (Hofrat Waykarth, Anm. d. Verf.) bei der Zuckererzeugung befolgt, eine besondere Erwähnung. Diese besteht in Folgendem:*

*Die Fabrikation fängt mit dem Waschen der Rüben an, welches auf eine sehr einfache Art in einem dem Brunnen nahestehenden Trog von Holz, der statt dem Boden mit Latten versehen ist, bewerkstelligt wird.*

*Nach dem Waschen folgt das Zerkleinern der Rüben. Die Maschine, die hier in Anwendung gebracht ist, unterscheidet sich von den bekannten Zerkleinerungsmaschinen und ist von der Erfindung des eben genannten Herrn Hofrats. In Hinsicht des Effektes kann sie allerdings zu den vollkommensten gerechnet werden, zumal, wenn der Kraftaufwand hiebei noch vermindert werden sollte.*

*Das Wesen dieser Vorrichtung besteht in zwei Walzen, die nicht wie bei der Hennig'schen Zerkleinerungsmaschine mit Stiften versehen sind, sondern an welchen der Länge nach sägeförmige Stangen von Eisen in einer Entfernung*

*Rübenwäsche und Kochkessel in der Zuckerraffinerie „de Granaatappel" in Amsterdam, 1811*

*von beiläufig einem Zoll angebracht sind. Über diesen Walzen befindet sich ein Kasten von Holz, in welchen die Rüben gefüllt werden, sodaß die untere Schichte derselben mit den Walzen in Berührung steht. Beide Walzen werden mittels eines durch drei Pferde in Bewegung gesetzten Räderwerkes sehr schnell umgedreht, und so wie die Zerkleinerung allmählich vor sich geht, werden die Rüben in den Kasten nachgefüllt.*
*Durch diese Maschine können an einem Tage, wenn sie elf Stunden im Gange ist, 30 Zentner Rüben in einen sehr zerteilten, beinahe musartigen Zustand verwandelt werden. Sind die Rüben in diesem Zustand, so wird der Saft mittels einer gewöhnlichen Presse ausgedrückt.*
*Der ausgepreßte Saft wird hierauf mit Schwefelsäure gemischt, wodurch die Gärung abgehalten und die Ausscheidung des Eiweißstoffes befördert wird. Auf 20 Maß Saft werden 15 Lot (1 Lot = 17,5 g) verdünnte Säure gerechnet, und nach dieser Mischung bleibt der Saft beinahe 24 Stunden in hölzernen Bottichen stehen. Aus diesen wird der gesäuerte Saft zum Klären und Abschäumen in Pfannen von verzinntem Eisenblech übergossen, welche in hölzernen Bottichen einpassen, die so eingerichtet sind, daß sie mittels Wasserdämpfen geheizt werden können. Solche Pfannen sind zwei vorhanden, wovon jede wenigstens fünf Schuh im Durchmesser hat.*

*Damit der gesäuerte Saft das Eisenblech nicht angreife, und die Entsäuerung sogleich vor sich gehen kann, werden die Pfannen mit kohlensaurem Kalk bestreut und der darauf gegossene Saft dann gut umgerührt. Nach 1/4 Stunde wird noch etwas in Wasser zerteilte Kreide eingetragen und, nachdem die Flüssigkeit 20° Reaumur erreicht hat, noch abgerahmte Milch zugegossen.*
*Hierauf geht die Erhitzung bis 78–79° Reaumur fort, die Dunströhre, welche den Wasserdampf aus dem Kessel unter die Pfanne leitet, wird gesperrt, und man wartet einige Stunden, bis sich eine feste Schaumdecke bildet, die mit Löffeln abgenommen wird.*
*Unter dieser Decke zeigt sich der Saft weinklar. Dieser wird abgelassen und in die Verdampfungspfanne, welche wie die Klärungspfanne eingerichtet ist, und deren sich in der Fabrik zwei gleich große befinden, übergetragen, wo man ihn bis zur Syrupskonsistenz eindicken läßt.*
*Wenn der Saft diese Konsistenz erhalten hat, kommt er in die Sedimentiergefäße, in welchen er 4 Tage stehen bleibt, damit der Gips sich ganz abscheiden kann, und am fünften Tag wird er auf flachen Schüsseln, die in einer bis zum 25ten° Reaumur erhitzten Stube stehen, gegossen, in welchen die Kristallisation des Zuckers vor sich geht.*
*Anstatt den kristallisierten Zucker, wie es in den Zuckerraffinerien gewöhnlich ist, in Hutforme zu geben und die Melasse durch Ablaufen hievon zu trennen, bedient sich Hofrat Waykarth zur Abscheidung der Melasse einer anderen sehr einfachen Methode.*
*Der zu Kristallen angeschossene Zucker wird nämlich samt der Melasse in kleine Säcke von Leinwand gefüllt und mittels einer schief stehenden Presse gut ausgepreßt. Die Melasse läuft während des Pressens durch und der Zucker (die Moscovade) bleibt in dem Sack zurück. Dieser wird nun einmal in den Säcken dem Druck der Presse ausgesetzt. Nach dieser Arbeit erscheint der Zucker, wenn er ganz ausgetrocknet wird, weiß, dem sogenannten Farine Zucker ähnlich, und kann entweder so verbraucht werden oder der weiteren Raffinierung unterworfen werden. Die Rückstände werden auch hier so wie in anderen ähnlichen Fabriken benützet. So wird der Preßrückstand abgekocht, neuerdings ausgepreßt und aus dem Safte Branntwein erhalten. Die Melasse hingegen, mit gleichen Teilen Wasser verdünnt und nach erfolgter Gärung auf Rum und Cognac bearbeitet. Endlich dienen die zum 2ten Mal ausgepreßten Rübenrückstände zur Mästung des Viehes.*
*Der Syrup sowohl als der Farine Zucker, welchen Herr Hofrat von Waykarth im heurigen Jahr fabriksmäßig verfertigen ließ, ist von allem Nebengeschmack frei, dem westindischen Mehlzucker ganz gleich und so süß, als man es nur immer wünschen kann."*

*Verarbeitung von Runkelrüben in der Zuckerraffinerie „de Granaatappel" in Amsterdam mit Rübenwäsche und Spindelpresse, 1811*

Was hier beschrieben wird, entspricht ziemlich genau der Achardschen Methode, wurde aber doch in solcher Perfektion durchgeführt, daß Niederösterreichs Landesherr Graf Saurau in seiner ersten Begeisterung Kaiser Franz sogar den Vorschlag machte, Hofrat Waykarth für seine Verdienste mit der Verleihung des begehrten Leopoldsordens zu ehren. Die Kaiserliche Hofkammer zeigte sich allerdings weit weniger euphorisch und winkte mit dem Hinweis ab, man habe in Inzersdorf wohl noch nicht den entsprechenden „Beweis von besonderem Kunstfleiße" geliefert, und führte weiter aus: „Eine so vorzügliche Auszeichnung, wie die Allerhöchste Verleihung des Leopoldsordens ist, dürfte daher nur für denjenigen vorzubehalten sein, der die kristallinische Zuckermasse bis zu einem feinen Raffinatzucker vervollkommnet haben wird."

Graf Saurau gab sich mit dieser etwas sibyllinischen Begründung nicht zufrieden, erwirkte eine Audienz bei Kaiser Franz persönlich und bewog diesen zumindest zur Verleihung des Kleinen Kreuzes des Leopoldsordens, mit dem immerhin ein Adelstitel verbunden war, aufgrund dessen der „taube Hofrat" seine Korrespondenz nunmehr mit dem stolzen Schriftzug „Johann

*Verordnung zum österreichischen Zuckersteuergesetz unter Kaiser Franz I. vom 30. Juni 1812: „Da sich der Gebrauch des aus Mais, Runkelrüben, und anderen dergleichen europäischen Vegetabilien erzeugten Syrups immer mehr zu verbreiten anfängt, so haben seine k. k. Majestät mittels allerhöchsten Entschließung vom 1. dieß Monats folgende Zollsätze für diesen Syrup zur Erleichterung der Konsumzion, und des innerländischen Verkehrs zwischen Ungarn, und den deutschen Erbländern festzusetzen geruhet.“*

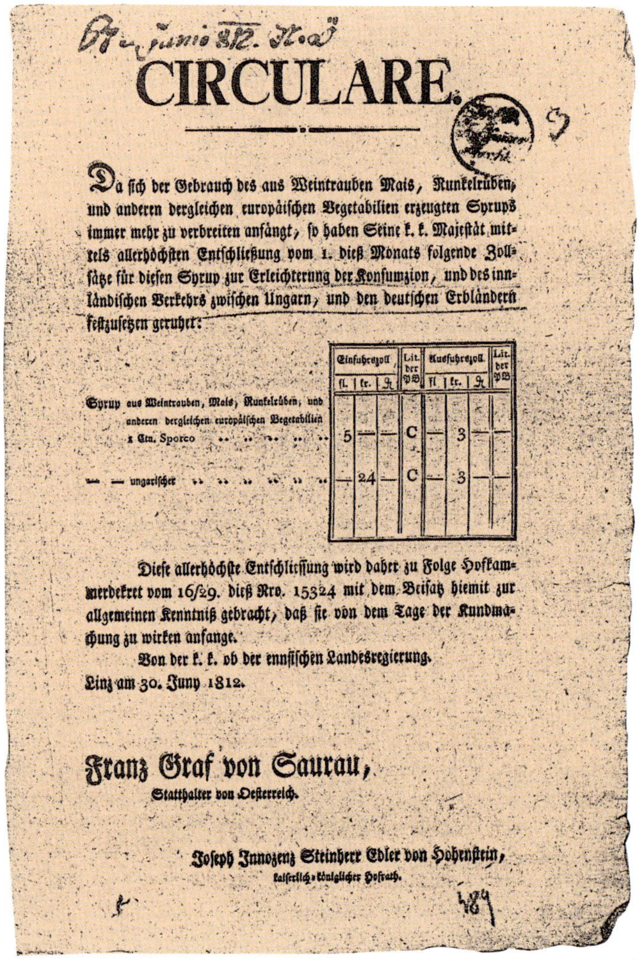

# CIRCULARE.

Da sich der Gebrauch des aus Weintrauben Mais, Runkelrüben, und anderen dergleichen europäischen Vegetabilien erzeugten Syrups immer mehr zu verbreiten anfängt, so haben Seine k. k. Majestät mittels allerhöchsten Entschließung vom 1. dieß Monats folgende Zollsätze für diesen Syrup zur Erleichterung der Konsumzion, und des innländischen Verkehrs zwischen Ungarn, und den deutschen Erbländern festzusetzen geruhet:

| | Einfuhrezoll | | | Lit. der PB | Ausfuhrezoll | | | Lit. der PB |
|---|---|---|---|---|---|---|---|---|
| | fl. | kr. | ℛ | | fl. | kr. | ℛ | |
| Syrup aus Weintrauben, Mais, Runkelrüben, und anderen dergleichen europäischen Vegetabilien 1 Ctn. Sporco .. .. .. .. .. | 5 | — | — | C | — | 3 | — | — |
| — — ungarischer .. .. .. .. .. .. | — | 24 | — | C | — | 3 | — | — |

Diese allerhöchste Entschliessung wird daher zu Folge Hofkammerdekret vom 16/29. dieß Nro. 15324 mit dem Beisatz hiemit zur allgemeinen Kenntniß gebracht, daß sie von dem Tage der Kundmachung zu wirken anfange.

Von der k. k. ob der ennsischen Landesregierung.

Linz am 30. Juny 1812.

**Franz Graf von Saurau,**
Statthalter von Oesterreich.

Joseph Innozenz Steinherr Edler von Hohenstein,
kaiserlich-königlicher Hofrath.

Christian Ritter von Waykarth, k. k. Hofrat und Inhaber der Runkelrübenzuckerfabrik in Inzersdorf Nr. 26“ schmücken durfte.

Von Waykarths „zunehmender Schwerhörigkeit“ ist in den Dokumenten aus seinem Fabrikantenleben übrigens nicht mehr die Rede. Taub stellte sich vielmehr die Kaiserliche Hofkammer, als Waykarth mit der Bitte um massiven Schutzzoll für ausländischen Zucker einkam. Doch obwohl Waykarth damit nicht mehr und nicht weniger als den nämlichen merkantilistischen Standpunkt einnahm, den auch schon Josef II. vertreten hatte, waren die Zeiten mittlerweile andere geworden. Mit der durchaus nachvollziehbaren Begründung, daß die inländische österreichische Zuckererzeugung 1813 nicht einmal den hundertsten Teil des Zuckerbedarfs abdeckte, schmetterte Kaiser Franz das Ansinnen des frischgeschlagenen Ritters Waykarth in einer „Allerhöchsten Entschließung“ ab.

***Wie wurde die böhmische Mehlspeis süß?***
Wo von Altwiener Mehlspeisen die Rede ist, da braucht man meist nicht allzulange zu suchen, um die böhmische Köchin zu finden, die dahintersteckt. Im Zuge der großen Migrationsbewegungen innerhalb der Kronländer, an deren Ende die Vielvölkerstadt Wien stand, kamen nämlich auch zahlreiche Einwandererfamilien aus Böhmen und Mähren in die Donaumetropole. Während die Männer hofften, in den neuen Industrien unterzukommen, verdingten sich die Frauen als Dienstmädchen und Haushaltshilfen oder eben – als „böhmische Köchinnen".
Viele hochherrschaftliche und großbürgerliche Haushalte konnten sich glücklich schätzen, von einer solchen „Perle" aus Böhmen bekocht zu werden. Denn was die böhmischen von vielen anderen Köchinnen ihrer Zeit ganz besonders unterschied, war ihr besonderes Naheverhältnis zu „süßen Sachen" aller Art. Mit welchen ebenso verzuckerten Köstlichkeiten die Köchinnen ihre Herrschaft dazumal verwöhnt haben, das läßt sich auch heute noch leicht nachvollziehen, wenn man eines der großen böhmischen Kochbücher des vorigen Jahrhunderts durchblättert. Über zweihundert Mehlspeisrezepte findet man beispielsweise in Magdaléna Dobromila Rettigovas 1826 in Königgrätz erschienener „Hausköchin" (Domácí kucharka), darunter gegossene Strudeln, Buchteln, mährischen Weichselkuchen, brennheiße Mandelwürste, Karlsbader Kolatschen, zusammengelegte Torten und jede Menge Zuckerwerk vom Lemoni-Häufchen bis zur Cervelatwurst oder gar einem

**Schinken von Zucker**
*Schäle und reibe 140 Gramm süße und 70 Gramm bittere Mandeln, gib sie auf eine Schüssel, füge hiezu 140 Gramm gestoßenen Zucker, ein bißchen Schnee, und treibe es recht ab, dann lege den vierten Teil davon auf die Seite, in die drei Teile gib 2 bis 3 gestoßene Gewürznelken, 5 Gramm Zimt, 5 Gramm Muskatnuß, 1 Löffel voll rotem, pulverisiertem Sandel und arbeite es recht ab; hernach mache daraus ein längliches Laibchen, das Weiße gib obenauf und drücke es zu; dann zerschneide es auf breite Schnitte, ordne sie auf ein Papier und laß sie abtrocknen. Es sieht sehr täuschend aus; um es noch täuschender zu machen, kann man statt Pfeffer und Salz geriebene Chokolade und gestoßenen Zucker auf den Tisch geben.*

Der für die böhmischen Mehlspeisen benötigte Zucker war allerdings auch in Böhmen – wie überall anders in Kontinentaleuropa – lange Zeit eine teure Importware. Die erste böhmische Zuckerraffinerie wurde – ein Jahr

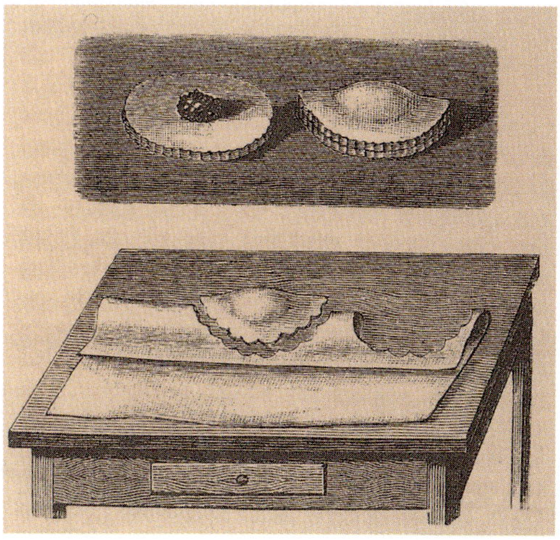

*Zubereitung von Maultaschen mit Mandelfülle*

*Nächste Doppelseite:*
*Wiener Mehlspeisen, zubereitet von Dietmar Fercher, Wien : (v. l. n. r.) Wiener Apfelstrudel, Buchteln, Topfenkolatschen*

*Küchengeräte des 19. Jahrhunderts zur Herstellung von Süßwaren: Schneebesen, Schlagobersmaschine, Eismesser, Zuckerrührer*

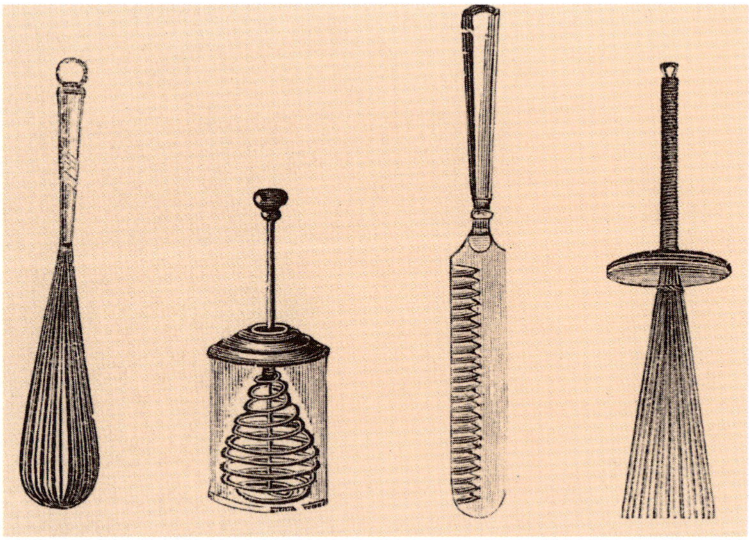

nach Klosterneuburg – 1786 in Königsaal eröffnet, und zwar von just jenem Josef von Sauvaigne, den wir bereits als jenen umtriebigen „Chevalier d' industrie" kennenlernten, der Klosterneuburg noch vor Eröffnung der Raffinerie verlassen hatte, um eine Wiener Likörfabrik zu gründen, aus der dann nichts wurde. Bereits ein Jahr später fand man Monsieur de Sauvaigne jedoch wieder als frischgebackenen, wenngleich wohl nicht mehr ganz taufrischen Jung-Unternehmer, der in Königsaal allerdings wie schon in Wien lediglich als „vorgeschobener Pionier" eines angesehenen Wiener Bankhauses agierte.

Immerhin: In Königsaal hielt es Sauvaigne wesentlich länger als in Klosterneuburg. Per Stichtag 31. Dezember 1789 lieferte er an der Spitze von 72 Arbeitern und Angestellten immerhin sieben Sorten Rohrzucker – Kandis, Fein-Raffinat, Mittel- und Ordinär-Raffinat, Fein Melis, Ordinär Melis und Lompen – im Wert von 1,3 Millionen Gulden pro Jahr aus und erleichterte den böhmischen Mehlspeisköchinnen damit ihr Dasein wohl ganz beträchtlich.

Auf den Rübenzucker kam man in Böhmen, das unter der Kontinentalsperre ebenso zu leiden hatte wie Österreich, erstmals im Jahre 1811. Auch in Böhmen hatte man damals zunächst mehr oder minder befriedigende Versuche mit Zucker aus Ahornsirup unternommen, bevor man sich entschloß, es auch einmal mit Runkelrüben zu versuchen. Gleich drei Rübenzuckerfabriken entstanden damals zur gleichen Zeit, eine auf der Gräfin von Thunschen Herrschaft Kulm, zwei andere unter der Leitung eines reichen Gutsbesitzers namens Veith auf den Herrschaften Liboch und Semil.

Österreichs nördliche Nachbarn scheinen gleich zu Beginn eine gute Hand für die neue Technologie gehabt zu haben. Der Sirup aus böhmischen Runkelrüben galt von Anfang an als besonders geschmackvoll, hell und rein, der Rohzucker als ebenso schmackhaft wie süß. Tatsächlich waren es nicht zuletzt die unleugbaren Verdienste der drei böhmischen Rübenzuckerfabriken, die Kaiser Franz so lange zögern ließen, dem ehrgeizigen Wiener Hofrat Waykarth den Leopoldsorden zu verleihen. In der Kaiserlichen Hofkammer befürchtete man nämlich mit Recht, daß dies in böhmischen Landen zu argen Verstimmungen hätte führen können, zumal der böhmische Zucker sich – wohl nicht zuletzt auch deshalb, weil die böhmischen Köchinnen ihn zu perfekt zu verarbeiten verstanden – eines besonders guten Rufs erfreute. Ein Rezept wie das folgende, so darf man annehmen, schmeckte damals, mit böhmischem Zucker zubereitet, gleich noch einmal so gut:

**Geschwinde Buchteln**

*Nimm 500 Gramm Mehl, 1/3 Liter Schmetten, 3 Eierdotter, 70 Gramm Butterschmalz, 30 Gramm Preßhefe und mache einen Teig an, dann gib dazu 34 Gramm Zucker, ein bißchen Muskatblüte, ein bißchen geschnittene Lemonischale, ein bißchen Salz und arbeite den Teig ab; hernach nimm ihn aufs Nudelbrett, schneide daraus so viel Stückchen, als du Buchteln haben willst, zerwalke sie auf kleinen Finger dick, bestreiche sie entweder mit Mohn, Powidl oder Topfen, oder schmiere sie mit Butter und bestreue sie mit geriebenem Pfefferkuchen, rolle sie ein, lege sie auf die Bratpfanne in zerlassenes Butterschmalz, bestreiche noch jede Buchtel auf den Seiten mit einer in Butter eingetunkten Feder, daß sie nicht zusammenkleben, und laß sie aufgehen, dann backe sie; wenn sie gar sind, stürze sie und laß sie auskühlen.*

*Rührschüssel*

*Innenansicht einer Zuckerfabrik*

***Das Zuckerrohr schlägt zurück***

Mit dem Zeitalter Napoleons und der Kontinentalsperre endete im damals in wirtschaftlicher ebenso wie in politischer Hinsicht aufatmenden Europa auch die Notwendigkeit, sich ständig auf die Suche nach Zuckersurrogaten zu begeben. Auch der Rübenzucker, dessen Ruf keineswegs immer einwandfrei war, schien vorderhand einmal seine Schuldigkeit getan zu haben. Da Rübenzucker darüber hinaus auch noch kaum in ökonomisch wirklich relevanten Mengen angebaut wurde, war er alles in allem kaum kostengünstiger als importierter Rohrzucker. Und schließlich verhielt es sich wohl damals auch schon so, wie es heute noch in vielen Dingen (wenngleich nicht in solchen des Zuckers) ist: daß die Menschen grundsätzlich annehmen, daß das Ausländische das Bessere ist als das zu Hause Gewachsene.
Kurzum: Die im Zeitalter der Kontinentalsperre errichteten Rübenzuckerfabriken siechten dahin und drohten in den zwanziger Jahren des vorigen Jahrhunderts fast schon auszusterben, während allenthalben wieder neue Kolonialzuckerraffinerien entstanden. Auch bei den Zuckerbäcker-Kapriolen, die im Rahmen des Wiener Kongresses unweigerlich auf die Wienerstadt zukamen, hat der nach Napoleons Rücktritt auch politisch obsolet gewordene Rübenzucker wohl kaum noch eine nennenswerte Rolle gespielt. Man hielt sich vielmehr an Friedrich Rückert, der über den Rübenzukker wenig schmeichelhafte Worte gefunden hatte und dem Rohrzucker die stolzen Worte in den Mund legte:

*„Seht hier die Surrogatenniederlage,*
*Der schlechte Rübenzucker,*
*Der Krämer war doch gegen mich ein Schlucker.*
*…"*

Der Kongreß tanzte, amüsierte sich und naschte dabei – als hätte es weder einen Marggraf noch einen Achard gegeben – Süßes von den entlegenen Zuckerrohreilanden der Kanaren und der Neuen Welt. Als nicht minder mondän galt es im „süßen Wien" damals allerdings auch, dem Rohrzucker ebenso wie dem Zucker überhaupt ein Schnippchen zu schlagen und im „Süßen Löchl", in einem uralten Keller in der Ertlgasse, einzukehren, wo sich damals eine beliebte Honigweinschenke befand, die ihre Pforten erst im Zweiten Weltkrieg schloß.
Die beiden Jahre des Wiener Kongresses (1814/15) waren allerdings auch die Zeit, in welcher im Gefolge des französischen Außenministers Talleyrand auch der damalige König der Köche – Antoine Carême – nach Wien kam, dem auch der Ruf eines „Architekten in der Küche" vorauseilte. Carême, ein gelernter Zucker-

bäcker, hatte sich nämlich auch intensiv mit Illusions- sowie Theaterarchitektur beschäftigt und war daher nicht nur ein Meister feiner Saucen, sondern auch ein Baumeister eßbarer Schlösser, Tempel und ganzer Palastanlagen, die auf Sockeln aus Butter und anderen Ingredienzien ruhten und für deren bizarre Fassadengestaltung sich kaum ein Material besser eignete als der leicht zu formende und zu ziselierende Zuckerguß. Die Schautorten-Seligkeit hatte auch ihre Schattenseiten. Oft wurden solche Stücke aus Einsparungsgründen mehrmals vorgestellt, solange sie nicht völlig unansehnlich waren. Wenn dies einmal der Fall war, wurden sie zum sogenannten „Tafelabhub" gezählt und durften von den Dienstboten, welche die Hofzuckerbäckerei, oft reichlich mit Zuckerwerk bepackt, über die sogenannte Zuckerbäckerstiege verließen, nach Hause mitgenommen werden. Eines Tages kosteten jedoch ein paar Kinder von einer solchen schon etwas ranzigen Schautorte – und erlitten schwere Vergiftungen. Nach diesem Vorfall wurde 1827 von Franz I. verfügt, es dürften nur noch „geputzte Torten" zur Schau gestellt werden. Ab damals waren sie wohl auch eßbar.

*Faschingstorte aus Windbäckerei vom Demel*

*Festtorte in Pagodenform vom Demel*

*Schaufensterdekorationen der Zuckerbäckerei Demel*

Was für die Torten galt, nämlich daß sie genießbar sein sollten, wurde indessen von einer anderen Zunft erst gar nicht ins Auge gefaßt. Zumindest nahmen es die „Zucker-Sculpteurs“, deren große Epoche damals begann, mit allerlei chemischen (und nicht selten sogar giftigen) Zusätzen, die ihre Figuren bunter, hübscher und prachtvoller aussehen ließen, nicht ganz so genau.

*Schaufensterdekorationen der Zuckerbäckerei Demel*

Eine ferne Nachfahrin dieser Zunft sorgt heute noch bei der Auslagengestaltung der Konditorei Demel für einen späten Nachklang der süßen Porträtisten von anno dazumal, dem immerhin auch Politiker wie Bruno Kreisky, Ronald Reagan oder Yassir Arafat ihren zuckersüßen Nachruhm in den Demel-Depots verdanken.
In der Biedermeierzeit waren es allerdings keineswegs

*E.T. und Bruno Kreisky als „süße Kunstwerke" beim Demel*

so sehr die Politiker als vielmehr die bedeutenden Künstler, die von den „süßen Bildhauern" aus Zucker und Tragant (oder, wie man damals auch zu sagen pflegte, aus flüssigem Porzellan) mit aus Fruchtsäften gezogenen Farben, Schokoladeeis, kandiertem Obst und geschnitzten Waffeln porträtiert wurden.
Die Tänzerin Fanny Elßler fand sich ebenso in der Demel-Auslage wie Ferdinand Raimund in der Verkleidung als „Aschenmann" aus seinem „Verschwender" (wobei als süße Pikanterie am Rande durchaus nicht unerwähnt bleiben soll, daß der ehemalige Zuckerbäckerlehrling Raimund seine berufliche Laufbahn am Theater damit begann, daß er in der Livre eines sogenannten „Numeros" auf den Rängen des Burgtheaters Linzer Torteletten verkaufte, die damals besser als „Burgtheaterkrapferln" bekannt waren).
Die Obrigkeit stand den schleckhaften Anwandlungen ihrer Untergebenen mit wohlwollender Skepsis gegenüber. Metternichs berüchtigte Geheimpolizei hatte, auch

wenn sie dem Bürger noch so sehr in seine Privatsphäre nachgeschnüffelt haben mag, letztlich doch anderes im Sinn, als den Inhalt der porzellanenen Konfektschalen im Biedermeierschränkchen zu überprüfen. (Obwohl sich vielleicht gerade das gelohnt hätte, denn gar nicht selten war im Konfekt dazumal – allerdings eher aus „digestifen“, sprich: verdauungsfördernden Gründen – neben magensekretfördernden Samen und Früchten auch Opium enthalten.)
Metternich selbst, der seit 1809 die Geschicke Österreichs lenkte und vom Kutschbock der Wiener Staatskanzlei auch als durchaus umstrittener „Kutscher Europas“ maßgeblich an der Außenpolitik der nachnapoleonischen Ära beteiligt war, scheint zum Zucker und zur Welt der Wiener Mehlspeisen ein durchaus positives Verhältnis gehabt zu haben. Das beweist allein schon seine persönliche Beteiligung an der Entstehung der Sachertortenlegende, von der später noch die Rede sein wird. Außerdem interessierte sich Metternich

*E.T. und der Maler Friedensreich Hundertwasser, flankiert von Krampussen, im Demel-Schaufenster* während der Zeit der Kontinentalsperre lebhaft für die Herstellung von Kastanienzuckersurrogat, womit man sich damals am neapolitanischen Hofe befaßte. Und als man dem Staatskanzler am 19. Oktober 1812 erstmals von den Fortschritten einer Runkelrübenfabrik in Magdeburg berichtete, ließ Metternich diesen Bericht mit freundlichen Worten an die Kaiserliche Hofkammer zur gefälligen Nachahmung weiterleiten. Die Sorge um den Zucker war gewiß nicht die größte des Biedermeier-Kanzlers, aber sie war nachweislich da.

Der Rübenzucker hatte es in der Ära Metternich dennoch zunächst alles andere als leicht. Die insgesamt 26 Rohrzuckerraffinerien, welche die napoleonischen Kriege in der Donaumonarchie u. a. in Wien, Wiener Neustadt, Graz, Laibach, Görz, Prag, Datschitz, Mailand, Venedig, Verona, Udine, Ödenburg und Preßburg überlebt hatten, sahen sich nach Napoleons Abgang nämlich plötzlich wieder bestens mit dem begehrten Rohstoff versorgt. Was aufgrund der Kontinentalsperre jahrelang in englischen Häfen auf Stapel gelegen war, überschwemmte plötzlich wieder – noch dazu zu nunmehr ziemlich günstigen Preisen – den kontinentaleuropäischen Zuckermarkt.

Begünstigt durch ein der vaterländischen Zuckerindustrie äußerst freundlich gesinntes Hofdekret Kaiser Franz I., das am 2. September 1818 eine allgemeine Zollbegünstigung einheimischer Raffinerien gegenüber dem Handel festsetzte, fühlten sich damals auch in Österreich die nach dem langen Darben während der napoleonischen Kriege darniederliegenden Kolonialzuckerraffinerien zu neuen Taten ermuntert.

Im niederösterreichischen Klosterneuburg entstand daher aufgrund dieser rohrzuckerfreundlichen Ent-

*Original-Sachertorte*

*Der Koch, Gustobäcker, Mehlspeismacher, Oblatenbäcker, Milchmeyer etc. (Kolorierte Lithographie von R. Dreyer, um 1847)*

*Kaiser Franz I. im österreichischen Kaiserornat. (Gemälde von Friedrich von Amerling, 1832)*

wicklung bereits zum zweiten Mal innerhalb von nur zwanzig Jahren eine Raffinerie, die von Lorenz Anstoß, einem ehemaligen Branntweiner aus Wien-Fünfhaus, in den Räumlichkeiten des Gasthauses „Zum braunen Hirschen" gegründet wurde, aber niemals die Bedeutung der ersten Klosterneuburger Zuckerfabrik erreichte.
Auch in Wiener Neustadt (1819) und Graz (1825) entstanden damals neue Kolonialzuckerraffinerien. Und zu den beiden noch aus der Zeit der Kontinentalsperre stammenden Wiener Zuckerfabriken in der Heugasse und in der Ungargasse gesellte sich 1818 als dritte im Bunde auch noch die für damalige Zeiten hochmodern eingerichtete Raffinerie des Großhändlers Vinzenz Mack in der Vorstadt Jägerzeile im Wiener Prater. Eine vierte Raffinerie wurde schließlich vom Großhandelskaufmann Bonnet de Bayard am Belvedere errichtet, und im selben Jahr eröffnete auch der Großhändler Adolf Grohmann eine Raffinerie am Schottenfeld. Der Zuckerbedarf des „süßen Wien" konnte jedoch auch durch diese fünf Vorstadt-Raffinerien keineswegs gänzlich gedeckt werden. Da mußten auch noch die Raffinerien in der Steiermark, in Böhmen, Krain, im Küstenland, in Ungarn und Lombardo-Venetien kräftig zuliefern.
Was dabei auf der Strecke zu bleiben schien, war zunächst die völlig darniederliegende Rübenzuckerindustrie, die – nach dem napoleonischen Imageverlust – erst ab den dreißiger Jahren allmählich wieder jenen Schwung aufbrachte, den sie benötigte, um in der zweiten Jahrhundertwende zu Weltgeltung aufzulaufen.
Die sprichwörtlichen Engerln, die um dieselbe Zeit den nicht minder sprichwörtlichen Mehlspeishimmel über Wien errichteten, wurden in der Vormärzzeit zweifellos mehrheitlich mit Rohrzucker gefüttert.

*Zuckerraffinerie des Großhändlers Vinzenz Mack in der Jägerzeile, heute Praterstraße. (Kolorierte Lithographie von Carl Vasquez, Mitte 19. Jahrhundert)*

*Die Zuckerraffinerie des Großhändlers Zinner in der Nähe der Franzensbrücke am Donaukanal. Die Zuckerfabrik wurde 1839 nach Plänen von Ludwig Christian Friedrich Förster errichtet.*

Was sich in der Zuckerindustrie erst um die Mitte des Jahrhunderts anbahnte – nämlich der schlußendliche Sieg des Rübenzuckers über den Rohrzucker auf dem gesamten Kontinent –, das haben die Dichter der Romantik intuitiv schon früher erfaßt. Ludwig Tieck etwa schrieb 1835 in seiner Novelle „Die Vogelscheuche“ einen regelrechten Werbetext für die Runkelrübe:

*„Dir sei Preis, holdselige Ranunkel,*
*Denn du bist nach meinem Sinn*
*Doch der Blumen Königin.*
*Deiner tausend Farben Lichtgefunkel*
*Glänzt wie Frühling durch den Garten hin …*
*Wozu also noch vom Rosenlob Gemunkel?*
*Es ist doch nur eiteles Geflunkel,*
*Lieber selbst ist mir die Rübe, Runkel.“*

# Gebt dem Kaiser Zucker

## Das „süsse Wien“ unterm Doppeladler

### *Ein Pionier gibt nicht auf*

Über Johann Ries, den Schüler des großen Achard, der 1803 die erste Rübenzuckerfabrik auf österreichischem Boden eröffnet hatte und von den Truppen Napoleons an einem frühen Erfolg seiner Idee gehindert wurde, findet man in den Annalen der österreichischen Zuckergeschichte recht wenig.
Dabei trat der Mediziner mit dem Faible für den Saft aus der Runkelrübe noch ein zweites Mal auf den Plan, allerdings war ihm auch diesmal – wenngleich aus anderen Gründen – kein durchschlagender Erfolg beschieden.
Als sich Johann Franz Ries im Dezember des Jahres 1821 – also 18 Jahre nach seiner ersten St. Pöltener Gründung – erneut an die Wiener Hofkammer wandte, wollte er nicht bloß eine neue Zuckerfabrik errichten, sondern vielmehr das Lebenswerk des großen Achard, dessen Wirken Ries in Cunern selbst vor Ort mitverfolgen hatte dürfen, in Österreich unter Einbeziehung der mittlerweile vor allem in Frankreich und bei Magdeburg gemachten positiven Erfahrungen fortführen. Achard war am 20. April 1821 verstorben, und Ries sah sich zu der Aufgabe, in der Nähe Wiens eine vergleichbare Musteranstalt zur Zuckererzeugung aus Runkelrüben zu errichten, auch und vielleicht gerade deswegen berufen, weil der Zeitgeist der unmodern gewordenen Ranunkel damals außerhalb Frankreichs allenthalben ins süße Rübenantlitz blies.
Doch nicht nur mit der Runkelrübe, auch mit Johann Ries selbst meinte es die Göttin Fortuna damals nicht besonders gut. Ein Ansuchen, ihm für seine Versuchsstation ein Fabriksgebäude bei Simmering kostenlos zu überlassen, das dann von allen interessierten „Kapitalisten“ besichtigt werden könne, wurde trotz positiver Fachgutachten abschlägig beschieden, weil der Staat das erforderliche Gebäude nicht zur Verfügung stellen wollte. Auch eine Intervention bei Erzherzog Ludwig half nichts: Ries war mit seinem Anliegen gescheitert.
„Vielleicht hätte sich die Geschichte der österreichischen Zuckerindustrie ganz anders entwickelt“, gibt der

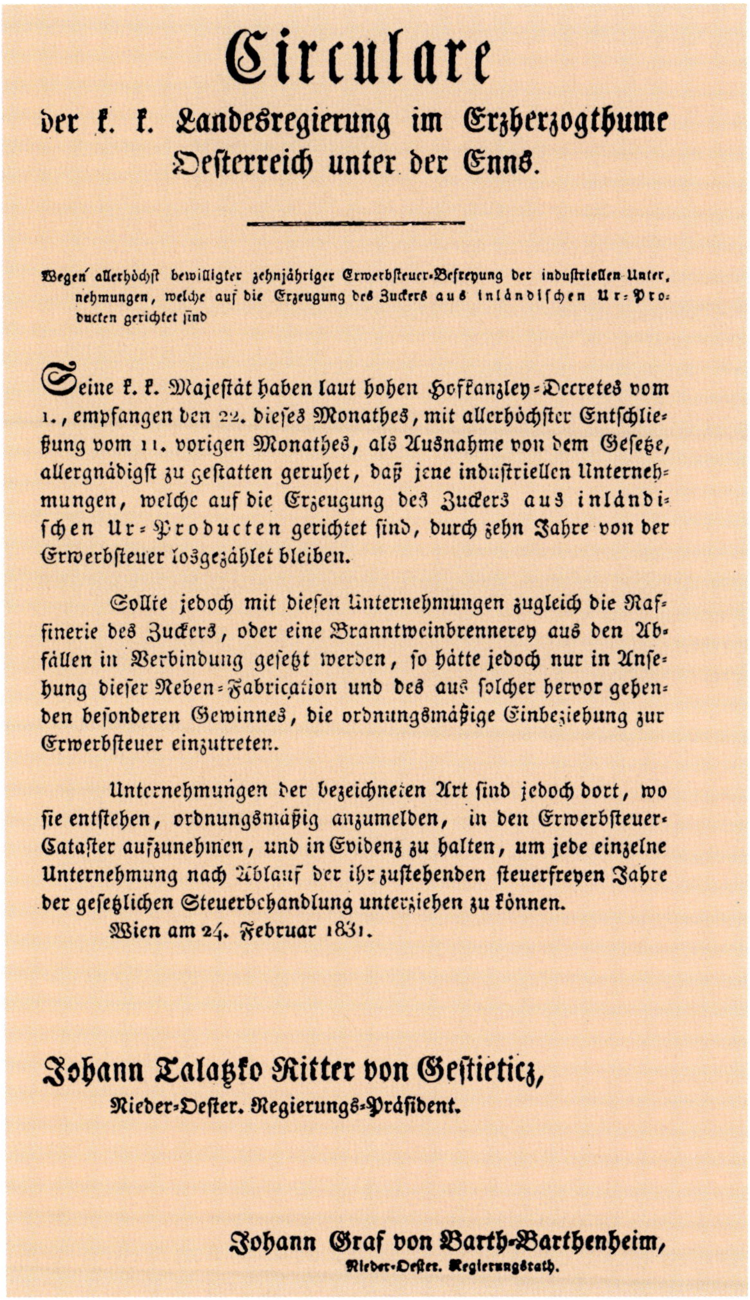

# Circulare

## der k. k. Landesregierung im Erzherzogthume Oesterreich unter der Enns.

Wegen allerhöchst bewilligter zehnjähriger Erwerbsteuer-Befreyung der industriellen Unternehmungen, welche auf die Erzeugung des Zuckers aus inländischen Ur-Producten gerichtet sind

Seine k. k. Majestät haben laut hohen Hofkanzley-Decretes vom 1., empfangen den 22. dieses Monathes, mit allerhöchster Entschließung vom 11. vorigen Monathes, als Ausnahme von dem Gesetze, allergnädigst zu gestatten geruhet, daß jene industriellen Unternehmungen, welche auf die Erzeugung des Zuckers aus inländischen Ur-Producten gerichtet sind, durch zehn Jahre von der Erwerbsteuer losgezählet bleiben.

Sollte jedoch mit diesen Unternehmungen zugleich die Raffinerie des Zuckers, oder eine Branntweinbrennerey aus den Abfällen in Verbindung gesetzt werden, so hätte jedoch nur in Ansehung dieser Neben-Fabrication und des aus solcher hervor gehenden besonderen Gewinnes, die ordnungsmäßige Einbeziehung zur Erwerbsteuer einzutreten.

Unternehmungen der bezeichneten Art sind jedoch dort, wo sie entstehen, ordnungsmäßig anzumelden, in den Erwerbsteuer-Cataster aufzunehmen, und in Evidenz zu halten, um jede einzelne Unternehmung nach Ablauf der ihr zustehenden steuerfreyen Jahre der gesetzlichen Steuerbehandlung unterziehen zu können.

Wien am 24. Februar 1831.

**Johann Talatzko Ritter von Gestieticz,**
Nieder-Oester. Regierungs-Präsident.

**Johann Graf von Barth-Barthenheim,**
Nieder-Oester. Regierungsrath.

*Verordnung des österreichischen Kaisers Franz I. über die Erwerbsteuerfreiheit der Rübenzuckerfabriken*

Zuckerhistoriker Jakob Baxa daher mit Recht zu bedenken, „wenn die Behörden damals auf das Projekt von Dr. Ries eingegangen wären. Man kann fast mit Sicherheit behaupten, daß durch Anlage einer solchen Musterfabrik bei Wien die Förderung des Rübenbaues und der einheimischen Zuckererzeugung in Niederösterreich viel früher eingesetzt hätte, als dies tatsächlich der Fall war.“ Und Baxa kommt zum Schluß: „Nicht von Niederösterreich, dem alten Stammland der erbländischen Zuckererzeugung (...), sondern von Mähren sollte der Wiederaufstieg der österreichischen Rübenzuckerindustrie seinen Ausgang nehmen.“

### *Die Rückkehr der Runkelrübe*

Im Jahre 1830 zeigte sich die Wiener Hofkammer von einer Seite, die vor allem die heimischen Zuckerpioniere kaum an ihr kannten: Sie war restlos begeistert und leitete Kaiser Franz das folgende Gutachten zu:

*„Da aber der k. k. Oberlieutnant Grebner das entscheidende Verdienst hat, dermalen der erste wieder die Zuckererzeugung aus Runkelrüben in Anregung gebracht zu haben, so dürften Euer Majestät den ehrfurchtsvollen Antrag zu genehmigen geruhen, daß demselben das A. H. Wohlgefallen zu erkennen gegeben, davon in den öffentlichen Zeitungsblättern eine ehrenvolle Erwähnung gemacht werden dürfte."*

Was da so holprig durch die altösterreichische Bürokratengrammatik stelzt, ist in Wahrheit nichts anderes als die Erlaubnis, mit dem kaiserlichen Namen für ein Produkt zu werben, das es in den anderthalb Dezennien zuvor alles andere als leicht hatte: den Rübenzucker. Der bewußte k. k. Oberlieutnant Grebner war freilich auch keineswegs irgend jemand. In Frankreich war Franz Grebner für seine Verdienste um die Zuckerindustrie bereits mit dem Kreuz der Ehrenlegion ausgezeichnet worden. Grebners Gut im mährischen Datschitz hatte sich binnen weniger Jahre zu einem europäischen Kristallisationspunkt der weiten Welt der Zuckerrübe entwickelt, und es war keinesfalls ein Zufall, daß es ausgerechnet diese Zuckerfabrik war, in welcher rund ein Jahrzehnt später der Würfelzucker erfunden werden sollte.
Datschitz war allerdings keineswegs die einzige Drehscheibe zwischen Mähren und Böhmen, jenem Gebiet der alten Donaumonarchie, von dem aus der Rübenzucker seinen zweiten Anlauf nahm, um die süße Welt – und zwar diesmal endgültig – für sich zu erobern.
Im „Zuckerland" Böhmen war es der Sohn eines evangelischen Pfarrers gewesen, der dem Rübenzucker endgültig zum Durchbruch verhalf. Dabei war Carl Weinrich (1800–1860) ja von seinen Eltern im Grunde für den Beruf eines Buchhändlers bestimmt worden, doch plötzlich sattelte er mitten in der Ausbildung aus innerem Antrieb um, studierte in Göttingen Chemie und wurde von keinem Geringeren als Justus von Liebig (1803–1873), dem großen Chemiker, der heute vor allem als Erfinder des Fleischextrakts bekannt ist, an eine Reihe maßgeblicher französischer Rübenzuckerfabrikanten weiterempfohlen, bei denen er die Kunst der Zuckerherstellung gewissermaßen von der Pike auf lernte. Als er nach Deutschland zurückkehrte, schien Weinrich zunächst nicht allzu viele berufliche Möglichkeiten vorzufinden. Er setzte also am 9. Mai

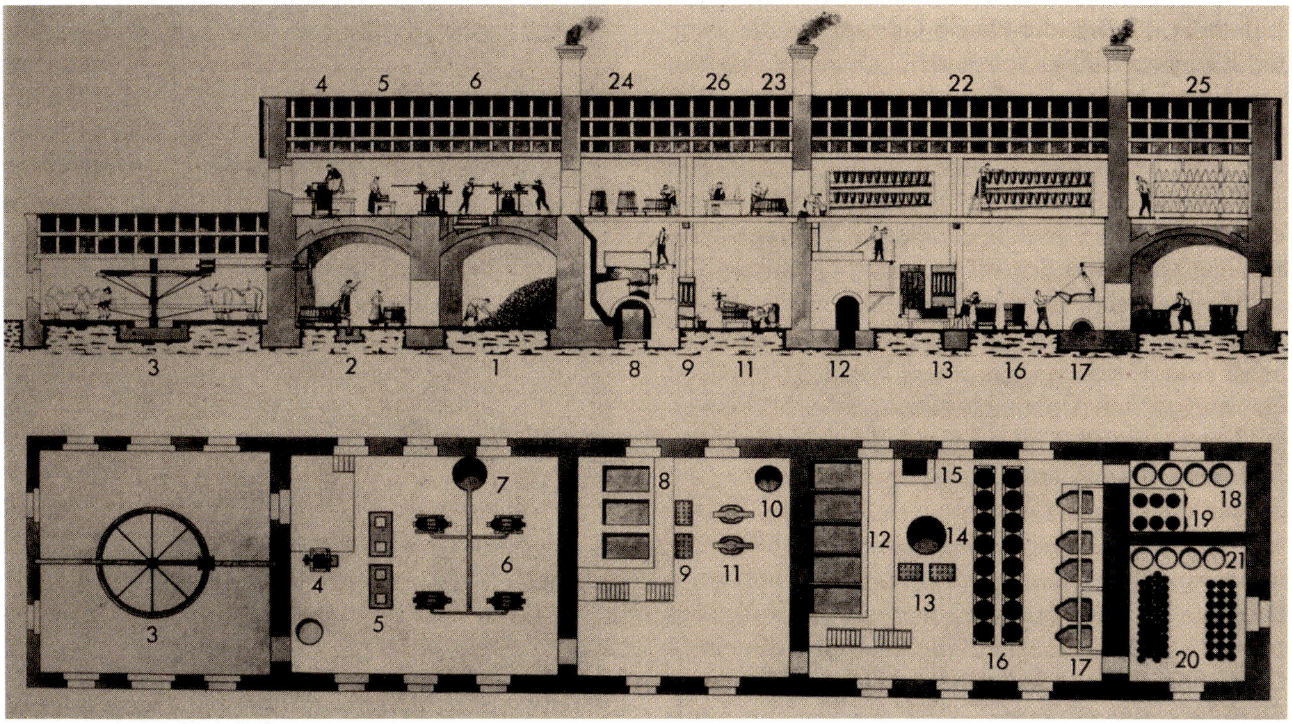


1830 ein Inserat in die „Allgemeine Zeitung", in welchem er sich erbötig machte, jedermann, der sich interessiert zeigte, gegen fünf preußische Taler die Rübenzuckergewinnung zu erläutern.
Interessiert zeigte sich vor allem das böhmische Geschlecht der Fürsten Thurn und Taxis, die Weinrich nicht nur seine fünf Gulden bezahlten, sondern ihn gleich damit beauftragten, noch im selben Jahr eine Zuckerfabrik in Dobrowitz einzurichten.
Weinrich zählt ohne Zweifel zu den ganz Großen unter den Pionieren der Rübenzuckerindustrie im alten Österreich, weshalb ihm später auch Jakob Christoph Rad, der penible Chronist des österreichischen Zuckerwesens und Erfinder des Würfelzuckers, einen besonders liebevollen Nachruf in seiner „Gedrängten Geschichte der Rübenzuckerindustrie" zuteil werden ließ:

*„Seine (Weinrichs) Charaktereigenschaften waren die trefflichsten. Von Jugend auf an einfache Lebensweise, Studium und praktische Tätigkeit gewöhnt, war er ein erklärter Feind von Luxus und Verschwendung, seine Ansichten in dieser Beziehung grenzten an das Spartanische. Dabei bewahrte er stets ein tiefes Gefühl für die Leiden und Entbehrungen der ärmeren Klasse und sein Geist beschäftigte sich viel mit dieser schwierigsten aller Fragen. Bescheiden, anspruchslos und sich selbst genügend, dürstete es ihn nicht nach öffentlichen Anerkennungen, Titeln oder Orden. Im persönlichen Umgange war er voll einfacher Liebenswürdigkeit,*

*Arbeitsschema der Zuckerfabrik Dobrowitz von Karl Weinrich, 1831: Im Rübenkeller (1) lagern die Rüben auf einem hölzernen Rost. Die Luft kann durch die unterirdischen Kanäle, die unter dem Rost eines Windofens zusammenlaufen, nach Belieben erneuert und mit Schwefeldampf angereichert werden. Die Rüben werden in der Rübenwäsche (2) gewaschen. Ein Ochsen- oder Pferdegöpel (3) treibt die Reibmaschinen (4) an, deren Reibzylinder sich mit 600 bis 700 U/min drehen. Der Rübenbrei wird auf mit Kupferblech beschlagenen Packtischen (5) in Säcke gefüllt, und aus hölzernen Spindelpressen (6) läuft der Saft in den Bottich (7) und dann in die Läuterungskessel (8), wo man etwas Säure und Kalk zugibt und den Saft erwärmt. Der gereinigte Saft läuft durch die Taylor-Filter (9) in den Bottich (10). Die Saftreste aus den Leinwandsäcken werden mit Spindelpressen (11) ausgepreßt. Vom Bottich pumpt man den Saft in die Eindampfkessel (12), nach der Eindickung läuft er durch hölzerne Filtrierkästen (13) in die Abkühlpfanne (14). Den Raum erwärmt ein Ofen (15). Den abgekühlten Sirup reinigt man in Kohlefiltern (16) und dickt ihn dann in den Kipppfannen (17) weiter ein. In den Gefäßen (18) wird die abgesüßte Knochenkohle regeneriert und in den gußeisernen Töpfen (19) durch Glühen frische Knochenkohle gewonnen. Der aus den tönernen Zuckerhutformen (20) laufende Sirup kommt in Holzbottiche (21). Die gefüllten Formen deckt man mit Ton (22), der im Bottich (23) zubereitet wurde. Die leeren Formen werden gewaschen (24) und die Zuckerhüte nach der Trocknung (25) auf dem Packtisch eingewickelt.*

*Aufrichtigkeit und voll Herzensgüte; seine Familie liebte und verehrte ihn, wer ihn kannte und mit ihm umging, achtete ihn hoch. Er hatte keine Feinde. Möge er noch lange in der Erinnerung der österreichischen Zuckerfabrikanten fortleben, denn fürwahr, er war von ihren Pionieren der wackersten einer.“*

Die offensichtlichen Erfolge, die Grebner in Mähren und Weinrich in Böhmen erzielten, ermunterten auch Unternehmerpersönlichkeiten in anderen Teilen der Monarchie. In Niederösterreich wurde der Chemiker Dr. Ludwig August Krause zunächst von der Landwirtschaftsgesellschaft mit einer Studienreise zum Thema Rübenzuckerfabrikation beauftragt und durfte seine Erkenntnisse unter der Schirmherrschaft des Grafen Ferdinand Colloredo-Mansfeld ab 1831 in einer kleinen Versuchsfabrik zu Staatz in die Tat umsetzen.
Weitere Zuckerrübenfabriken entstanden in den dreißiger Jahren des 19. Jahrhunderts in Kärnten (Viktring, Krumpendorf, St. Paul und Schwerenfeld), in Niederösterreich (Dürnkrut und Neulengbach), in Oberösterreich (Aurolzmünster und Ranshofen) sowie im steirischen Eppenstein. Um die Mitte der vierziger Jahre arbeiteten in der Monarchie bereits 81 Zuckerrübenfabriken, von denen jedoch nur vier innerhalb der heutigen österreichischen Staatsgrenzen angesiedelt waren.
Die Grundlage für diese Entwicklung schuf ein Gesetz von Kaiser Franz I., dem die österreichische Zuckergeschichte darob gar nicht genug Kränze flechten kann. Der „gute Kaiser Franz“ hat den allmählichen Aufstieg des Rübenzuckers nämlich nicht nur mit landesväterlichem Wohlgefallen verfolgt, sondern ihn auch ganz gezielt durch seine Steuerpolitik gefördert.
Am 11. Januar 1831 erließ Franz I. jene „Allerhöchste Entschließung“, in welcher er verfügte, „daß jene industriellen Unternehmungen, welche auf die Erzeugung des Zuckers aus inländischen Produkten gerichtet sind, durch zehn Jahre von der Erwerbsteuer losgezählet bleiben.“ Selbst Rübenzuckerfabriken, an die Branntweinereien angeschlossen waren, mußten ihre Steuer nur für den Schnaps, nicht aber für den Zucker bezahlen.
Auch Kaiser Ferdinand I. trat, was die Zuckerfreundlichkeit betrifft, durchaus in die Fußstapfen seines Vorgängers. Während etwa in Frankreich 1837 und in Deutschland 1841 aufgrund des rasanten Aufschwungs der Zukkerindustrie eine eigene Zuckersteuer eingeführt wurde, lehnte Ferdinand – wohl mit Rücksicht auf den vor allem in der böhmischen Zuckerfabrikation stark engagierten Feudaladel – eine solche Abgabe ab. Die „Zukkerbarone“ durften ihre Steuerfreiheit daher noch bis ins Revolutionsjahr 1848/49 genießen. Und auch der

Wiener Bürger konnte sich aufgrund der dadurch erzielten, niedrigeren Preise leisten, das zu tun, was der französische Reisende Jean Charles über den Österreicher der Biedermeierzeit schrieb: „Er schwingt sich auf den Fittichen eines Backhuhns in jene hohen Regionen, wohin kein irdischer Schmerz zu dringen vermag, sondern wo das raumlose Freudenreich der Mehlspeisen beginnt."

*Jakob Christoph Rad und seine Frau Juliane, um 1840. Jakob Christoph Rad griff die Idee seiner Frau auf, Zucker in Portionsstücken herzustellen. Er begann mit der Entwicklung einer Würfelzuckerpresse und stellte 1843 den ersten Würfelzucker der Welt her.*

### *Die Erfindung des Würfelzuckers*

Wer sich intensiver mit der Geschichte der österreichischen Zuckerindustrie auseinandersetzen möchte, der wird am Namen Jakob Christoph Rad (1799–1872) nicht vorbeikommen und denselben in jeder zweiten Fußnote aller denkbaren wissenschaftlichen Arbeiten finden. Jakob Christoph Rad hat nämlich als zeitweiliger Geschäftsführer des 1854 gegründeten „Vereines für Rübenzucker-Industrie im Kaiserthum Österreich" sowie als Herausgeber der Adressen- und Jahrbücher für die österreichische Zuckerindustrie Unschätzbares geleistet, von dem später auch noch die Rede sein wird.
Nahezu in Vergessenheit geraten ist jedoch ein anderes, viel früheres und ebenfalls dem Zucker gewidmetes Verdienst, das heute noch auf allen Kaffeehaustischchen und in sämtlichen Zuckerdosen der Welt präsent ist. Der am 25. März 1799 – also inmitten der napoleonischen Kriegswirren – im damals noch vorderösterreichischen Kanton Aargau gebürtige Rad ist nämlich nicht mehr und nicht weniger als der Erfinder des Zuckerwürfels respektive Würfelzuckers.
Während Achard im niederschlesischen Cunern daran arbeitete, durch Neuzüchtungen den Gehalt der Zuckerrübe auf das annähernd Dreifache zu steigern, zog der kleine Christoph mit seinen Eltern nach Wien, wo er, während die napoleonische Ära sich allmählich ihrem Ende zuneigte und der Wiener Kongreß die verzuckerten Kunstwerke von Meisterpatissiers wie Antoine Carême bestaunte, eine kaufmännische Ausbildung erhielt und in der Wiener Drogerie „Zum Schwarzen Hund" praktizierte.
Schon bald nach dem Abschluß seiner Ausbildung hatte sich der junge Mann, der damals in der Kandlgasse wohnte – wie man bei seinem Biographen Rudolf E. Grotkass nachlesen kann –, unter den innovativen Köpfen der damaligen Zeit mit jeder Menge zündender Ideen hervorgetan. Mit einer davon – es handelte sich um die Erfindung eines optischen Telegraphensystems – vermochte er sogar den Kaiser selbst dermaßen zu beeindrucken, daß dieser ihm ein „Förderstipendium" von 3000 Gulden bewilligte.
Trotz solcher Erfolge schien Rad dennoch eher das

Image eines Daniel Düsentriebs der Donaumonarchie besessen zu haben. Denn eine fixe Stellung hatte der mittlerweile über vierzigjährige Erfinder keineswegs vorzuweisen, als er 1840 erfolgreich um die Hand der Wienerin Juliane Schill anhielt.
Damit freilich änderte sich Rads bislang eher unstetes Leben, und er avancierte aufgrund von Interventionen durch Julianes Verwandte gleich zum Direktor der damals bereits weithin bekannten Zuckerfabrik des Runkelrübenpioniers Franz Grebner im mährischen Datschitz, die Rad sogleich um eine Fruchtsiederei und eine Schokoladenfabrik erweiterte.
Das Naheverhältnis, das Jakob Christoph Rad von nun an zeit seines Lebens mit dem Rübenzucker verbinden sollte, war also geknüpft und wurde gleich zu Beginn durch eine vom damaligen Magazinverwalter überlieferte Anekdote besiegelt, die man auch in Rads Biographie nachlesen kann.
Industriellengattinnen hatten in jener Zeit eine Reihe von sozialen Verpflichtungen, zu denen auch regelmäßige Einladungen lediger Mitarbeiter zum Mittagessen zählten. Als eine Gruppe solcher „Kostgänger" an einem schönen Augusttag bei Frau Juliane zum Essen erschien, zeigte sie ihnen eine Wunde, die sie sich beim Zuckerhacken zugefügt hatte, und meinte dazu scherzhaft: „Einer der Herren hätt' eigentlich längst schon etwas erfinden können, damit man sich nicht immer am Zuckerhut zwickt."
Im weiteren Verlaufe des Mittagessens wurde das Thema der Verletzungsgefahr beim Zerhacken von Zuckerhüten mittels scharfer Messer, Zangen oder Sägen dann weiter diskutiert, und Frau Rad meinte, es müsse doch möglich sein, für den Haushalt

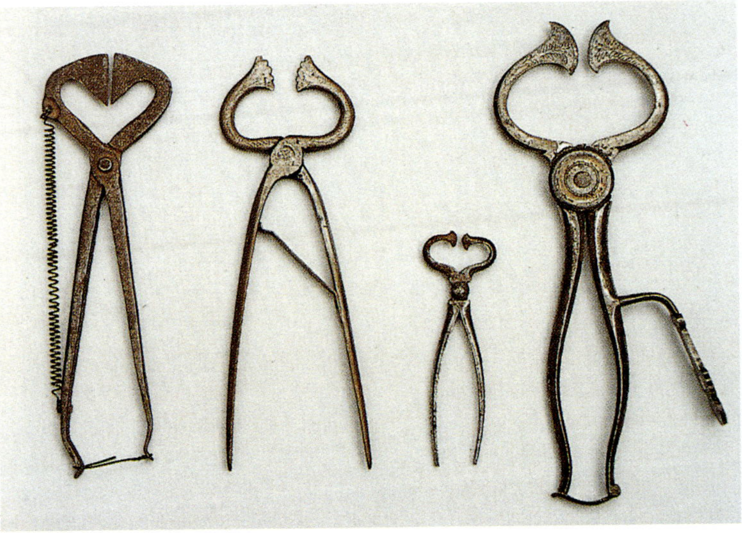

*Handzangen für die Zerkleinerung von Kandis und Zuckerbrocken, 18. und 19. Jahrhundert*

würfelförmige Zuckerstücke herzustellen. Da fühlte sich der frischvermählte junge Ehemann angesprochen und präsentierte ihr schon drei Monate später ein hübsches Kistchen mit dreihundertfünfzig roten und weißen Zuckerwürfeln. Ob er dieselben noch mit der Hand gesägt oder dafür auf die Schnelle gleich jene Maschine konstruiert und gebaut hat, die als erstes Preßwürfelverfahren der Welt in die Industriegeschichte einging, ist indessen nicht bekannt.

Ganz so neu war Frau Julianes plötzliche Eingebung freilich auch wieder nicht. Gepreßte oder in Kuchen- und Plattenform hergestellte Zuckerwürfel hat es auch schon vor Jakob Christoph Rads süßem „Hochzeitsgeschenk“ gegeben. In Damaskus etwa stellte man bereits im Spätmittelalter sogenannte „Stampfbrote“ her. Stückzuckerformen wie „Perled Sugar“ oder „Almond Sugar“ sind bereits seit dem 15. Jahrhundert bekannt, und eine Hamburger Sportlehrerin, die sich rühmte, mit 55 000 einzelnen Zuckerstücken im Besitz der größten Würfelzuckersammlung der Welt zu sein, datierte das älteste Objekt ihrer süßen Begierde mit der Jahreszahl 1826.

Das ändert freilich nichts an der Leistung Rads, dem am „1. Hornung 1843“ – wie heute noch im Landesarchiv der Stadt Brünn nachzulesen – ein „fünfjähriges Privilegium auf die Erfindung, Rohzucker mittels Maschinen in Würfelform raffiniert darzustellen“ erteilt wurde.

Rad, der Erfinder von Jugend an, war endlich wieder in seinem Element. Dabei war die Maschine verhältnismäßig einfach konstruiert. Ihre wesentlichsten Bestandteile waren eine Schraubtischpresse und eine mit vierhundert quadratischen Öffnungen ausgestattete Stanzplatte mit Löchern für den Zucker, der in noch nicht ganz trockenem Zustand verarbeitet und von einem auf dem Preßkopf sitzenden Stempel auf das halbe Volumen zusammengedrückt wurde. Mit Hilfe von sechs derartigen Maschinen, die Rad an einem einzigen, 40 Fuß langen Arbeitstisch anordnete, konnte die aus 11 Frauen, 12 Mädchen und 36 Kindern bestehende Belegschaft auf diese Weise täglich 200 Zentner Zucker zu Würfeln verarbeiten und in 1-Pfund-Kisten abpacken, die wiederum in 120-kg-Paketen tags darauf in die gesamten Kronländer versandt wurden.

Der Zuckerwürfel war jedenfalls schon bald darauf wesentlich berühmter als sein Erfinder, der das Herstellungsprivileg (zumindest zum Teil) schon bald an seinen Arbeitgeber, die k. k. Datschitzer Zucker-Raffinerie abtrat.

Jakob Christoph Rad wird uns jedoch auch ohne Würfelzucker schon bald wieder begegnen.

*Hölzerner Zuckerkasten mit Zuckerhutmesser, Holzsieb und Streuzuckerschublade, spätes 18. Jahrhundert*

*Der Kaffeesieder. (Stich von Jakob Adam, um 1800)*

### *Wiener Theezucker und Wiener Schokolade*

Vom Zuckerwürfel war es nicht mehr weit bis zum Zuckerl. Der Würfelzucker hatte nämlich, kaum „erfunden“, binnen kürzester Zeit in sämtlichen Kronländern ein Eigenleben zu führen begonnen. Jakob Christoph Rads Brötchengeber, der Datschitzer Zuckerpionier Franz von Grebner, besaß nämlich auch Niederlassungen in Iglau sowie in der Wiener Wallnerstraße und machte von dem Patent seines Schützlings ausgiebigst Gebrauch.

1843 wurde daher ausgerechnet in der Kaffeemetropole Wien erstmals ein Würfelzucker auf den Markt gebracht, der bald auch als „Wiener Theezucker“ Bekanntheit erlangen sollte und sogar für ein beträchtliches Rauschen im Blätterwald damaliger Zeitgeist-Gazetten sorgte. Der „Wiener Zuschauer“ – im Theater ebenso zu Hause wie in der besseren Gesellschaft – berichtete seinen Leserinnen und Lesern am 31. Mai 1843 von einem völlig neuen Zucker-Gefühl, das wohl jedem, außer vielleicht den davon auch unangenehm betroffenen Dienstmädchen, schmeckte:

*„Wir sahen solchen Zucker in niedlichen Kistchen fast wie chinesischen Tee verpackt, der aus lauter Würfelchen, eines gerade so groß wie das andere, bestand, wie man sie zur Versüßung von Thee und Kaffee und dergleichen zu verwenden pflegt, und diese Zucker-Ziegelchen sind nicht nur sehr nett anzusehen, sondern geben auch durch ihre vollkommen gleiche Größe einen sicheren Maßstab an die Hand, um jedes Getränk genau bis zu dem gewünschten Grade zu versüßen und den Zuckervorrat – einen lockenden Artikel für Dienstleute – streng zu kontrollieren.“*

Mit der Erfindung des Würfelzuckers war nicht nur das allmähliche Ende des – heute aus nostalgischen Gründen (Feuerzangenbowle etc.) wieder in Mode kommenden – Zuckerhuts angebrochen, es bahnte sich auch langsam die große Ära des Wiener Zuckerls an, dessen Name sich wohl an die Form des Würfelzuckers anlehnen dürfte und zuvor in Wien auch als „Zuckerkorn“ oder „Zuckerkörndl“ bekannt war. Dabei ist ein Zuckerl allerdings kein Zuckerstück, sondern vielmehr ein Synonym für das französische Wörtchen Bonbon, das wörtlich übersetzt „gut-gut“ bedeutet und daher auch als Wurzel des ebenfalls österreichischen „Gutserl“ oder „Gutzerl“ angenommen werden darf (das freilich auch auf das noble Wiener „Guté“, eine kleine Jause, und damit auf das französische „goût“ zurückreichen könnte). Doch auch wenn in Wien jedermann von einer Bonbonniere und nicht von einer Zuckerschachtel spricht, so hat sich doch bis heute die Redewendung

erhalten: „Geh, gib mir doch bitte ein Zuckerl!“
Es sollte freilich noch ein Weilchen dauern, bis sich die Wiener ihre geliebten Zuckerhüte endgültig an den Nagel hängten – die Erzeugung von Zuckerhüten wurde in Österreich erst 1938 eingestellt – und durch Würfelzucker oder andere Zuckersorten ersetzten. Wie meistens in solchen Fällen galt der Prophet im eigenen Lande nicht allzuviel, und so mußte sich auch Herr Rad zunächst einmal bemühen, seinen Würfelzucker in Deutschland und später auch in England populär zu machen, von wo er erst 1846 wieder nach Wien zurückkehrte. Die Zeiten, in denen Österreich fast 50 Prozent des Weltbedarfs an Würfelzucker abdecken sollte, waren freilich auch damals noch weit entfernt und sollten erst gegen Ende des 19. Jahrhunderts anbrechen.
Schon viel früher bahnte sich indessen eine Hochzeit an, bei der – wie Ann Tizia Leitich in ihrem Buch über „Das süße Wien“ mit Recht schrieb –, „ein höchst ungleiches

*Himbeeren und Bombeeren aus Zuckermasse*

*Das Wiener Chocolademädchen.*
*(Lithographie von Franz Seraph Hanfstengel)*

*Pietro Metastasio. (Stich, Ende 18. Jahrhundert)*

*Früchtedragees*

Paar“ einander das Jawort gab: nämlich „die exotische Prinzessin Schokolade und der ganz gemeine einheimische Rübenzucker“.
Im Jahre 1744, also zur gleichen Zeit, in welcher Marggraf die Geheimnisse der Runkelrübe erforschte, konstituierte sich in Wien bereits eine eigene Bruderschaft der Schokolademacher, die der ursprünglich scharf wie Chilipfeffer mundenden „indianischen Brühe“ zu einiger Popularität verhalfen, indem sie ihrer Klientel rieten, die in Milch aufgelösten Schokotäfelchen nicht wie die Indios mit Pfeffer, sondern statt dessen mit Zucker zu „würzen“.
Daß sich die Schokolade damals auch Allerhöchster Beliebtheit erfreute, beweist nicht nur der Umstand, daß der maria-theresianische Hofdichter und Opernlibrettist Pietro Metastasio (1698–1782) mit seiner „Cantata à la Cioccolata“ eine eigene Schokokantate komponierte, sondern beispielsweise auch das goldene Schokoladeservice der Kaiserin Maria Theresia, das sich mitsamt Kännchen, Tassen, Schokobechern, Löffeln und Zuckerstreuer noch heute im Wiener Kunsthistorischen Museum befindet. Dort trifft man übrigens auch auf das aufschlußreiche Aquarell eines „Schokoladenlévers“, das die Kaiserin und den Kaiser mit ihren Kindern und einer Hofdame beim Einnehmen der Frühstücksschokolade zeigt. Der Künstlerin kann ein gewisser intimer Einblick in den höfischen Alltag dabei nicht abgesprochen werden. Immerhin handelt es sich bei der Aquarellistin um Erzherzogin Maria Christine. (In Wahrheit war das kaiserliche Frühstücksidyll allerdings längst nicht so zuckersüß wie auf dem Gemälde. Maria Theresia nahm meistens Kaffee, die kaiserliche Kinderschar wurde mit Gerstenschleimsuppe aufgepäppelt, nur Prinzgemahl Franz Stephan von Lothringen begann den Tag tatsächlich niemals ohne Schokoladekännchen.)
Während das feudale Wien vom Kaiser bis zum Hofrat schon relativ früh gezuckerte Schokolade schlürfte, fand der damals auch „Theobroma“ genannte Göttertrank, der auch im sündigen Ruf stand, ein „Getränk der Wollust“ zu sein, indessen erst relativ spät Eingang in die Wiener Zuckerbäckerei. Gewiß befanden sich die Schokolademacher, wie Stephan Keess in seiner 1823 erschienenen „Beschreibung des Fabriks- und Gewerbewesens im österreichischen Staat“ feststellt, in durchwegs recht guter ökonomischer Verfassung und produzierten etwa ein Dutzend verschiedene Schokoladearten, u. a. auch solche für medizinische Zwecke. Andererseits bedurfte es jedoch des Erfindungsreichtums eines kleinen Wiener Zuckerbäckerlehrlings, damit die angedeutete Ehe von Zucker und Schokolade endlich auch auf höchst wollüstige Art vollzogen werden konnte.

Frühstücksservice Maria Theresias aus Gold, Ebenholz und Porzellan von Anton Matthias Domanek, um 1750

***Das „Schokoeis" des Herrn Sacher***

Wenn man in Kochbüchern aus dem vorigen Jahrhundert nachschlägt, so findet man nicht selten die abschließende Bemerkung: „Die fertige Torte kann man am Schluß noch mit Eis oder Schokoladeneis überziehen."

Wer derlei Anleitungen wörtlich nimmt, der wird selbstverständlich scheitern und, wie immer er es auch anstellt, am Schluß mit einem völlig verpfuschten Endprodukt dastehen. Das, was wir heute unter Eis (exakt: Speiseeis) verstehen, hieß im alten Wien nämlich Gfrornes oder Gefrorenes. Wer hingegen von Eis sprach, der meinte nicht mehr und nicht weniger als eine Zuckerglasur.

Ein Schokoladeeis war demnach eine Schokoladeglasur, und deren Erfindung ist, man mag es drehen und wenden, wie man will, ganz eindeutig mit dem Namen Franz Sacher verbunden. Der junge Mann, der im Hause des Kanzlers Clemens Lothar Metternich als „Leib- und Mundkoch" im Dienste stand, war zwar gewiß nicht der erste, der mit einer Verbindung von Zuckerbäckerei und

*Sachertorte, Wiener Melange und ein Glas Wasser*

Schokolade liebäugelte (einen Schokoteig findet man bereits im „Wohlbewehrten Kochbuch" aus dem Jahre 1778), doch es war Franz Sacher vorbehalten, aus der angestrebten „Mariage" von Schokolade und Zuckerguß ein Gericht zu kreieren, das sich bis heute in aller Welt größter Beliebtheit erfreut.
Die Rede ist selbstverständlich von der Sachertorte, die 1832 – Franz Sacher war damals ein Angestellter des Hauses Demel – das Licht der Zuckerbäckerwelt erblickte. Im Auftrag von Fürst Metternich, der sich in einer nächtlichen Laune vom Hofzuckerbäcker „etwas Süßes, Neues" wünschte, soll sich der damals erst 17jährige Franz Sacher ans Werk gemacht und das Ungewöhnlichste zusammengemischt haben, was ihm damals einfiel: nämlich Vanilleschokolade, Zucker und Marillenmarmelade.
Im großen „Süddeutschen Kochbuch" von Franz Sachers Zeitgenossin Katharina Baronin Prato-Bevera las sich das dann so:

**Sachertorte**
*15 dkg geriebene Vanilleschokolade, befeuchtet mit einem Eßlöffel Wasser, weich werden lassen, fein verrühren, dann 15 dkg Butter dazugeben und mit sechs Dottern und 15 dkg Zucker gut abtreiben. Schnee von sechs Eiklar und 15 dkg feines Mehl dazu, ins Backrohr. Die ausgekühlte Torte umdrehen, die glatte Seite mit Marillenmarmelade bestreichen und mit Schokolade-Eis übergießen, das von 7 dkg Schokolade gerührt wurde.*

Der kleine Zuckerbäcker wurde später Delikatessenhändler und Hotelier in der Weihburggasse, wo er jenes kleine Vermögen verdiente, das es seinem Sohn Eduard später ermöglichte, das Hotel Sacher hinter der Oper zu eröffnen, in dessen Tortenmanufaktur heute täglich bis zu 3000 Stück der legendären Sachertorte hergestellt

und von hier aus in die ganze Welt versandt werden. Allein: Wien wäre nicht Wien, bliebe ein süßes Monument wie die Sachertorte tatsächlich nur einem Erfinder vorbehalten. Nicht ganz zu Unrecht reklamierte nämlich die Konditorei Demel, in der die Sachertorte ja tatsächlich entstanden war, das Urheberrecht für sich und trug mit dem Hotel Sacher in den fünfziger Jahren unseres Jahrhunderts vor Gericht einen „Zuckerkrieg à la Viennoise" aus, der schließlich mit einer äußerst wienerischen Lösung endete: Während die „Original-Sachertorte" mit einem runden Schokosiegel verziert wird, erhält Demels „Eduard-Sacher-Torte" ein dreieckiges Wappenschild und trägt die Marillenmarmelade außerdem unmittelbar unter dem „Schokoeis" auf.
Doch dies ist keineswegs die einzige erzählenswerte Episode in der langen Geschichte des Hauses Demel, die aufgrund der wohl wichtigsten dort verwendeten Zutat auch ein Teil der Geschichte des Wiener Zuckers ist, die übrigens 1855 auch offiziell in eheliche Bande mit jener der Schokolade mündete. Damals vereinigten sich nämlich – vernünftigerweise – die Wiener Zuckerbäcker mit den Wiener Schokolademachern.

*Demels „Eduard-Sacher-Torte"*

***Demelinische Torten & Anekdoten***

Sie erinnern sich noch an den Hofburgtheaterzuckerbäcker Louis Dehne, in dessen Eissalon am Michaelerplatz sich die Burg-Mimen von ihren Musen aus der eleganten Welt des Wiener Rokoko umschwärmen ließen? Dieser Herr Dehne, der eigentliche Begründer des Hauses Demel, starb in relativ jungen Jahren an Schwindsucht und hinterließ seiner Witwe Antonia zwar wenig Geld, aber dafür einen verliebten Zuckerbäckergehilfen namens Gottlieb Wohlfahrth, der das süße Geschäft an prominenter Adresse sehr schnell wieder in Schwung brachte. Zur Zeit des Wiener Kongresses traf sich hier „tout Vienne" bei handflächenhohen Eisbechern von geradezu verstiegener Lüsternheit, doch es blieb nicht nur beim „Gfrornen". Wohlfahrth, der aus einer Konditorei am Neuen Markt stammte, brachte auch allerlei zuckerbäckerisches Know-how mit ein. Darüber geriet sogar der „alte Eipeldauer", der in seinen satirischen Beiträgen gerne die Schwächen und Laster seiner Wiener Landsleute aufs Korn nahm, trotz spitzer Feder nachgerade ins Schwärmen. Er berichtete von einem „unvergleichlichen Zucker-Casino, ( … ) wo alles, was sich der Mensch an Süßigkeiten und Schlekkereien nur wünschen kann, in aner so eligant'n Art hergricht is, das m'r völli selber zu ein'n Zuckerhued werd'n möcht."
Eine goldene Nase hat sich Dehnes Witwe trotz ihres talentierten jungen Ehemanns keineswegs verdient.

*Konfektschachtel der k. k. Hofzuckerbäckerei Demel*

*Ansicht der k. k. Hofzuckerbäckerei Demel, 1888*

Frau Antonia überlebte auch Herrn Wohlfahrth und stand nach dessen Ableben im Jahre 1826 inmitten eines völlig renovierten Hauses voller Luxus und Lichterglanz – unmittelbar vor dem Bankrott. Es gelang Frau Antonia aber dennoch, ihrem Sohn August, der das Zuckerbäckerhandwerk seit seinem zehnten Lebensjahr erlernt hatte, einen einigermaßen funktionierenden Betrieb zu hinterlassen, als sie im Alter von nur 56 Jahren, wie es im Kirchenmatrikel nachzulesen ist, „an Entkräftung" starb.

August Dehne muß, wenn man Zeitgenossen Glauben schenken darf, ein wahrer Makart unter den Konditormeistern gewesen sein. Seine Stärke bestand in der Kombination von Zucker und Lebensmittelfarbe, für deren Herstellung ihm keine Zutat zu exotisch und keine Ingredienz zu weit hergeholt war. Von Gelbholz bis zu englischen Zinnspänen, von indianischem Blauholz bis zum Rot der Cochenille-Schildläuse und von Indigoblau bis zum Saft der Kreuzbeere reichte des Konditormeisters Farbenpalette, als deren berühmteste

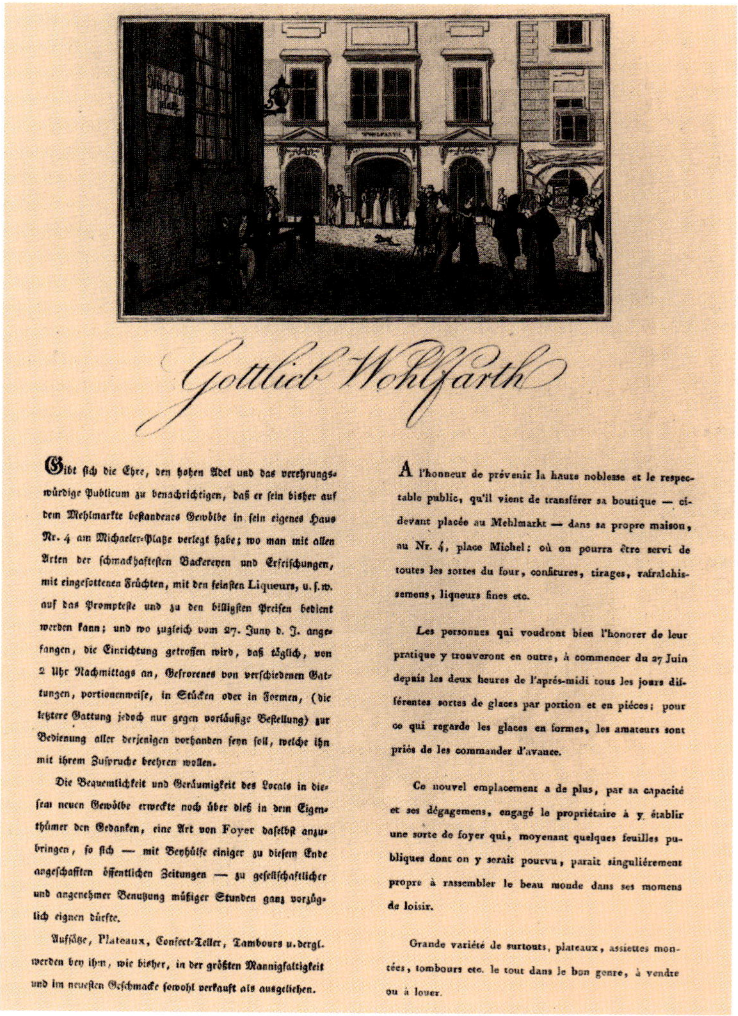

Gottlieb Wohlfarth

Gibt sich die Ehre, den hohen Adel und das verehrungswürdige Publicum zu benachrichtigen, daß er sein bisher auf dem Mehlmarkte bestandenes Gewölbe in sein eigenes Haus Nr. 4 am Michaeler-Platze verlegt habe; wo man mit allen Arten der schmackhaftesten Backereyen und Erfrischungen, mit eingesottenen Früchten, mit den feinsten Liqueurs, u. s. w. auf das Prompteste und zu den billigsten Preisen bedient werden kann; und wo zugleich vom 27. Juny d. J. angefangen, die Einrichtung getroffen wird, daß täglich, von 2 Uhr Nachmittags an, Gefrorenes von verschiedenen Gattungen, portionenweise, in Stücken oder in Formen, (die letztere Gattung jedoch nur gegen vorläufige Bestellung) zur Bedienung aller derjenigen vorhanden seyn soll, welche ihn mit ihrem Zuspruche beehren wollen.

Die Bequemlichkeit und Geräumigkeit des Locals in diesem neuen Gewölbe erweckte noch über dieß in dem Eigenthümer den Gedanken, eine Art von Foyer daselbst anzubringen, so sich — mit Beyhülfe einiger zu diesem Ende angeschafften öffentlichen Zeitungen — zu gesellschaftlicher und angenehmer Benutzung müßiger Stunden ganz vorzüglich eignen dürfte.

Aufsätze, Plateaux, Confect-Teller, Tambours u. dergl. werden bey ihm, wie bisher, in der größten Mannigfaltigkeit und im neuesten Geschmacke sowohl verkauft als ausgeliehen.

A l'honneur de prévenir la haute noblesse et le respectable public, qu'il vient de transférer sa boutique — ci-devant placée au Mehlmarkt — dans sa propre maison, au Nr. 4, place Michel: où on pourra être servi de toutes les sortes du four, confitures, tirages, rafraîchissemens, ligneurs fines etc.

Les personnes qui voudront bien l'honorer de leur pratique y trouveront en outre, à commencer du 27 Juin depuis les deux heures de l'aprés-midi tous les jours différentes sortes de glaces par portion et en piéces; pour ce qui regarde les glaces en formes, les amateurs sont priés de les commander d'avance.

Ce nouvel emplacement a de plus, par sa capacité et ses dégagemens, engagé le propriétaire à y établir une sorte de foyer qui, moyenant quelques feuilles publiques dont on y serait pourvu, parait singuliérement propre à rassembler le beau monde dans ses momens de loisir.

Grande variété de surtouts, plateaux, assiettes montées, tombours etc. le tout dans le bon genre, à vendre ou à louer.

*Die Hofzuckerbäckerei Wohlfahrth, Vorfahre der Konditorei Demel, am Michaelerplatz 4, gegenüber dem alten Burgtheater. (Zeitgenössischer Stich)*

Hervorbringung eine rosagefärbte Vanille-Creme galt, deren „Geheimrezept“ so lapidar war, daß Dehne es gar nicht geheimzuhalten brauchte.

*Etikette für Schokolade-Bonbons der Zuckerbäckerei Demel*

**Rosa gefärbte Vanillecreme**

*1/2 Pfund Puderzucker mit 20 Dottern und einer halben Maß Obers gut verrühren, Vanille hinein und kaltstellen.*

Wie diese Vanillecreme allerdings rosa wurde, das verriet der Meister der Nachwelt nicht.
Trotz dieser unverkennbaren Neigung zum Farbenfrohen, der er auch mit bunt-alkoholträchtigen Kreationen wie einer Ratadia aus Rosenessenz, Pistazien und Branntwein oder gefrorener Waldmeister-Bowle huldigte, galt der „größte Tortenkünstler Wiens“, wie ein Zeitgenosse August Dehne einmal nannte, als ein Feind alles allzu Überkünstelten. Tatsächlich lehnte Dehne die damals so populären, aber letztlich ungenießbaren Schaugebilde ab, und trotz seiner unbändigen Lust am Ziselieren und Dekorieren mußte der Dekor für Dehne stets im Dienste des Geschmacks stehen. So gesehen war August Dehne so etwas wie ein Escoffier der Zuckerbäckerkunst, sollte doch auch dieser französische „König der Köche und Koch der Könige“ etwa ein halbes Jahrhundert später die für damalige Zeiten revolutionäre Forderung aufstellen, daß alles, was auf den Teller komme, tatsächlich eßbar sein müsse.
Noch immer war die Dehnesche Stammadresse damals das Haus Michaelerplatz 4, und das blieb es auch, solange August Dehne hier das Regiment führte. Allein: Dehne hatte die höchsten Weihen der Zuckerbäckerkunst erhalten und sah in diesem Beruf irgendwann keine Perspektive mehr. Er kaufte sich von dem Vermögen, das sich mittlerweile auf seinem Konto angehäuft hatte, eine schöne Villa in Hütteldorf (die ein Jahrhundert später der Filmregisseur Willy Forst bewohnen sollte) und widmete sein weiteres Dasein dem Müßiggang und der Jagd. Auch seinen Sohn Anton Dehne zog es nicht mehr in die Welt von Zuckerkörnern, Glasuren und Tragant, sondern vielmehr in die hohe Politik, wo er es immerhin bis zum Landtagsabgeordneten in Oberösterreich brachte.
Daß die Familie Dehne etwas mit dem Demel zu tun hatte, ahnt heute kaum jemand. Noch weniger allerdings ist bekannt, daß der noble Freiherr von Dehne, der dem heute noch in Hütteldorf existierenden Dehnepark seinen Namen gab, vor anderthalb Jahrhunderten der Konditormeister vom Demel war.
Der Name Demel geht auf Dehnes ersten Gesellen zurück, der das Haus 1857 übernahm und von seinem ehemaligen Meister nicht nur die Räumlichkeiten,

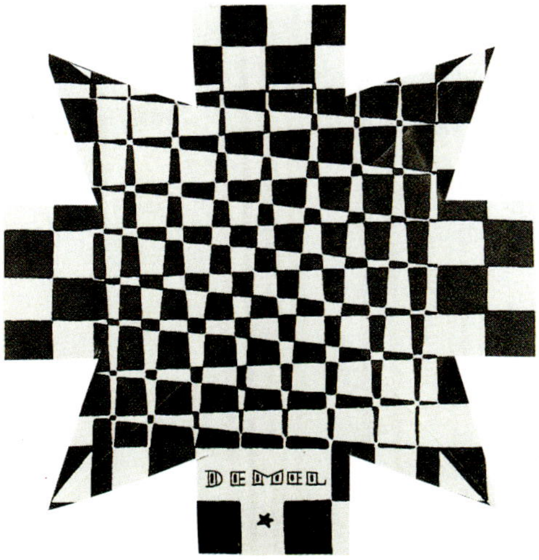

*Oben und unten: Handausgeschnittene Bonbonpapiere (ungefaltet) der Zuckerbäckerei Demel, entworfen 1934*

*Gegenüberliegende Seite: „Das Gewölbe" des Demel. Verkaufsraum der Patisserien. Einrichtung 1888, ausgeführt von Portois & Fix, in Mahagoni und Bronze*

sondern auch dessen legendäres Rezeptbuch „erbte". Christoph Demel, der die Geschicke des Hauses nur zehn Jahre lang lenken durfte, verließ sich jedoch nicht nur auf die althergebrachte Tradition, sondern entwickelte auch neue Rezepte, von denen sich beispielsweise das 1860 entstandene Vanilleomelett allergrößter Beliebtheit erfreute.

**Omelette soufflé à la vanille**
*15 Eigelb rührt man mit 200 g Zucker, worunter etwas Vanillezucker gemischt wird, und gibt 10 fein gestoßene Makronen hinzu. Dann zieht man das steifgeschlagene Eiweiß darunter. Man gießt in eine Omelettenpfanne einen Löffel klare Butter, gibt den vierten Teil der Masse hinein, läßt die Omelette auf einer Seite auf dem Feuer Farbe nehmen (man muß dabei die Pfanne fortwährend bewegen), legt sie umgekehrt in eine mit Butter ausgestrichene, silberne Kasserolle und setzt sie sogleich in den mäßig warmen Ofen. Dann bäckt man die zweite Omelette ebenso, legt sie auf die erste, die beiden anderen ebenfalls, und läßt das Soufflé 10 bis 15 Minuten langsam backen. Man bestreut es mit Zucker, hält eine glühende Schaufel darüber, glaciert es, ohne es aus dem Ofen zu nehmen, setzt es auf eine warme Schüssel, stellt eine Glocke darüber und serviert es sogleich. Diese Soufflés dürfen erst im letzten Augenblick vorbereitet werden.*

Wirklich zu Ende ging die Ära des großen Konditors und Mentors der Wiener Zuckerbäcker, August Dehne, allerdings erst, als in den achtziger Jahren des vorigen Jahrhunderts mit dem alten Burgtheater am Michaelerplatz auch das Dehnehaus abgerissen wurde.
Christoph Demel's Söhne – so lautet der Wortlaut des Firmennamens bis heute – übersiedelten damals in das heutige, nach einer erst unlängst erfolgten Generalrenovierung wieder in alter Pracht erstrahlende Gebäude am Kohlmarkt 14.
An die alten Zeiten erinnern in der denkmalgeschützten Belle-Époque-Ambiance neben vielen unsterblich guten und zum Sterben süßen Rezepten aus dem vorigen Jahrhundert auch heute noch die in schlichtem Schwarz livrierten Demelinerinnen, die früher einmal stets aus ein und derselben Klosterschule rekrutiert wurden und bis heute auf unverwechselbare Weise „Haben schon gewählt, gnä Frau?" oder „Haben noch einen Wunsch, der Herr?" sagen können.
Einfach Zucker.

RAUCH
SALON

*Weihnachtsbaum. Auslagendekoration beim Demel*

### *Herrn Grillparzers süße Christbäume*

Franz Grillparzer ist nicht gerade als eine besondere Frohnatur unter Österreichs Literaten bekannt. Es verwundert daher auch nicht, wenn er sogar angesichts eines wohl mit Zuckerwerk behängten Christbaums in grantelndes Grübeln geriet.

*„Ich saß trübsinnig und einsam in meinem Lehnstuhl. Es hatten mir zwar meine Hausfräulein einen kleinen Weihnachtsbaum bereits gespendet – welcher freilich durch die Liebe und Anhänglichkeit unschätzbar wurde –, aber das war vorbei. Da wird ein Riesenbaum gebracht, behangen mit allen Gütern der Welt. Und von wem? Sollte es die Austria sein, deren Bild wir täglich auf den Banknoten verehren? Oder der Minister, der eingesehen, daß man von Titeln und Orden nicht fett wird? Ich erblicke einen Brief, erbreche ihn. Sie sind's! ... So der Baum, nun erst die Früchte; Zuckerwerk, Äpfel, Teebrot, wie es Goethe zu essen pflegte, der mitunter etwas Schlechtes schrieb, aber nie etwas Schlechtes aß ...“*

Der Christbaum, der dem schreibenden Hofrat diese ganz und gar nicht zuckersüßen Gedanken eingab, stammte – wie alle noblen Christbäume der Biedermeierzeit – aus der Konditorei Gerstner, die von dieser bereits aufgeputzten und von Lametta und Zuckerwerk nur so glitzernden Spezies in der Vorweihnachtszeit einen regelrechten Wald vorrätig hatte.
Der Gerstner – heute in der Kärntner Straße untergebracht – eröffnete 1847 im Stock-im-Eisen-Haus am Stephansplatz und mußte diesen „Mangel an Tradition“ gegenüber dem wesentlich älteren Dehne/Demel am Kohlmarkt mit einem Dasein als „ewiger Zweiter“ unter Wiens Groß-Konditoren büßen.
Doch im Schatten des Tortenwunders vom Kohlmarkt konnten sich im „süßen Wien“ durchaus auch noch andere Zuckerbäcker etablieren, von denen einige – wie etwa der legendäre Biedermeier-Zuckerskulpteur Prandl – längst in Vergessenheit gerieten, andere aber noch heute mit großem Erfolg das süße Profil der Wienerstadt konturieren.
Dazu zählt neben dem „Gerstner“ beispielsweise die heute am Graben angesiedelte Konditorei Lehmann, die früher allerdings in der Singerstraße ihren Sitz hatte und gar nicht so sehr für ihre Konditor-, sondern vielmehr für ihre Kanditorwaren wie kandierte Früchte und Kompotte berühmt war.
Die Konditorei Heiner wiederum ist einer jener Betriebe, die den jahrelangen, erbittert ausgetragenen Konkurrenzkampf zwischen Bäckern und Zuckerbäckern, wie er früher buchstäblich um jeden Plunderteigkringel ausgetragen wurde, mit Erfolg überlebt

haben. Auch Ludwig Heiner begann 1840 als Bäcker in der Wollzeile 9, wo sich noch heute der Stammbetrieb des inzwischen längst zum „k. u. k. Hofzuckerbäcker“ avancierten Betriebs mit nobler Kärntner-Straßen-Adresse befindet.
Aus dem süßen 19. Jahrhundert ragt auch noch ein weiteres zuckersüßes Fossil in unsere Gegenwart herüber: Es handelt sich um den 1860 vom späteren „k. u. k. Hofbäcker & Conditor“ Johann Nepomuk Stingl gegründeten Betrieb in der Zirkusgasse im zweiten Wiener Gemeindebezirk, wo man heute das „Café Valena“ findet, das nicht nur für seine Mehlspeisen, sondern vor allem für den schönsten Dampfbackofen von ganz Wien bekannt ist.
Der Unterschied zwischen Café-Konditorei und Kaffeehaus war allerdings nicht immer so verschwommen wie heute. Noch um die Mitte des vorigen Jahrhunderts wäre es völlig undenkbar gewesen, in einer Konditorei einen kleinen Braunen zu bestellen. Nicht weniger wäre

*Der Stephansplatz. (Gemälde von Rudolf Alt, 1834)*

*Der Kohlmarkt in Wien. (Kolorierter Stich von Carl Schütz, 1786)*

*Konfekt der Konditorei Lehmann*

man jedoch belächelt worden, hätte man die Idee geäußert, in einem Kaffeehaus eine Torte oder gar ein Eis essen zu wollen.

Das Eis brach – gegen Ende der Biedermeierzeit – ein Zuckerbäcker namens Franz Baader, der das bislang Ungeahnte wagte: Er stellte in seiner Konditorei ein paar Diwans auf, wo man seine Süßigkeiten in bequemer Kauerstellung genießen und dabei Zeitungen lesen konnte. Daß Baaders Konzept trotz solcher Bequemlichkeiten nicht aufging, liegt wohl vor allem daran, daß es dem innovativen Zuckerbäcker nicht gelang, auch eine Konzession für den Kaffeeausschank zu ergattern. „Der Feind der Zuckerbäcker", faßte daher auch Ann Tizia Leitich in ihrem Buch über „Das süße Wien" zusammen, „war das Kaffeehaus". Und auch wenn sich in den vergangenen anderthalb Jahrhunderten doch gewisse Annäherungswerte zwischen den beiden Streithähnen ergeben haben, so ist Wien wahrscheinlich bis heute die einzige Stadt der Welt geblieben, in der man zwischen einem Kaffeehaus und einer Café-Konditorei sehr wohl zu unterscheiden weiß.

### *Der Wiener Rübenzuckerverein und seine Feinde*

Um die Mitte des 19. Jahrhunderts stand es mit der Politik nicht zum Allerbesten. Die bürgerliche Revolution des Jahres 1848 konnte zwar das Metternichsche System stürzen, vermochte demselben aber noch längst keinen demokratisch verfaßten Staat entgegenzusetzen. Und auch das Herrscherhaus Habsburg war trotz Wiederherstellung der alten politischen Verhältnisse stark geschwächt und hatte alle Mühe, die zusehends rostenden Klammern des Vielvölkerstaats einigermaßen zusammenzuhalten.

Der Siegeszug der industriellen Revolution hatte seit Beginn des Jahrhunderts zu einer Vertiefung der sozialen Abgründe geführt. Und auch wenn in den Börsenvereinen der Gründerzeit allenthalben Aufbruchstimmung herrschte, so war die Bevölkerung doch zu großen Teilen von Verunsicherung und Zukunftsängsten geplagt – und dieses Unbehagen an Staat und Gesellschaft betraf den Bauernstand ebenso wie das Bürgertum und das Proletariat.

Nun haben die Psychologen und Sozialforscher längst nachgewiesen, daß in solchen bangen und krisengeschüttelten Epochen das Bedürfnis der Menschen nach Süßem — und damit jenes nach vermehrter Energiezufuhr in Form von Zucker — steigt. Es ist daher auch keineswegs, wie es zunächst scheinen mag, eine paradoxe Situation, daß sich das „Zeitalter der Wiener Mehlspeis" just in jenen Jahren dem Zustand eines Goldenen Zeitalters näherte, in dem die Lebensumstände auf dem Land und in der Stadt unwirtlich wie kaum jemals zuvor waren. Der Grund dafür läßt sich aus ökonomischer Sicht leicht erklären: Zucker war vom Luxus der Aristokraten und Reichen zum billigen Volksnahrungsmittel geworden, mit dem sich auch in kargen Zeiten so manche süße Freude auf den Tisch zaubern ließ. Die meisten der berühmten Mehlspeisen der österreichisch-böhmischen Küche hatten nämlich – man denke nur an Powidltascherln, Millirahmstrudel, Buchteln oder Germknödel – den Vorzug, nicht nur lecker, sondern mittlerweile auch billig in der Herstellung zu sein. Auch das Gelee und die Marmelade erwiesen sich in ansonsten oft recht kärglichen Zeiten als besonders preisgünstige Formen der Vorratshaltung im einfachen wie auch im großbürgerlichen Haushalt.

So ist es kein Wunder, daß die Zuckerindustrie – auch wenn der Kampf zwischen Rübe und Rohr damals noch keineswegs endgültig ausgetragen war – boomte, während die Revolutionäre von 1848 auf den Wiener Basteien ihre Barrikaden errichteten und ungarische Freiheitskämpfer sich zum Widerstand formierten.

Im Gegensatz zu Deutschland und Frankreich hatten die Rübenzuckerfabrikanten überdies aufgrund der Stärke

*Geleefrüchte*

*Nächste Doppelseite:*

*Böhmische Mehlspeisen, zubereitet von Vratislav Krivak, Wien: (v. l. n. r.) Powidltascherln, Mohnnudeln, Böhmische Liwanzen*

ihrer aristokratischen Lobby die vierziger Jahre von der Staatsfinanz recht unbehelligt und vor allem steuerfrei überstanden – womit es nach der Revolution des Jahres 1848 sowohl aus ideologischen wie auch aus realpolitischen Gründen ein Ende hatte. Der vor allem im böhmischen Zuckerrübenanbau stark engagierte Adel ging aus dieser Auseinandersetzung nämlich deutlich geschwächt und der Staat mit leeren Kassen hervor. Es war daher wohl auch nur eine Frage der Zeit, bis der Fiskus seine Hand auf das neue Massennahrungsmittel Zucker legte und am 19. November 1849 aus dem Finanzministerium mit den üblichen Paragraphenschnörkeln dekretierte:

*„Seine Majestät haben über den Antrag des Ministerrates mit der Allerhöchsten Entschließung vom 12. November 1849 in der Betrachtung, daß die gegenwärtigen dringenden Staatserfordernisse die Benützung aller zur Gewährung eines ergiebigen Einkommens geeigneten Quellen erheischen, und daß Zucker vorzugsweise unter diejenigen Genußmittel gehört, welche ohne Nachteil für die Produktion und den Wohlstand der Verbraucher, im Wege der indirekten Besteuerung einen namhaften Betrag abwerfen können."*

Der solchermaßen von allerhöchster Stelle ins Auge gefaßte „namhafte Betrag" läßt sich angesichts von damals über ganz Österreich-Ungarn verteilten 108 Rübenzukkerfabriken mit einer Rübenverarbeitung von 6 Millionen Wiener Zentnern und einer Rohzuckergewinnung von 350 000 Wiener Zentnern leicht abschätzen.
Abschätzbar war allerdings auch der Widerstand, den die damals noch recht junge Gilde der Rübenzuckerfabrikanten solchen Plänen entgegensetzte, die sich plötzlich nicht nur von der Konkurrenz der Rohrzuckerraffinerien, sondern auch vom Finanzminister bedroht sahen.
Kaum war der kaiserliche Erlaß bekannt, kam es unter den Zuckerrübenindustriellen auch schon zu „konspirativen Versammlungen" in Prag, Brünn und Wien, an deren Ende die Gründung einer gemeinsamen Interessensgemeinschaft stehen sollte.
Allein: Die durch die Unruhen des achtundvierziger Jahres wachgerüttelten Behörden hatten das Vereinsgesetz mittlerweile wesentlich verschärft, und so galt für einen Verein, der seine Tätigkeit über das Gebiet der gesamten Monarchie ausdehnen wollte, die persönliche Bewilligung durch den Kaiser als „Conditio sine qua non".
Es dauerte auch noch eine ganze Weile, bis Kaiser Franz Joseph I. diese Zustimmung auch tatsächlich erteilte und daher am 4. August 1854 der „Verein für Rübenzucker im Kaiserthum Österreich" (1874 in „Central-

*Innenansicht einer Rübenzuckerfabrik um 1855, links oben Verdampf- und Kochapparate, unten Kolbenpumpen mit Schwungrädern und Transmissionen, rechts oben in zwei Etagen Melasse-Entzuckerungsanlage, darunter Vorwärmer*

verein für Rübenzucker-Industrie in der oester. ungar. Monarchie“ umbenannt) gegründet werden konnte. Die konstituierende Generalversammlung fand allerdings erst am 29. Juni 1856 in Prag statt, wo der Verein auch zunächst seinen Sitz hatte, bevor er später in die Reichshauptstadt Wien übersiedelte.

Die Stoßrichtung, in welcher der Verein agieren wollte, war von Anfang an klar und richtete sich, wie dem Geschäftsbericht des Jahres 1857 zu entnehmen ist, gegen drei potentielle Feinde der Rübenzuckerindustriellen:

1. Gegen die „gewöhnlichen Vorurteile, welche aus der Bewegung der großen Kapitalien, die in unserer Industrie engagiert sind, auf enorme materielle Erfolge schließen, hierbei aber die Wechselfälle unberücksichtigt lassen, welchen unsere Industrie ausgesetzt ist.“

2. Gegen die Zuckerrohrraffineure, die zwar darüber Klage führen, daß der Staat dem Rübenzucker unverdienten Schutz gewähre, aber dabei verschweigen, „daß der Gewinn der Raffineure ganz in ihren Säckeln bleibt, indes der Gewinn der Zuckerrübenerzeuger sich in tausend Kanäle der Volksarbeit ergießt und dieselben befruchtet.“

3. Gegen die Schiffsreeder, „welche von der immer mehr sich ausbreitenden inländischen Zuckererzeugung die Abnahme der Einfuhr des Kolonialzuckers ... und ihren eigenen Ruin befürchten“, wobei die Rübenzuckerindustriellen allerdings nicht einzusehen gewillt sind, „daß das Aufblühen des Seehandels im allgemeinen von der Einfuhr eines einzigen Artikels bedingt wäre.“

Wenn man bedenkt, daß es bis 1869 dauerte, bis sich die Wiener Hofzuckerbäckerei – durch äußerste Sparmaßnahmen gedrängt – entschloß, anstelle des „kostspieligen Colonialzuckers“ auch bei Hofe Rübenzucker zu verwenden und der Rübenzucker in der Hofküche erst 1879 auch zum Einsieden von Marmeladen

vorgeschrieben wurde, so läßt sich daran ermessen, vor welchen Herausforderungen der „Centralverein" damals tatsächlich stand.
Kurzum, wir stehen hier, wie der Zuckerhistoriker Jakob Baxa einmal äußerst treffend bemerkt hat, „mitten auf dem Schlachtfeld des Kampfes zwischen Zuckerrübe und Zuckerrohr", wo wir – gewissermaßen auf dem Feldherrenhügel der Zuckerrübenarmee – einen fast schon verschollen geglaubten alten Bekannten wiederfinden: Jakob Christoph Rad, den Erfinder des Würfelzuckers.

### *Zuckerrat Rad*

Nach seinem epochemachenden Auftritt in der Welt des Zuckers hatte Jakob Christoph Rad sich aus dieser allmählich – wenngleich sicher nicht ganz freiwillig – zurückgezogen und sich wieder seinen zwischenzeitlich ad acta gelegten Studien der optischen Telegraphie zugewandt. Diese Beschäftigung verschaffte Rad, als er 1846 von einer „Promotion-Tour" für seine Würfelzuckermaschine aus England zurückkehrte, sogar kurzfristig eine Anstellung im k. k. Ministerium des Handels als provisorischer Inspektor für die Staatstelegraphie in Triest. Entlang der Küste von Istrien nach Dalmatien sollte Rad, so lautete der Auftrag, sein optisches Telegraphensystem installieren. Allein: Die „Konkurrenztechnologie" der elektromagnetischen Telegraphie setzte sich schneller durch, als Rad seine Spiegel installieren konnte. Im Ministerium bot man ihm eine Versetzung zu den Staatsbahnen an. Doch Rad zeigte sich daran nicht interessiert, kassierte 1600 Gulden Abfertigung – und wandte sich ein weiteres Mal dem Rübenzucker zu.
Dabei hatte ihm die Zuckerwelt in der Zwischenzeit nicht gerade Kränze geflochten. Rads Würfelzuckermaschine erfreute sich zwar in der Fachwelt einer gewissen Wertschätzung, der Würfelzucker selbst aber wurde damals so teuer auf den Markt gebracht, daß er sich nicht durchsetzen konnte und – zumindest in Europa – wieder in Vergessenheit geriet.
In Amerika verhielt sich das indessen ganz anders: In einer New Yorker Zuckerraffinerie wurde Rads Maschine weiterentwickelt, und der Zuckerwürfel gelangte schließlich Ende des Jahrhunderts als „Tate Cube" wieder nach Europa zurück, zu einem Zeitpunkt, als von seinem Erfinder Jakob Christoph Rad längst keine Rede mehr war.
Dafür hat Rad in der Geschichte der österreichischen Rübenzuckerindustrie um so unauslöschlichere Spuren hinterlassen. Er war es nämlich, der gemeinsam mit dem nachmaligen Präsidenten Florent Robert den „Verein für Rübenzuckerindustrie" ins Leben rief

und diesem auch von 1863 bis zu seinem Tod im Jahre 1872 als Geschäftsführer vorstand.
Rad vertrat in dieser Funktion jedoch keineswegs nur die breitgestreuten Interessen der Vereinsmitglieder gegenüber den Behörden, sondern er nützte seine Position auch zu einer umfassenden Dokumentation der nationalen und internationalen Zuckerindustrie in seinen Adressen- und Jahrbüchern, die eine sozial- und wirtschaftsgeschichtliche Fundgrube von höchster Verläßlichkeit und Präzision darstellen.
Neben dem jährlich erscheinenden „Marktbericht des Vereines für Rübenzucker-Industrie" fand Rad, mittlerweile Vater von 15 Kindern, von denen ihn neun überlebten, auch die Zeit, ein Werk von globaler Bedeutung zu recherchieren: das ab 1857 regelmäßig erscheinende „Adressenbuch der Rübenzucker-Fabriken und Colonialzucker-Raffinerien aller Länder Europa's und Nordamerika's mit Angabe der gegenwärtig in diesen Ländern bestehenden Zuckerzölle und Steuern nebst drei Karten, welche die Standorte der Fabriken in der österreichischen Monarchie enthalten".
Rad erwies sich – wie auch in vielen anderen seiner Schriften – dabei als durchaus vorausschauender Ökonom. Er beschrieb darin nicht allein aufs minutiöseste Infrastruktur und Kennziffern der großen Zuckerraffinerien dieser Welt von Russisch-Polen über Baltimore und Boston bis hin zur „Germania Sugar Company" in Chatsworth, Illinois, Rad machte vielmehr auch Entwicklungen sichtbar, die weit über den Tag hinausgingen. Allein der Titel seines Werks signalisiert etwa bereits, daß das Gegeneinander von Rohr- und Rübenzucker im Begriffe war, allmählich zu einem Nebeneinander zu werden.
Darüber hinaus beschäftigte sich Rad auch in zahlreichen kleineren und größeren Aufsätzen vorausschauenderweise mit der ihm notwendig erscheinenden Entstehung von Zuckerkonzernen, die erst etwa ein halbes Jahrhundert nach seinem Tod Wirklichkeit werden sollten. Von heute aus betrachtet, war Jakob Christoph Rad ein geradezu janusköpfiger Chronist des Zuckers: Mit dem rückwärtsgewandten Gesicht nahm er in seiner „Gedrängten Geschichte der Rübenzucker-Industrie" die Spur jeder noch so kleinen Zuckerfabrik auf, die seit der Einführung der Rübenzuckerindustrie ihre Pforten schließen mußte. Mit dem Blick nach vorne stellte Rad indessen geradezu schwindelnde Berechnungen über den Zuckerverbrauch in den kommenden Jahren an, wobei seine Prognose, daß der Pro-Kopf-Zuckerverbrauch in Österreich in diesem Zeitraum von 2,5 auf 18 kg im Jahr steigen würde, sich durchaus nicht als realitätsfremd erwies.
„Gab es 1863/64 in der Monarchie 136 Fabriken, die zusammen 100 000 t Rohzucker erzeugten", schreibt

Manfred Götzinger in seinem Aufsatz über „Die Versüßung der Moderne", „so waren es bis zu Rads Tod, also nur knapp zehn Jahre später, über 200 Fabriken mit einer doppelt so hohen Produktion. Nicht nur der Zuckerverbrauch stieg – wie von Rad prognostiziert – ; durch verbesserte Produktionstechniken und Fortschritte in der Landwirtschaft kletterten Zuckergehalt und Erträge parallel in die Höhe, so daß bis zum Beginn des 20. Jahrhunderts die Produktion, trotz gleichbleibender Anzahl der Fabriken, sich noch einmal verzehnfachte und die österreichisch-ungarische Zuckerindustrie ( … ) zum führenden Exportzweig der wirtschaftlich rückständigen, untergehenden Monarchie avancierte." Rad war gleichermaßen Seismograph und Promotor dieser Entwicklung, die ihn selbst zwar trotz all seiner Verdienste nicht reich machte, aber im alten Österreich doch so manches schnelle Vermögen begründete.

### *Die Stunde der Zuckerbarone*

Nicht jeder, der in der zu Ende gehenden Donaumonarchie als „Zuckerbaron" bezeichnet wurde, war tatsächlich ein Aristokrat. Der nicht immer nur ehrfurchtsvoll gemeinte Titel ging viel eher darauf zurück, daß Kaiser Franz Joseph besonders tüchtige Unternehmer gerne mit – zumeist eher niederen – Adelstiteln schmückte. Und auch wenn ein Zuckerfabrikant (noch) nicht in den Genuß einer solchen Auszeichnung gekommen war, so meinte, wer ihn als „Zuckerbaron" bezeichnete, nichts anderes, als daß der Betreffende in Geld geradezu schwamm.
Tatsächlich ließen sich in der Zuckerindustrie – wie sonst vielleicht nur noch im Brauwesen – damals mit Geschick und Innovationsbereitschaft, vor allem aber mit dem nötigen Mut zum unternehmerischen Risiko gewaltige Kapitalien umsetzen und entsprechende Gewinne erzielen. Immerhin wurde unterm Doppel-

*Zuckerfabrikation. – Motiv aus der Sammelbildserie für Liebig-Company's Fleisch-Extrakt. Sammelbilder wie diese zählten zu den ersten Werbemaßnahmen für Zucker. (Chromolithographie, um 1900)*

adler allein im Jahre 1890 mehr als ein Fünftel des Weltzuckerbedarfs erarbeitet: 1,2 Millionen Tonnen verließen damals die heimischen Rübenzuckerfabriken, während die Weltproduktion 6 Millionen Tonnen betrug. Der wirtschaftliche Ertrag ließ angesichts einer solchen Hausse nicht lang auf sich warten. Wenn man den Gesamtgeldwert der Zuckerausfuhr aus Österreich-Ungarn in den Jahren 1864 bis 1904 berechnet, so kommt man auf die schwindelerregende Summe von nahezu 4 Milliarden Goldkronen, was einem Betrag von 10 Billionen Schilling (Kurswert 1993) entspricht.
Das neunzehnte „Zuckerjahrhundert" hatte andererseits nicht immer nur Erfolgszahlen geschrieben. Die hohe Anzahl der zwischenzeitlich in Konkurs gegangenen Rübenzuckerfabriken – allein in den Jahren 1828 bis 1868 waren es an die 130 Betriebe – läßt beispielsweise nicht nur auf Anlaufschwierigkeiten des Zuckerbooms schließen, sondern wohl auch darauf, daß so mancher gründerzeitliche Glücksritter sein Vermögen nach dem Vorbild von Ferdinand Raimunds „Verschwender" durchgebracht hat. Auch der am 9. Mai 1873 mitten in die Aufbruchstimmung der gerade laufenden Wiener Weltausstellung geplatzte Börsenkrach des sogenannten „Schwarzen Freitag" bedeutete einen Aderlaß für etliche Zuckerbarone. Innerhalb von nur zwei Jahren mußten damals – trotz guter Zuckerkonjunktur – dreißig Zuckerfabriken aufgrund von Fehlspekulationen ihre Pforten schließen.
Andere wiederum wußten ihre Gewinne wohl zu investieren oder traten, wie etwa Ferdinand Bloch, als Mäzene in Erscheinung. Der am 16. Juli 1864 als Sohn eines Zuckerfabrikanten im böhmischen Jungbunzlau geborene Bloch brachte es im Laufe seines Lebens zum größten Zuckerindustriellen der Monarchie, scheint aber keineswegs nur in den damaligen Zuckeradreßbüchern auf, sondern fand auch in die Kunstgeschichte Eingang. Er zählte nämlich zu den großen Förderern von Gustav Klimt und erteilte dem Künstler gleich zwei Großaufträge. In beiden Fällen ging es um Porträts von Blochs Gattin Adele, die heute beide in der Österreichischen Galerie im Oberen Belvedere zu bewundern sind. Das 1907 entstandene Gemälde gilt als Hauptwerk von Klimts „Goldenem Stil", das 1912 fertiggestellte zweite Bildnis ist indessen bereits Klimts Spätwerk zuzurechnen.
Mußte Bloch – wohl seiner jüdischen Herkunft wegen – vergeblich auf einen Adelstitel warten, so wurden zahlreiche andere Zuckerindustrielle in den erblichen Adelsstand erhoben: So wurde beispielsweise aus August Skene, dem Mitbegründer der Raffinerie in Leipnik-Lundenburg 1882 ein August Ritter von Skene (der freilich schon vor dieser Würdigung darauf hin-

*August Ritter von Skene (1829–1891)*

*Florent Robert (1795–1870)*

*August Freiherr Stummer von Tavarnok (1827–?)*

weisen konnte, daß er ursprünglich einem schottischen Adelsgeschlecht aus dem 12. Jahrhundert entsproß). Der 1827 aus Brünn gebürtige August Stummer gründete im Laufe seines Lebens zwei Zuckerfabriken in Mähren, eine Raffinerie in Böhmen sowie drei Zuckerfabriken in Ungarn und wurde daher auch für seine Verdienste um die ungarische Zuckerindustrie in den Adelsstand eines August Freiherr Stummer von Tavarnok erhoben.
Kurzum: Die große Zeit des „süßen Goldes", das da gemeinsam mit der unscheinbaren Runkelrübe aus dem Erdreich geschürft wurde, war endgültig angebrochen und brachte jenen, die sie zu nutzen wußten, jede Menge Kapital, gesellschaftliche Anerkennung und Ehre ein.
Der härteste Konkurrenzkampf auf dem zukunftsträchtigen Zuckersektor wurde dabei vor allem zwischen der alteingesessenen Aristokratie und dem aufstrebenden und daher auch bereits entsprechend kapitalkräftigen Bürgertum ausgetragen. Standen auf der einen Seite der Unternehmensgründer die alten Feudal-Aristokraten aus Geschlechtern wie Thurn und Taxis, Oettingen-Wallerstein, Salm, Dietrichstein, Auersperg und Schwarzenberg, so waren es auf der anderen Seite vor allem drei bürgerliche Familien, von denen die altösterreichische Zuckerindustrie maßgeblich mitgeprägt wurde.
Der Inbegriff eines bürgerlichen Zuckerindustriellen der Gründerzeit war zum Beispiel der aus der französischen Dauphinée stammende Florent Robert (1795–1870), der in die Annalen der Geschichte des Rübenzuckers auch als Gründungsmitglied und Präsident des „Centralvereins" einging. Aufgrund eines mit Erzherzog Carl, dem Sieger von Aspern, abgeschlossenen Vertrages hatte er bereits 1837 eine Zuckerfabrik im mährischen Seelowitz gegründet und diese gemeinsam mit seinem Sohn Julius Robert (1826–1888) zu einem echten Pionierunternehmen ausgebaut, in welchem auch das innovative Diffusionsverfahren zur Zuckergewinnung erfunden wurde. Ein zweiter Name, der in den goldenen Zuckerjahren der Gründerzeit Furore machte, hat auch heute in Österreich noch einen guten Klang.
Es handelt sich um die aus Düren im Rheinlande eingewanderte Familie Schoeller, die sich zunächst in der Brünner Tuchwarenindustrie engagierte, aber auch – neben einer Reihe anderer Unternehmungen des bald schon legendären Hauses „Schoeller & Co." – gleich drei Zuckerfabriken gründete: Czakowitz (1850), Czaslau (1853) und Wrdy (1857).
Wer heute die jüngeren Geschäftsberichte der AGRANA Beteiligungs-Aktiengesellschaft durchblättert, dem fällt auch auf, daß im Vorstand bis 31. 3. 1995 der Name Dr. Richard Skene auftaucht – eines direkten Nachfahren des seinerzeit von Kaiser Franz Joseph zum Ritter geschlagenen und daher bereits genannten August Skene.

Bleibt noch die mährische Tuchmacher-Familie Strakosch zu erwähnen, die ebenfalls 1867 – im selben Jahr, in dem August Skene die Raffinerie Lundenburg eröffnete – eine Zuckerfabrik gründete, die in der weiteren österreichischen Geschichte noch eine bedeutende Rolle spielen sollte: nämlich jene zu Hohenau. Womit ein kleines, aber feines Who's who der altösterreichischen Zuckerrüben-Aristokratie fürs erste skizziert wäre. Die Rübenpolitik, die von den erwähnten Geschlechtern gemacht wurde, erinnert zuweilen ein wenig an die Heiratspolitik der Habsburger. Denn es stellte sich schon bald heraus, daß man gemeinsam oft stärker war als alleine.

So fanden beispielsweise die beiden Familien Skene und Schoeller zusammen, als sie 1867 die Zuckerfabrik Leipnik in Mähren unter dem Titel „Leipniker Rübenzuckerfabriks-Actiengesellschaft" mit Sitz in Wien gründeten, die 1870 auch noch um eine Raffinerie in Lundenburg erweitert wurde und somit an einem Brennpunkt der Handelswege der alten Monarchie lag. „Die Wahl von Lundenburg als Standort der neuen Raffinerie", heißt es in einer 1930 erschienenen Festschrift des Unternehmens, „wurde durch die äußerst günstigen Verkehrsverhältnisse dieses Platzes veranlaßt. An der Hauptstrecke der Kaiser-Ferdinands-Nordbahn Wien–Krakau gelegen, ist Lundenburg ein sehr wichtiger Bahnknotenpunkt, von dem eine weitere Bahnlinie in die mährische Landeshauptstadt Brünn und eine dritte über Feldsberg nach Nikolsburg und Znaim führte, so daß die künftige Raffinerie in die günstige Lage versetzt war, aus drei Richtungen von Mähren und Niederösterreich Rohzucker zu beziehen und die fertige Raffinade nach Galizien, Wien–Triest und über Marchegg nach Budapest abrollen zu lassen."

Die Geschäfte der Lundenburger Raffinerie ließen sich nicht nur wegen solcher entschiedener Standortvorteile von Anfang an gut an. Für guten Geschäftsgang sorgte auch eine ständige Innovationsbereitschaft. So wurde in Lundenburg bereits ab 1874 der mittlerweile fast schon vergessen scheinende Radsche Würfelzucker erzeugt, und 1877 wurde unter Direktor Robert Schorisch in Lundenburg als einer der ersten Zuckerfabriken der Monarchie das Osmoseverfahren eingeführt, das die Ausbeute von weißer Ware aus dem braunen Rohzucker noch wesentlich zu steigern vermochte.

Ein ganz ähnlicher Standortvorteil wie in Lundenburg war auch für die Erfolge der Zuckerfabrik Dürnkrut, die im nördlichen Teil des Marchfelds, unmittelbar an der Nordbahn, lag, maßgeblich. Das bereits 1844 gegründete Unternehmen war schon ein Methusalem unter Österreichs Zuckerfabriken, als es nach mehreren Besitzerwechseln 1903 von der damals neu gegründeten

*Julius Robert (1826–1888)*

*Philipp Johann Ritter von Schoeller (1835–1892)*

*Zuckerraffinerie Lundenburg: Spodium- und Kesselhaus (oben), Magazin (unten)*

„Dürnkruter Zuckerfabriks AG" erworben wurde. Zum leitenden Verwaltungsrat wurde eben jener Robert Ritter von Schoeller bestellt, der 1926 auch die Fusion von Dürnkrut und Leipnik-Lundenburg einleitete.
Damit war das „Zuckerkonglomerat" zwischen Mähren und dem Marchfeld allerdings noch nicht völlig perfekt. Am 11. April 1901 beschloß das Lundenburger Direktorium auf Antrag von Dr. Richard von Skene, im Marchfeld neben Dürnkrut noch eine zweite Zuckerfabrik, nämlich jene von Leopoldsdorf, zu errichten, während sie gleichzeitig mit dem Gedanken spielte, das alte Stammhaus in Leipnik wegen mangelnder Rentabilität stillzulegen – was am 12. Februar 1904 auch tatsächlich geschah.
Zu Beginn des 20. Jahrhunderts – Österreich exportierte damals seinen Zucker bereits bis Indien, Japan und Südamerika – fanden sich im Marchfeld also drei Rübenzucker-Musterbetriebe: Dürnkrut, Leopoldsdorf und das schon 1867 gegründete Unternehmen der Brüder Strakosch in Hohenau, die bis heute, neben den Zuckerfabriken in Tulln und Leopoldsdorf, einer der bedeutendsten Eckpfeiler der österreichischen Zuckerindustrie geblieben ist.
Die Zuckerbarone haben – ob sie nun von altem oder jungem Adel waren – jedenfalls ganze Arbeit geleistet. Allein die Lundenburger Raffinerie verfügte vor Beginn des Ersten Weltkriegs über einen Exportradius, der von der Schweiz nach Rumänien, Bulgarien, Serbien, Griechenland bis in die Levante, nach Nordafrika, Persien, Indien, Japan sowie Argentinien und Chile reichte. Und selbst die Kamelkarawanen im Vorderen Orient waren damals tonnenweise mit Säcken beladen, in denen sich österreichischer Würfelzucker fand.

*Zuckerraffinerie Dürnkrut: Fabrikshof, Rübenschwemme*

*Luftaufnahmen der drei heute bestehenden österreichischen Zuckerfabriken: Hohenau (oben), Tulln (Mitte) und Leopoldsdorf (unten)*

*„Wiener Fruchtzuckerln“ von Heller*

***Süße Haus- und Hoflieferanten***

Wo der Zucker boomte, dort brauchte man nach einem Geschäft mit den Zuckerln – vornehmer: Bonbons – nicht lange zu suchen.

Eine Spezialitätenliste der heute noch bestehenden Zuckerwarenfabrik Victor Schmidt und Söhne las sich 1874 etwa so:

*„Chocolat d'Ethiopie aus reinem Quayaquil und Caracas Kakao mit raffiniertem Zucker nebst vieler Vanille mit echt französischen Maschinen erzeugt; feinste Chocolade-Pastillen, Chocolade-Creme-Fondant, Marillen-Confect, Eis-Bonbons, Aranciny Görzer Art, Likör-Confecte; Mandel-, Patience- und Haselnußbäckerei, Husten-Zelteln, Eibisch- und Malzzuckerl, Ingwer und Prominzen, Salon-Creme-Malzextrakt-Bonbons, unter ähnlichen Erzeugnissen das reinste und beste mit gleichzeitig ganz origineller geschmackvollster Adjustierung. Echt schottische Pfeffermünz-Extract-Bonbons, mit echtem Mitcham, dem reinsten Pfefferminzöl, erzeugt, und dadurch außerordentlich kräftig im Geschmack, und vorzüglich wirkend gegen Blähungen. (Wir bitten die echt englisch adjustirten Dosen stets gut zu schließen, um das feine Parfum dauernd zu erhalten.)“*

Noch ein Vierteljahrhundert, bevor diese ebenso verführerische wie originelle Liste herauskam, hatte Viktor Schmidt in Preßburg Kipferln und Nußbeugeln gebacken. Erst 1847 übersiedelte er als wohlbestallter Konditor ins „süße Wien“ und spezialisierte sich in der Sophiengasse im dritten Wiener Gemeindebezirk auf kandierte Früchte, Bonbons und anderes Zuckerwerk.

Victor Schmidt, in dessen Unternehmen heute auch die nicht minder altehrwürdige Firma Heller mit ihren 1891 erfundenen „Wiener Fruchtzuckerln“ aufgegangen ist, sollte nicht der einzige bleiben, der den Nutzen des süßen „Groschengeschäftes“ mit kleinen Köstlichkeiten unter Schokoguß, Zuckerglasur oder aus Gelee erkannte. Seit 1880 werden in seinem Unternehmen auch die heute noch an allen Christbäumen baumelnden und vor allem von Kindern geliebten rosa „Ildefonso“, kleine süße Würfelchen aus sieben hellen und dunklen Nougatschichten erzeugt.

Bis heute als unumschränktes Wiener „Zuckerl-Eldorado“ gilt das Imperium der 1882 gegründeten Firma Hofbauer, die – ebenso wie der bereits seit 1865 bestehende „Wiener Katzenzungen“-Erzeuger Küfferle – mittlerweile zum Schweizer Lindt & Sprüngli-Konzern gehört. Eng mit dem „süßen Wien“ verknüpft ist auch die Firma Pischinger, um deren legendäre, waffelartige „Pischingertorte“ einst fast soviel prozessiert wurde wie um die Sachertorte.

Dynastisches Denken ist schließlich auch der Firma Manner keineswegs fremd, die am 1. März des Jahres 1890 ihre erste Manner-Schokolade herausbrachte, ihren wahren Ruhm („Manner mag man eben") allerdings den gleichnamigen Waffeln verdankt: Die „Manner Neapolitanerschnitten" finden sich bereits seit 1898 im Verkaufskatalog des Hauses und erhielten 1889 ihre bis heute gültige Facon (für Neugierige: 47 x 17 x 17 mm). Nicht in Wien, sondern im damals zu Österreich gehörenden Freihafen Triest begann indessen 1782 die Erfolgsstory der Firma Casali. Julian Casali – so hieß nämlich der „Rosolio-, Rum- und Punscherzeuger", der 1810 auf der Flucht vor Napoleon nicht nur seine Siebensachen, sondern auch seine Destillierapparate mitnahm. Napoleon folgte ihm zwar auf den Fuß, doch Casali brannte seine Liköre weiterhin in der Donaumetropole, wo seine Nachfolger 1913 eine Süßwarenfabrik dazukauften, um fürderhin Rumpastillen, Likörfläschchen und Rum-Kokos-Dragees mit einigem Erfolg unter die Leute zu bringen. Trotz aller Rumseligkeit verwendet man allerdings auch bei Casali nur Rübenzucker. Denn statt des Zuckerrohrbrands aus Jamaica wird hier ausschließlich Inländer-Rum verwendet. Völlig anderer und vor allem wesentlich ziselierterer Art sind die Genüsse, die man bis heute in der Jugendstil-Ambiance des von keinem Geringeren als dem Architekten Josef Hoffmann entworfenen Verkaufsgeschäft

*„Wiener Katzenzungen" der Firma Leopold Hofbauer*

*Manner Neapolitanerschnitten*

*Bonbons von Altmann & Kühne: Liliputkonfekt (oben), mit Bonbons gefülltes Schubladenkästchen (unten)*

von Altmann & Kühne am Wiener Graben verkosten kann. Mindestens so wichtig wie der Geschmackseindruck ist hier seit jeher die Augenprobe. Denn das Minimal-Art-Konfekt, das da in entzückenden kleinen Kartönchen angeboten wird, als wäre es eine Sonderanfertigung, die Schneewittchen für die sieben Zwerge machen ließ, sieht tatsächlich allerliebst aus und ist, obwohl im Fin de siècle entstanden, ganz und gar ein Kind des Rokoko.

Doch das trifft keineswegs nur für die filigranen Bonbons von Altmann & Kühne zu, sondern für die ganze vernaschte Wiener Zuckerwelt. Im Grunde genommen ist die Zuckerseligkeit der Wiener nichts anderes als ein Ausdruck der Freude darüber, daß sich das, woran zu Kaiserin Maria Theresias Zeiten nur die Hofdamen naschen durften, nunmehr – zumindest hin und wieder – fast ein jeder leisten konnte.

Was früher den Hofbällen, auf denen die berühmten Demelschen Hofzuckerln verteilt wurden, vorbehalten blieb, konnte man nunmehr auf jedem besseren Bahnhofsperron aus dem Automaten ziehen. Und die „Theaterzuckerlseuche", gegen die der leidgeplagte Theaterkritiker Felix Salten immerhin die tödliche Waffe eines seiner ätzendsten Feuilletons aufgeboten hatte, konnte auch von Salten nicht aufgehalten werden und breitete sich vom Burgtheater über den Boulevard aus, bis sie schließlich in den ersten Kinosälen ihre wahre Heimstätte fand.

Diese Popularisierung des Zuckerls wurde von der aristokratischen und großbürgerlichen Oberschicht allerdings gar nicht gerne gesehen. Nicht zuletzt der Siegeszug des Rübenzuckers hatte sie nämlich eines ihrer unveräußerlichen Statussymbole beraubt – der Konfektdose.
Gevifte Patissiers wußten auch diese plötzlich sich auftuende Marktlücke für sich zu nutzen – und schufen Abhilfe durch eine neue und bislang unerhörte Renaissance der Nobel-Confiserie. Plötzlich investierte man nicht mehr nur in das Zuckerwerk selbst, sondern vor allem in die Verpackung.
Die heute leider nicht mehr bestehende Confiserie Scheidl hinter dem Stephansdom trat zu diesem Zweck sogar mit den Wiener Juwelieren in Konkurrenz und ersann winzige Jour-Krapferln, die mit vielfarbigen „Juwelen" aus Zuckerguß verziert waren und während der nachmittäglichen Teestunden des Wiener Großbürgertums in zedernhölzernen Kästchen und anderen edlen Behältnissen die Runde machten. Solche Tee-Empfänge nannte das plötzlich auf französische Lebensart versessene Wien schlicht „Jour" – eine Institution, die heute noch in unserem Ausdruck „Jourgebäck" für kleine Backwaren weiterlebt.
Viele der Haus- und Hoflieferanten des „süßen Wiens"

*Geschäftsportal von Altmann & Kühne auf dem Wiener Graben Nr 30*

*Petit Fours der Konditorei Aida*

*Rohkost der Konditorei Heiner*

der Jahrhundertwende haben die beiden Weltkriege, die dieser unter ihrem Zuckerguß oft genug unbeseelten und selbstverliebten Welt des Fin de siècle bevorstanden, nicht überlebt. Andere konnten, oft genug mit quantitativ wie qualitativ reduziertem Angebot und in neuer gesellschaftsrechtlicher Verfassung eine zweite, mitunter sogar eine dritte Karriere starten. Und dann gab es da noch die Emigranten, die ihre intimen Kenntnisse des süßen Wiener Innenlebens zwischen New York, Hongkong und Tokio als gesuchte „Wiener Pâtissiers und Konditoren" vor allem in die Luxushotels dieser Welt hinaustrugen.
Manche mußten freilich auch viel weniger weit emigrieren, um dennoch erfolgreich zu sein. Wer weiß etwa heute noch, daß der berühmte „Kranzler" am Berliner Kurfürstendamm ursprünglich ein Wiener Zuckerbäcker war?

*Patisseur. (Kolorierte Lithographie, 1896)*

### *Der Kaiser und die Zuckerbäcker*

Die Frage nach den Eßgewohnheiten Seiner Apostolischen Majestät hat bereits Kaiser Franz Josephs Zeitgenossen aufs intensivste beschäftigt, und es erscheint auch kaum ein nennenswertes Werk über den Langzeit-Habsburger, das sich nicht auch mit dem Verhältnis des Kaisers zu den süßen Dingen des Lebens auseinandersetzt.

Man muß allerdings nicht sehr tief in die Archive vordringen, um festzustellen, daß Franz Joseph kein großer Gourmet war. Der sah sich selbst viel zu sehr als Soldatenkaiser, um mit den leiblichen Genüssen wirklich etwas anfangen zu können. Und ebenso, wie er am liebsten in einem einfachen Feldbett schlief, begnügte er sich zumeist auch mit recht frugaler Menage-Kost, und zwar um so mehr, als auch Kaiserin Elisabeth, wenngleich aus anderen Gründen, kein dankbares Fütterungsobjekt für ihre Leibköche abgab: Die stets zur Magersucht neigende Kaiserin wollte ein Leben lang nur abnehmen und entfremdete einen der ihr unterstellten Zuckerbäcker sogar seiner Zunft, indem sie ihn Teebutter und saure Milch für ihren persönlichen Bedarf herstellen ließ.

Wenn die historischen Häferlgucker jedoch – was die kaiserlichen Ernährungsgewohnheiten betraf – irgendwo übereinstimmten, so darin, daß Kaiser und Kaiserin sich, wenn schon zum Sündigen, noch am ehesten zu Süßem verführen ließen.

Kaiserin Sisi etwa, die seit ihrem Einzug in die Hofburg niemals einen gewissen Anflug von Melancholie verleugnen konnte, tröstete sich über allzu trübe Stunden in ihrem goldenen Käfig gerne mit Süßigkeiten hinweg. Allein das für sie täglich aus der Hofzuckerbäckerei zubereitete Frühstück war keineswegs von schlechten Eltern: ein Teller Obst, drei Semmeln, 1/4 Pfund Zucker, 1/4 Pfund Butter, je eine Kanne kaltes Schlagobers und kalte Milch und eine Kanne Kaffee, ein Gugelhupf oder Pischingerstangerl sowie ein Teller süße Teebäckerei mit einigen Stücken frischer Germbäckerei – und schließlich ein Teller Kekse und Schokolade.

Den Nachmittag verbrachte die Kaiserin ebenfalls gelegentlich mit süßen Genüssen, etwa indem sie sich vom Demel ein Sorbet in ihre Gemächer bringen ließ, das aus ausgepreßten Veilchen, gesponnenem Zucker und einigen Spritzern Champagner geeist wurde.

Ein solches Veilchensorbet wäre Kaiser Franz Joseph selbst sicherlich etwas zu dekadent gewesen. Er bevorzugte schon als kleiner Kronprinz (und obwohl man ihn ob seiner Zeugung im Salzkammergut auch scherzhaft den „Salzprinzen“ nannte) den zuckersüßen Demel-Faschingskrapfen, der dazumal noch ein Dehne-Krapfen war, und hielt sich lieber an Handfestes. So gesehen ist

*Kaiser Franz Joseph I. (Gemälde, um 1855)*

*Nächste Doppelseite:*
*Wiener Mehlspeisen, zubereitet von Dietmar Fercher, Wien: (v. l. n. r.) Schokolade-Nuß-Palatschinken, Milchrahmstrudel, Kaiserschmarren und Zweschkenröster*

*Übernächste Doppelseite:*
*Wiener Mehlspeisen, zubereitet von Dietmar Fercher, Wien: (v. l. n. r.) Topfenknödel mit Himbeersauce, Mohr im Hemd*

es auch sicher nicht nur Zufall, daß das berühmteste unter den zahlreichen Gerichten, die nach ihm benannt wurden, ausgerechnet der „Kaiserschmarren“ ist. Obwohl der Kaiserschmarren stets nur mit Franz Joseph und niemals mit einem seiner Vorgänger in Verbindung gebracht wird, läßt sich die Entstehung dieses Gerichts dennoch bis heute nicht endgültig klären. Zu dicht geknüpft ist, wie bei fast allen kaiserlichen Kulinaria, auch hier das Legendengespinst, als daß man Dichtung von Lüge und beides – Gott behüte! – von Wahrheit auseinanderhalten könnte.

Über die Entstehung dieses wohl berühmtesten aller Wiener Schmarren aus gerissenem Eierteig existieren jedenfalls zahlreiche, mehr oder minder verbürgte Anekdoten. Eine davon erzählt von einem Hofküchen-Patissier, der für die notorisch linienbewußte Kaiserin Elisabeth gerne besonders leichte Desserts kreierte. Als er jedoch einmal mit einer neuen Komposition aus Omelettenteig und Zwetschkenröster in der kulinarischen Gunst der Kaiserin gar nicht zu landen vermochte, sprang seine Majestät in die Bresche und aß die Portion der Kaiserin mit den Worten „Na, geb er mir halt den Schmarren her, den unser Leopold da wieder z'sammkocht hat!“ Ein anderes Gerücht berichtet von einer kaiserlichen Jagd, die auf einer Hütte endete, deren Senn – in Österreich auch „Kaser“ genannt – dem Kaiser einen „Kaserschmarren“ vorsetzte. Wie es heißt, war der Kaiser davon dermaßen begeistert, daß er das Gericht kurzerhand in „Kaiserschmarren“ umtaufte. Eine interessante Etymologie trägt auch Franz Mair-Bruck bei, wenn er meint, daß es sich beim Kaiserschmarren um einen bäuerlichen Hausschmarren, also einen „Schmarren à la casa“ handle, aus dem – möglicherweise in Zusammenhang mit dem auch Casa d'Austria (Haus Österreich) genannten Habsburgerhaus – der Kaiserschmarren geworden sei. Historisch verbürgt ist keine dieser Auslegungen, sehr wohl jedoch die Tatsache, daß der Kaiser den Kaiserschmarren – wie der ehemalige Hofbedienstete Joseph Cachée in seinem Buch über die „Hofküche des Kaisers“ berichtet – auf seinen Jagdgesellschaften durchaus zu schätzen wußte. So viele Geschichten jedoch über die Erfindung dieses Gerichts kursieren mögen, es gibt in jedem Fall noch mehr Rezepte davon. Das „einzig wahre, ultimative und endgültige“ Rezept kann allerdings allein schon deshalb nicht geliefert werden, weil fast jede Hausfrau es in ihrer Küchenkredenz liegen hat (und zwar jede ein anderes). Eine bewährte Methode, einen absolut authentischen und gleichermaßen wohlschmeckenden Kaiserschmarren herzustellen, verrät jedoch das folgende Rezept aus Marie von Rokitanskys 1898 erschienenem Kochbuch.

**Kaiserschmarren**

*6 Dotter rührt man mit 2 Löffeln voll Zucker, 1/4 l Milch und 20 dkg Mehl sehr fein ab, dann kommt noch der feste Schnee der 6 Klar hinzu und eine Prise Salz. In einer weiten, flachen Kasserolle läßt man gute Butter zerschleichen, gießt die Masse ein, streut noch Rosinen darunter und bäckt den Schmarren einige Minuten auf dem Feuer, wendet und zersticht ihn und bäckt ihn auf der zweiten Seite. Beim Anrichten wird er mit Zucker bestreut.*

Nicht nur der Kaiser und die Kaiserin ließen sich, wenngleich jeder auf eine andere Weise, von der Faszination des Wiener Zuckers und seiner Leckerbissen in ihren Bann ziehen. Eine „echte Süße" war auch die kaiserliche Seelenfreundin und Burgschauspielerin Katharina Schratt. Niemals verließ sie nach dem sonntäglichen Gottesdienst die Michaelerkirche, ohne noch einen Sprung beim Demel auf ein zweites Frühstück hineinzuschauen.

Das erste Frühstück nahm sie übrigens gerne mit dem Kaiser selbst in ihrer Hietzinger Wohnung ein, wo sie für ihren kaiserlichen Vertrauten auch selbst zu Quirl und Zuckerstreuer griff. Auf diese Weise hat Frau Schratt – wenngleich wohl nur indirekt – ebenfalls zur Entstehung einer „kaiserlichen Mehlspeis" beigetragen: dem Kaiserguglhupf, der zu Kaisers Zeiten noch besser als „Steinkogler Guglhupf" bekannt war.

Und das kam so:

Katharina Schratt folgte dem Kaiser selbstverständlich in den heißen Monaten auch in dessen Sommerresidenz Bad Ischl, wo sie in der heute noch bestehenden Schratt-Villa residierte. Erschien Seine Majestät zum Dejeuner, so ließ die Burg-Diseuse stets auch dessen Lieblingsspeise, einen Guglhupf, frisch aus der Konditorei Zauner anliefern. Da der Kaiser nach dem frühmorgendlichen Tête-à-tête mit seiner kulturbeflissenen Freundin gerne auf die Jagd ging und dabei über den Steinkogel nach Offensee mußte, hatten die diskret-indiskreten Bad Ischler bald eine griffige Wendung parat, wenn sie sahen, wie der Monarch klammheimlich das Haus der Burgschauspielerin verließ: „Jetzt hat der Kaiser grad wieder sein' Steinkogler Guglhupf verspeist'!" Wie derselbe geschmeckt haben mag, darüber lassen sich allerdings ebenfalls nur Vermutungen anstellen. Genaueres wissen wir hingegen über den sogenannten „Kaiserguglhupf", der nachweislich vom Hofkoch A. Radlmacher erfunden und dessen Rezept im 1914 erschienenen „Ersten Wiener Kochkunst-Kalender" verraten wurde.

*Der Hofball. Kaiser Franz Joseph hält Cercle. (Aquarell von Wilhelm Gause, 1906)*

**Kaiser-Guglhupf**
*Bedarf: 28 dg Mehl, 20 dg Butter, 5 ganze Eier, 1/2 Seidl Milch, 5 dg Germ, Rosinen, Zucker, Salz und Zitronengeschmack*
*Rezept: Die Butter wird flaumig gerührt, dann wird nach und nach 1 Ei mit 1 Löffel Mehl darunter geschlagen, ferner mit dem obigen Mehl und der Milch gut abgetrieben, die aufgelöste Germ dazu gegeben, ebenso Rosinen, Zucker u.s.w. und füllt den Teig in eine gut ausgeschmierte, mit Mehl bestaubte Form. Diese darf bloß ein Drittel angefüllt sein und läßt den Teig jetzt aufgehen. Nach einer Stunde, wenn die Form 3/4 Teile voll ist, wird der Guglhupf in mittelheißer Röhre 3/4 Stunden gebacken, gleich gestürzt und ausgekühlt.*

So oder zumindest ähnlich muß wohl auch jene „Frischware“ gemundet haben, die sich der Kaiser zum Guglhupf-Frühstück mit Katharina Schratt von Zauner in deren Ischler Villa oder vom Demel in die Wiener Gloriette-Villa liefern ließ.
Die enge Verbundenheit des Hauses Habsburg mit der Zuckerpracht des Hauses Demel stellt auch ein Artikel

*Wiener Guglhupf, zubereitet von Johanna Maier, Filzmoos*

*Habsburgische Memorabilia. Die Porträts von Kaiserin Zita und Karl I. zieren diese aufwendige Schokoladeverpackung.*

unter Beweis, der am 24. Dezember 1915, also bereits während des Ersten Weltkriegs, in der „Neuen Freien Presse“ erschien:

*„Der Kaiser hat dieser Tage, hieß es, den Hofzuckerbäcker Demel empfangen, um selber die Auswahl seiner süßen Geschenke zu treffen, die er den reichen Christbaumgaben für die Frauen und vor allem für die Kinder seiner Familie beilegt. Viel prächtige künstlerische Enveloppen, mit Bildern und mit Stichen auf dem Deckel, mit Bändern geschlossen und mit Blumen aufgeschmückt, hat der Kaiser für die jungen und die jüngsten Damen seines Hauses ausgewählt. Ein zartes Rosenrot ist die Grundfarbe in der Ausstattung jener Bonbonnieren, welche der Jugend zugedacht sind.“*

Der Hofzuckerbäcker Demel soll übrigens ob dieser Audienz so aufgeregt gewesen sein, daß er bereits einen Tag zuvor und dann noch einmal einen Tag danach das Bett hüten mußte.
Keinesfalls verhielt es sich jedoch so, daß der Demel die einzige „süße Quelle“ war, aus der die kaiserliche Familie ihren Bedarf an Mehlspeisen und Zuckerwerk deckte. Denn schließlich war da auch noch die legendäre Hofzuckerbäckerei, die einen – und vielleicht sogar den wichtigsten – Teil der kaiserlichen Hofküche darstellte. In größerem Stil war die Hofzuckerbäckerei bereits 1741 unter der Zuckerfreundin Maria Theresia eingerichtet worden. Damals wurde auch das Amt eines Hofzuckerbäckereiinspektors geschaffen und mit einem gewissen Louis De Vaux besetzt, der für seine Dienste das beachtliche Jahresgehalt von 550 Gulden bezog. Bald hatten sich in der Hofzuckerbäckerei sogar eigene Spezialisten

*Geschäftskarte eines Wiener Zuckerbäckers. (Kolorierte Lithographie, um 1900)*

wie Kaffeesieder, Wassermacher (Schnaps- und Likörhersteller), vor allem aber auch Zuckerbäckereimaler entwickelt, die ausschließlich für Dekorationen aus Zuckerguß verantwortlich waren und später auch schlicht als „Streuer" oder „Zuckerstreuer" bezeichnet wurden.

Allein: Maria Theresia regierte auch gegenüber der von ihr eingesetzten „süßen Brigade" keineswegs nur mit dem Zuckerbrot, sondern sie setzte auch – zumindest metaphorisch – die Peitsche ein. Als der Oberstküchenmeister der Kaiserin beispielsweise eines Tages auch für die Zuckerbäcker jenes Brot-, Fleisch- und Weindeputat einforderte, das den Hofköchen selbstverständlich zustand, beschied ihn die Monarchin abschlägig: Da „die Zuckerbäckerei viel mehr kostet, und doch sehr wenig gemacht wird, solle er also zusehen, daß ( … ) eine bessere Wirtschaft könnte vorgenommen werden."

Früher als die meisten anderen Zuckerbäckereibetriebe kam die Hofzuckerbäckerei auch in den Genuß damals „neuester" technischer Errungenschaften. Bereits 1847 wurde Fließwasser eingeleitet, seit 1860 konnten die Torten und Kuchen bei Gasbeleuchtung gebacken werden, und 1897 wurde der mittlerweile auf 22 Räume angewachsenen Hofzuckerbäckerei sogar ein eigener Gefrierkeller angegliedert.

Trotz seiner – zumindest immer wieder kolportierten – Liebe zu Guglhupf und Kaiserschmarren scheint die spartanische Ader von Kaiser Franz Joseph letztlich doch stärker als die süße gewesen zu sein. Werkten in der Hofzuckerbäckerei nämlich in den achtziger Jahren des vorigen Jahrhunderts immerhin noch ein Dutzend kaiserlicher Patissiers, so reduzierte sich deren Zahl bis 1912 auf vier. Und als es mit der Donaumonarchie langsam, aber sicher zu Ende ging, schlug auch das letzte Stündchen der Hofzuckerbäckerei: Der damalige Chefzuckerbäcker Franz Pfitzner wurde zum „Hofkoch 1. Klasse" umfunktioniert – und die Hofzuckerbäckerei wurde bis Kriegsende schlicht und einfach der Hofküche angegliedert.

*Unten und gegenüberliegende Seite: Tortenrezepte der Biedermeierzeit vom Hofzuckerbäcker August Dehne*

Windtorte
Russische Torte
Café u. Chocolad
Gablenz u. Triester
Regenten Torte
Punschtorte
Baumküchen

# Zucker bei Tisch

## Ein tafelkundlicher Exkurs

Die Geschichte der Tischkultur ist eine des allmählichen Auseinanderrückens der Menschen. In archaischen Gemeinschaften saßen der Stammesfürst und der Niedrigste des Stammes, der Kaiser und der Bettelmann, der König und der Bauer, allesamt an einer langen Tafel. Gewiß thronte der eine zu ihren Häupten, und der andere mußte nehmen, was zu ihren Füßen noch übrig blieb. Doch immerhin gab es eine soziale Klammer, nämlich den Tisch, der alles zusammenhielt und die Widersprüchlichkeiten erträglich machte.
Doch allmählich begannen sich zwischen die Menschen an den Tafeln, wie es der Soziologe Norbert Elias einmal formulierte, unsichtbare gläserne Wände zu schieben, die auch – wenn man nebeneinander saß – ganz klar und deutlich machten, wer zu wessen Umfeld gehörte, und wer sich in der Gesellschaftsspirale einen Stock darüber oder darunter befand.
Diese unsichtbaren Wände hießen Tischmanieren und wurden seit der Renaissance in „Tischzuchten" genannten Büchern niedergeschrieben – was jene, die des Lesens nicht mächtig waren, von vornherein von der Beherrschung dieses für einen Laien oft recht kompliziert klingenden Regelwerks ausschloß.
So existierte die gemeinsame Tafel – auch Table d'hôte genannt – bis tief ins 19. Jahrhundert weiter, ob bei Hofe, im zünftischen Handwerksleben, wo der Meister stets mit Gesellen und Lehrlingen zu speisen pflegte, aber auch im einfachen Wirtshaus an der Landstraße, wo durchreisende Adelige oft am nämlichen Tisch zu sitzen kamen wie zwielichtiges fahrendes Volk.
Der Notwendigkeit einer schichtenspezifischen gesellschaftlichen Abgrenzung durch Tischsitten entsprach (neben Kleinigkeiten wie dem unterschiedlichen Gebrauch von Taschentuch, Hemdsärmel und Serviette) vor allem der Siegeszug des Bestecks. Während im Mittelalter noch jeder seinen Löffel, sei's im Hosengürtel, im Schuh oder auf dem Hut mit sich führte und Messer bei Tisch als zu gefährlich galten, weil dies bereits bei kleinen kontroversiellen Tischgesprächen zu Messerstechereien ausarten konnte, spielte die Gabel bei Tisch damals noch gar keine Rolle.
Die Gabel verdankt ihre Rolle als Fünfzig-Prozent-Teilhaberin des klassischen Eßbestecks dem Zucker. Sie diente nämlich, noch lange bevor sie zum Zwilling des Messers wurde, vor allem dem Aufspießen von

*Gegenüberliegende Seite:*
*„Collini"-Zuckerständer, 1996*

Süßigkeiten und Bonbons – eine Sitte, die sich vermutlich von Venedig aus verbreitet hat.
So verwundert es auch nicht, wenn vor allem die kirchliche Obrigkeit der Gabel gegenüber zunächst äußerst skeptisch eingestellt war, da sie in den damals üblichen zwei Gabelzinken nicht mehr und nicht weniger als die Bockshörner des Teufels sah. Die Vermutung, daß der Zorn der geistlichen Herren nicht so sehr dem an sich harmlosen Tafelwerkzeug selbst als vielmehr den „sündig süßen Bissen" galt, die damit aufgespießt wurden, entbehrt allerdings durchaus nicht einer gewissen Logik. Keineswegs zufällig nannten die Italiener ihren Konfekt damals in entlarvender Weise „diavolini alla cioccolata": Schokoladeteufelchen.
Erst als die Gabel in vornehmen Kreisen als unentbehrliches Instrument zum gesitteten Aufspießen von Zukkerwerk endgültig akzeptiert war, stand schließlich auch ihrer Verwendung als Teil des Eßbestecks nichts mehr entgegen. (Im übrigen hatte man durch die Verbindung von Konfekt und Gabeln ausreichend Gelegenheit dazu gehabt, den – fürs erste gar nicht so einfachen – zivilisierten und zierlichen Umgang mit diesem ursprünglich einem so derben Objekt wie der Heugabel nachempfundenen Instrument allmählich zu erlernen.)

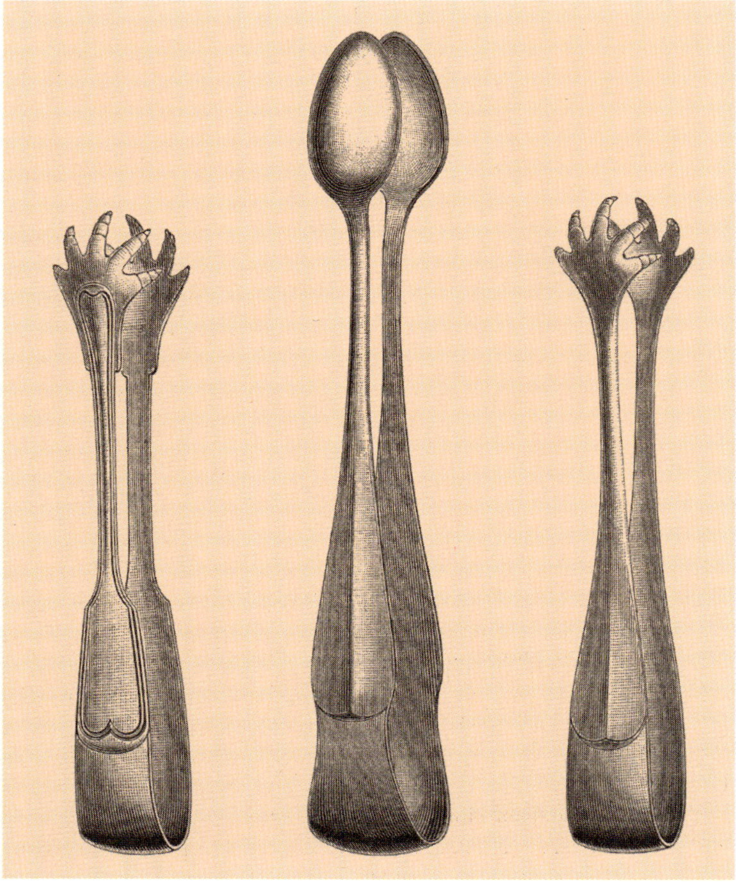

*Eis- und Zuckerzangen aus Alpacca-Silber der Berndorfer Metallwarenfabrik, 1893*

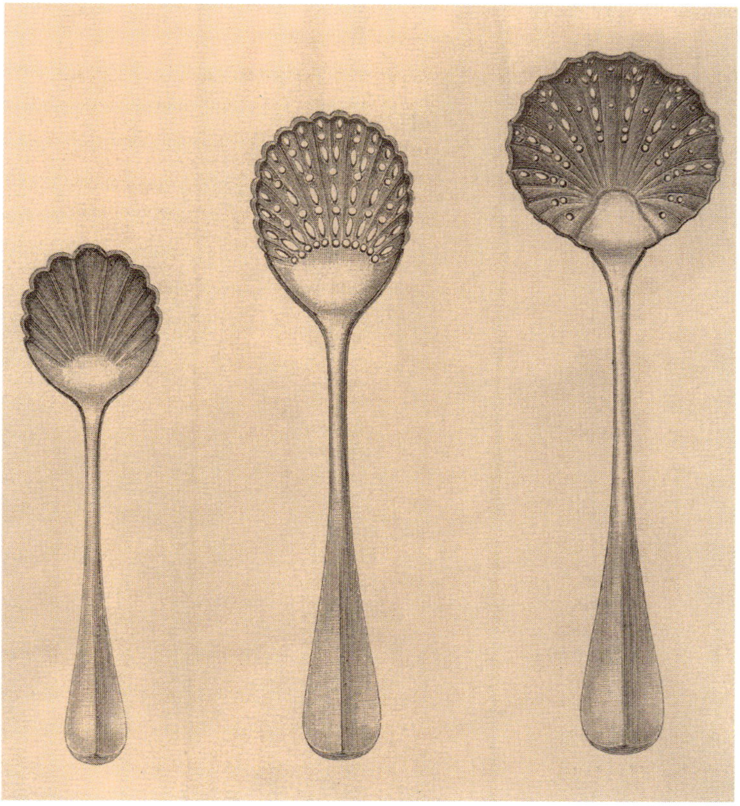

*Zuckerstreulöffel aus Alpacca-Silber, innen vergoldet, der Berndorfer Metallwarenfabrik, 1983*

Doch der Zucker kam den Unterscheidungsbestrebungen einer Gesellschaft, die im Lichte der beginnenden Aufklärung zunehmend von allmählich fallenden Klassenschranken geprägt war, auch noch in anderer Weise entgegen. Wie sollte man etwa aristokratisches Standesbewußtsein zur Schau stellen, wenn sich – wie im Rokoko – bereits Kleinbürger mit gepuderten Perücken auf der Straße zeigen durften? Und wie konnte man umgekehrt als wohlbestallter Stadtbürger Standesbewußtsein zeigen, wo doch bald schon ein jeder durch die Launen des Glücks zu Geld gekommene Bauer als Millionär auftrat?

Der Zucker bot sich in einer solchen Situation als Distinktionsmerkmal par excellence an. Wesentlich mehr als der schichtenunspezifische Genuß von Bier, Wein und Schnaps oder der von den gebildeten Ständen zunächst als derb und roh empfundene Tabakkonsum eignete sich die neue Zuckerkultur (und in ihrem Gefolge auch die Kaffee-, Likör- und Schokolademanie) perfekt dazu, etwas über den sozialen Standard und die Lebenskultur derjenigen auszusagen, die dem süßen Luxus zusprachen.

Zucker war vor allem einmal – und zwar auch noch ein gutes Jahrhundert, nachdem Marggraf 1744 erstmals die Geheimnisse der Zuckerrübe ergründet hatte – sündteuer und stand daher nur den Reichsten für eine gewohnheitsmäßige Verwendung im Alltag zu Gebote. Doch der

Zucker „konnte“ in gesellschaftlicher Hinsicht auch noch mehr. Sein Genuß erforderte mit zunehmender Elaboriertheit der Zuckerverarbeitung und Zuckerbäckerei eine Vielfalt von Gerätschaften, deren korrekte Handhabung wiederum eine Unzahl neuer Benimmregeln zur Folge hatte, durch deren Beherrschung sich die gesellschaftliche Spreu sehr schnell vom plebejischen Weizen trennte.
Manche dieser Benimmregeln sind auch in Laissez-faire-Zeiten wie den unseren kaum in Frage gestellt. So zeugt es etwa immer noch von schlechter Kinderstube, wenn man den Würfelzucker nicht mit der Zange, sondern mit den Fingern aus der Zuckerdose in die Kaffeetasse bugsiert. Auch das korrekte Wandern der Zuckerdose und des Sahnekännchens nach Alter und gesellschaftlicher Stellung der Teilnehmer eines Kaffeekränzchens kann bis heute dazu führen, daß vor lauter Höflichkeit der Kaffee kalt wird.
Doch das sind letztlich nur Reste einer süßen Lebenskultur, die vor etwa zweihundert Jahren wesentlich mannigfaltiger und vielschichtiger war, als wir es uns heute vorzustellen vermögen. So machte die neue Kaffee- und Teekultur in der Barockzeit die Erfindung ungezählter neuer Gerätschaften notwendig, nach deren Vorhandensein man einen hochherrschaftlichen von einem großbürgerlichen und einen bürgerlichen von einem bäuerlichen Haushalt sehr wohl zu unterscheiden vermochte.
Alles in allem ist die Zuckerkultur bei Tisch jedoch ein Kind der Barockzeit. Jetzt wurde nicht mehr, wie in der Renaissance, auf Teufel komm raus geschlemmt und gesoffen, sondern man legte – nicht zuletzt um seinen Status zu dokumentieren – auf das Elaborierte, sprich: das Kleinere und Gediegenere, Wert. Besonders der Tee und die Schokolade kamen diesem Bedürfnis entgegen, und der Zucker war aufgrund seiner Kostspieligkeit geradezu prädestiniert dazu, in minimalen Portionen genossen zu werden. Auch Tabak und Schnupftabak zählen, nebenbei bemerkt, zu solchen „kleinen Kostbarkeiten“, die man damals entdeckte. Psychologen führen das darauf zurück, daß in der Renaissancezeit die Lebensangst die Leute dazu trieb, jeden Augenblick in vollen Zügen auszukosten, während im Barock allmählich der Lebensgenuß im Vordergrund zu stehen begann: Jetzt wollte man nicht mehr quantitativ, sondern qualitativ genießen. Eines der Indizien für diese neue Lebensphilosophie war die Zunahme von Süßspeisen, die plötzlich auch in den Kochbüchern immer wichtiger werden.
Profitiert haben davon vor allem die Gold- und Silberschmiede, die Porzellan- und Keramikmanufakteure, die Zinngießer und Glasbläser. Allein im 18. Jahr-

*Gegenüberliegende Seite:*
*Zuckerdosen, Zuckerschalen, Zuckerstreuer und Staubzuckerschalen aus Alpacca-Silber mit Glaseinsätzen der Berndorfer Metallwarenfabrik, 1893*

hundert stieg der Bedarf an Zuckerlöffeln, Zuckerzangen, Zuckerstreuern, Konfektschalen, Zuckerbüchsen, Limonadenlöffeln, Tortenschaufeln, Kaffee- und Teelöffeln, Kuchenplatten, Henkeltassen, Kaffeekannen, Silberquirln zum Schaumigrühren von Kakao, Schokoladebechern, Milchkännchen, Likörflacons, Gefrornestassen, Gefrornesschäuferln, Eisfruchtschalen, Pastillenkonfektdöschen, Kompottschüsseln, Punschlöffeln, Zuckerwasserlöffeln, Zuckervasen, Biskuitdosen, Zuckertasserln, silbernen Zuckerdosen mit eingebauten Schlössern, Zuckerpinzetten, geflochtenen Zuckerkörben aus Meissen und ähnlichen Kostbarkeiten schier ins Unermeßliche. Und als am Übergang von der Barock- zur Rokokozeit der Bedarf nicht nur in den Haushalten, sondern in den allenthalben neu entstehenden Kaffeehäusern, Konditoreien und Limonadenhütten stieg, etablierte sich in und um das „süße Wien“ eine eigene kunsthandwerkliche Infrastruktur, die gewissermaßen die „süße Hardware“ dafür bereitstellte.
Jede Menge Kopfzerbrechen verursachte alleine schon die schwierige Frage, wie die komplizierte Metamorphose vom unhandlichen Zuckerhut zum Streuzucker auf der Tafel bewerkstelligt werden konnte. Zunächst schien man sich bei der Wahl des dafür nötigen Werkzeugs vom Inventar der Folter- und Waffenkammern inspirieren zu lassen. Manche dieser ebenso scharfen wie spitzen Instrumente hatten die Form von kleinen Hellebarden, Hämmern oder jenen „glühenden Zangen“, mit denen man die Delinquenten damals noch vor der Hinrichtung strafverschärfend zu malträtieren pflegte. Andere dieser Zuckerzangen, die zum Zerkleinern der Zuckerhüte dienten, sahen wiederum den Brennscheren aus den Boudoirs der vornehmen Damen zum Verwechseln ähnlich. Häufig tat es allerdings auch ein ganz gewöhnlicher Mörser, in dem die mit den Zangen aus dem Zuckerhut gebrochenen Stücke dann nach allen Regeln der Kunst zerstampft wurden.
In besonders gut sortierten, zuckerfreundlichen Haushalten fand man aber auch sogenannte Zuckerschachteln und Zuckerkisten, in denen sich – verdeckt von hübschen Intarsienarbeiten – ein grobes Stück Zucker und ein großes Schneidmesser befanden, das mit Hebelwirkung bedient werden konnte und gröbere Zuckerstücke mit scharfer Klinge zu mundgerechten Klümpchen und groben Würfeln verarbeitete.
Doch nicht nur das Zerstoßen des Zuckerhuts konnte damals zur „süßen Qual“ werden, auch die Wahl des richtigen Zuckerstreulöffels erforderte viel Sorgfalt: Einerseits erwiesen sich Löffel mit ornamental angeordneten Streulöchern als praktischer. Andererseits gehörte zu einem vollständigen Silbergeschirr auch ein Set mit nicht durchlöcherter Façon.

Zuckerdosen, Zuckerstreuer und Zuckerzangen, zwischen 1750 und 1800

Ähnliche Probleme warf die Wahl der richtigen Zuckerstreudose auf, in welche man die zerkleinerten Zuckerhutstücke füllte. Zunächst verwendete man dafür im 18. Jahrhundert das nämliche kleine Format, das sich auch bei Pfeffer und Zimt bewährt hatte und den Eindruck vermittelte, daß es sich bei Zucker letztlich um nichts anderes als ein Gewürz oder eben ein „süßes Salz" handelte. Da sich der Zucker damals jedoch meist nicht ganz so feinkristallig verarbeiten ließ wie Pfeffer oder Zimt, wurden die kleinen Zuckerstreuer aus Silber schon bald durch größere aus Porzellan ersetzt, wobei man eine britische Schule von glatten, gravierten Streuern von der französischen Façon zu unterscheiden pflegte, die Zuckerstreuer mit phantasievollen Reliefs liebte.
Schließlich stellte den Zuckerfreund auch noch die Frage „Zuckerzange" oder „Zuckerpinzette" vor einigermaßen schwierige Probleme, die der Dichter Theodor Fontane auf seine Weise löste, indem er die Zuckerzange schlichtweg als ein „Werkzeug der Unbequemlichkeit" denunzierte und auf ihre Verwendung lieber glattweg verzichtete.
Letztlich verstand man es indessen doch, die neue Zuckerkultur eher für die Bequemlichkeit als die Unbequemlichkeit, vor allem aber für die Schönheit

*Böhmische Zuckerdose aus opalfarbenem Glas mit einem Messingverschluß, 19. Jahrhundert*

nutzbar zu machen, oder zumindest das, was man damals dafür hielt. Und so lag es in einer Epoche, die sich den Spiegel zu ihrem Wappenschild gewählt zu haben schien, nur auf der Hand, daß die Spiegelungen, die da allenthalben in den Spiegelsälen und Boudoirs, den Spiegelkabinetten und verspiegelten Korridoren Platz griffen, auch auf die Welt des Zuckers ausstrahlten, die von Eitelkeiten aller Art ebensowenig frei war wie jene der kleinen, alltäglichen Spiegelfechtereien in den Couloirs des absolutistischen Fürstentums.
Am Hofe Kaiserin Maria Theresias, vor allem im dazumal neu entstandenen Gartenschloß Schönbrunn fand man sie zuhauf, die Konfekt- und Obstaufsätze aus vergoldeter Bronze mit Schalen aus geschliffenem Bleikristall, die sich wieder im Glanze der Konfektspiegeltische mit ihren silbern-zierlichen Beinchen spiegelten, die allenthalben zum Anrichten bereitgestellt waren. Beinahe schien es damals  die nobelste und bedeutendste Aufgabe der Zuckerbäcker gewesen zu sein, diese „Tafelspiegel" täglich mit neuen, phantasievollen Mustern zu bestreuen, eine Aufgabe, für die ihnen neben Zuckerkristallen der unterschiedlichsten Formen und Größen auch Sand, Brotkrumen, Glassplitter und Salz dienten. Es dachte ohnehin niemand daran, diese Kunstwerke auch zu verzehren. Sie signalisierten pure Schönheit, die Vanitas des Überflusses und die Ästhetik erhabener Allmacht. Wen wundert es daher, daß allein bei der Erbhuldigung der niederösterreichischen Stände für Kaiser Ferdinand I. gezählte zehn Stück solcher gestreuter Tafelspiegel als luxuriöses, sprich: im wahrsten Sinne des Worte überflüssiges Dekor herumstanden.
Und Oberstküchenmeister Fürstenberg rapportierte an Kaiser Franz I.: „Das Dessert wird in 21 Spiegeln und 50 Tellern Konfekt bestehen." Auf den Spiegeln, heißt es

weiter, würden „Gruppen angebracht". Bereits 1745 hatten die „kristallenen Blumen für die Zuckerbäckerei", die anläßlich der Krönung Franz I. in Frankfurt angeschafft werden mußten, den wahrhaft erhabenen Betrag von 3000 Gulden verschlungen.
Aus dem nämlichen Jahr stammt schließlich auch die Beschreibung eines „Kostbaren Desserts" auf der Tafel des Kaiserpaars Maria Theresia und Franz Stefan von Lothringen: „Das Kostbare Dessert auf der kaiserlichen Tafel", heißt es in diesem Dokument, „stellte dieses Mal die 12 Monate mit einer jedem beigegebenen Zubehörde vor, welches, da Alles von purem, ausgestreutem Zucker, wie das schönste Gemälde verfertigt war, einen ungemeinen Beifall fand."
Manche Tafelaufsätze und Tableaus aus Zuckermasse, die bei 125 Grad gekocht und mit Spachteln bearbeitet wurden, bereiteten den Zuckerbäckern, die daraus ihre Skulpturen meißelten, bis zu vierhundert Arbeitsstunden, wobei sie alleine hundert Kilo Zucker verwendeten, um daraus nur 15 kg Mandelpaste herzustellen. Man baute Parks und Springbrunnen, die mit einer eigenen Hydraulik versehen waren, damit daraus Liköre und Zuckerwässer sprudeln konnten. Man dekorierte Zuckerlandschaften aus Frühling, Sommer, Herbst und Winter. Und was Vivaldi oder Joseph Haydn in Noten auszudrücken wußten, bemühten sich die Zuckerbäcker aus glasierten Cedrolimonenschnitzeln, Venushaar, gestockten Sirupen und Karamellen nachzustellen. „Decors ephemères" – kurzlebige Dekorationen –, so nannte man die Kunstwerke im vollen Bewußtsein, daß sie die nächste größere Schlemmerei oder zumindest die nächste Hitzeperiode wohl kaum überleben würden. Ähnlich wie in der Architektur, Theaterarchitektur und

*Zuckerdose der Porzellanfabrik Portheim & Sohn, Chodaun (Böhmen), um 1865*

in der Oper waren es auch in der Zuckerarchitektur vor allem die Italiener, die international den Ton angaben und auch in Wien entsprechend kopiert wurden.
Allein: Die Wirtschaftslage verschlechterte sich, der Zeitgeist der bevorstehenden Französischen Revolution sandte unübersehbare Signale auch an den Wiener Hof aus, und das absolutistische Schwelgen in Zuckerguß, Spiegelglas, Silber und Ebenholz wurde von einer Gesellschaft, die den Staat zunehmend als Gemeinschaft von Bürgern und nicht mehr als Alleinanspruch eines absoluten Herrschers verstand, allmählich als dekadent und unmoralisch empfunden.
Das alles zeitigte zunächst zwar noch keine allzugroßen Auswirkungen auf die Kunst der Hofzuckerbäcker, doch immerhin sah sich Kaiserin Maria Theresia bereits 1761 – die Wirtschaftslage war seit ihrer Thronbesteigung eindeutig schlechter geworden – gezwungen, die täglichen Tafeln bei Hofe zur Verringerung der hohen Kosten nicht mit Zuckerwerk, sondern „nur“ mit natürlichen Blumen verzieren zu lassen.
Die weitere Entwicklung brachte es mit sich, daß nicht nur die billige Runkelrübe dem teuren Zuckerrohr allmählich seinen Rang ablief, sondern auch bei Hofe allenthalben gespart werden mußte. Das galt für die Wiener Hofhaltung nicht weniger als für die Fürstenhöfe Italiens. Und die „süße Elegie“, die der bekannte Zuckersculpteur Francesco Leonardi 1807 anstimmte, um darin ein geradezu vernichtendes Urteil über den Niedergang der wahren Zuckerbäckerei zu fällen, hätte wohl genauso auch an den Wiener Hof gepaßt. Leonardi begann seine Klagerede damit, daß kaum noch jemand zuckersüße Dekorationsarbeiten wie Tempel, Gruppenbilder, Ornamente, Wappen, Balustraden, Vasen, Figuren und sogar Blumenarrangements mit „den anmutigsten Schnörkeln und in den lebhaftesten Farben“ herzustellen wußte. Und er fuhr fort: „Alle diese eleganten und prächtigen Arbeiten waren nur mit Zuckermasse gemacht, und als sandigen Grundstock dafür verwendete man gekörnten Zucker in Holland-Zuckerhüten.“ Aber das alles, faßte der Meister zusammen, „ist jetzt, ich weiß nicht aus welchem Grund, nicht mehr Brauch, vielleicht weil die Menschen, die immer zu Veränderungen alles dessen, was sie in Fragen des Geschmacks betrifft, hinneigen, geglaubt haben, daß eine schlichtere Aufwartung mehr ihrem philosophischen System entspricht. Das Dessert besteht gegenwärtig nur aus einigen Tischaufsatzplatten, auf denen Spiegel, irgendein Gruppenbild oder eine Porzellanfigurine oder kleine Vase mit Blumen stehen, und damit hat sich's.“
Daß mit dem Niedergang der aristokratischen Zuckerkultur gleichzeitig der Aufstieg der bürgerlichen

*Tischgarnitur aus Silber und rotem Glas (Plat de Menage): Der Elefant auf vier Rädern trägt je ein Flacon für Zucker und Senf und Schalen für Salz und Pfeffer, 1853/54*

begann, war Signore Leonardi keiner Erwähnung wert. Gewiß dekorierte man in bürgerlichen Beamten-, Kaufmanns- und Handwerkerhaushalten keine spiegelglatten Tafeln mit Zucker- und Glaskristall. Doch die Zuckerdose, der Zuckerstreuer, die Tortenschaufel, das Schokoladekännchen, die Kuchengabel und die Bonbonniere wurden von Luxusartikeln, die für die breite Masse des Volks unerreichbar waren, allmählich zu Gegenständen des bürgerlichen und in weiterer Folge sogar des proletarischen Alltags.

Die Zeiten, in denen die Tischkultur die Menschen voneinander trennte und gläserne Wände zwischen ihnen aufbaute, näherten sich ihrem Ende. Und wer weiß, ob nicht gerade die „Demokratisierung des Zuckers" das Ihre dazu beigetragen hat, um diese „unsichtbaren Mauern", die sich die Tischgesellschaft in einem langsamen, fast ein ganzes Jahrtausend währenden Prozeß errichtet hatte, allmählich niederzureißen.

# Aufbruch in die süsse Moderne

## Wiener Zucker im 20. Jahrhundert

***Don Zuckeros Abgesang***

Eines der wienerischsten Musikstücke, die der aus Bayern gebürtige Komponist Richard Strauss – vom „Rosenkavalier" einmal abgesehen – geschrieben hat, ist sicherlich das Ballett „Schlagobers", auch wenn es 1922 in den Bergen von Garmisch entstand.

Die Geschichte ist recht einfach erzählt: Eine Gruppe von Firmlingen besucht mit ihren Firmpaten den Wiener Prater, kutschiert mit dem Fiaker durch die Prater-Hauptallee, fährt im Wurstelprater Pferderingelspiel und stopft sich nach allen Regeln der Zuckerbäckerkunst mit Süßigkeiten voll.

„Die Firmlinge betreten die Konditorei", heißt daher gleich das erste Stück nach der Ouvertüre. Die Teeblüte, der Kaffee und der Kakao treten gewissermaßen als „Aufwärmbands" auf, bis schließlich der erste Höhepunkt folgt: Der Auftritt von Don Zuckero, der vom ursprünglichen Zweivierteltakt in einen allgemeinen Schlagoberswalzer übergeht.

Der zweite Akt des Balletts beginnt in der Krankenstube eines der Firmlinge, der ganz eindeutig etwas zuviel Schlagobers erwischt hat. Es geht ihm nicht gut, der Onkel Doktor kommt und verschreibt eine fiebersenkende Medizin, und der Knabe beginnt zu träumen ... Und erneut findet er sich wieder mittendrin in der süßen Welt. Er erlebt den Einzug und den Tanz des Hofstaats der schönen Prinzessin Pralinee, dem ein „Springtanz der Knallbonbons" folgt.

Doch die Welt des Zuckers ist nicht nur heil. Es kommt zu komplizierten „Liebeshändeln zwischen drei Likören" (genauer gesagt zwischen dem süßen Chartreuselikör, dem freundlichen Sliwowitz und dessen finsterem Erzrivalen, dem Wodka). Böse Magier entfachen einen „Aufruhr der Kuchen", auch der Tee und der Kaffee geraten aneinander, und es bedarf des Auftritts zweier gewaltiger Bierkrüge, um all die Streithähne mit einem „Vollbierreigen" wieder einigermaßen zu besänftigen.

Das rauschende Finale endet jedoch dennoch nicht im Bierzelt, sondern dort, wo die ganze Schlagobers-Vision begonnen hat: in einer Konditorei im Wiener Prater.

Als „Schlagobers" 1924 in der Wiener Staatsoper uraufgeführt wurde, hagelte es Verrisse. Die Kritiker bezeichneten es als gefühlloses „Millionärsballett", das in einer

Zeit der Wirtschaftskrise und des nur zäh anlaufenden Wiederaufbaus nach dem Ersten Weltkrieg nichts verloren hatte. „Schlagobers", jenes Werk, mit dem Richard Strauss seine Mitmenschen gerade in Tagen tiefen Lebensernstes mit kurzen Stunden süßen musikalischen Glücks erfreuen wollte, verschwand trotz unleugbarer musikalischer Delikatesse also sehr schnell wieder aus dem Repertoire.

Tatsächlich hatte schon die systematische Demontage der Hofzuckerbäckerei in den letzten Kriegsjahren es erahnen lassen: Im selben Maße, wie der Doppeladler flügellahm wurde und das Habsburgerreich zu dämmern begann, ging es auch dem Zucker (und somit der Zuckerindustrie) schlechter. Und im Wien des Jahres 1924 mußte ein Ballett wie Schlagobers geradezu als Provokation empfunden werden, da es damals weit und breit kein Schlagobers und schon gar keine Kuchen und Pralinees zu kaufen gab. Die Zuteilung von Zucker war streng rationiert, das Konfekt aus den Nobelkonditoreien war schon während der Kriegsjahre als „frivoler Luxus" in Verruf gekommen. Außerdem standen die meisten Zuckerbäcker nach dem Krieg als ehemalige k.u.k. Hoflieferanten im Ruf, unverbesserliche Habsburg-Kollaborateure und daher auch finstere Reaktionäre zu sein.

Es sah nicht gut aus für die Welt des Zuckers. Und auch wenn „Schlagobers" das schönste künstlerische Denkmal sein mochte, das dem Zuckerhut und seinen Artgenossen jemals gesetzt wurde, so kam es zu einer Zeit, in der man das „süße Wien" schon längst nicht mehr als Gegenwart, sondern als unwiederbringliche Vergangenheit begriff.

*Gusti Pichler und Willy Fränzl im Ballett „Schlagobers" von Richard Strauss*

### *Zwischenkriegszucker*

Während Richard Strauss sein Schlagobersballett zur höheren Ehre des Don Zuckero komponierte, hatte derselbe in jenem Restösterreich, das von der Donaumonarchie übrig geblieben war, alles andere als einen leichten Stand. Jetzt begann sich nämlich zu rächen, daß man im alten Österreich den Großteil der Zuckerversorgung aus Kostengründen in die Kronländer ausgelagert hatte. Nur gezählte vier Betriebe – Dürnkrut (gegr. 1844), Hohenau (gegr. 1867), Leopoldsdorf im Marchfeld (gegr. 1901) und Bruck an der Leitha (gegr. 1909) – waren auf dem Boden der Ersten Republik zurückgeblieben, vermochten aber deren Zuckerbedarf nur zu einem Bruchteil von weniger als einem Drittel zu decken.

Auf dem durch den Kriegsausgang zerrissenen, ehemals österreichisch-ungarischen Wirtschaftsgebiet herrschte also Handlungsbedarf: Die noch aus der Monarchie

*Rübenverladung, 1925*

stammende staatliche „Zuckerzentrale", die 1915 während der Kriegsjahre zur Koordination der Roh- und Weißzuckerkartelle gegründet worden war, wurde im Zuge des Umsturzes 1918 liquidiert und durch die „Österreichische Zuckerstelle" ersetzt, was einer vollständigen Aufhebung der freien Zuckerwirtschaft, ja gewissermaßen einer Vergesellschaftung des Zuckers gleichkam.
War die Zuckerzentrale nämlich noch ein – wenngleich zentralistisch gelenkter – Verteilungsapparat der Industrie, so verstand sich die Zuckerstelle als staatliche

*Zuckerhuterzeugung in Hohenau, 1926/27*

*Labor in der Zuckerfabrik Bruck/Leitha, um 1920*

Handelsgesellschaft, die vor allem den Import des benötigten Fremdzuckers aus der benachbarten Tschechoslowakei zu besorgen hatte.
Der Österreichischen Zuckerstelle sollte trotz der weitreichenden Kompetenz keine allzu große Zukunft beschieden sein. Denn die Dinge besserten sich: So erhielt Österreich – als nach dem Inkrafttreten des Friedensvertrags von Trianon im Jahre 1921 das Burgenland erworben wurde, zwei weitere Zuckerfabriken in Hirm (gegr. 1850) und Siegendorf (gegr. 1852). Und als sich die Weltzuckerproduktion nach den ersten, krisen-

*Zuckerfabrik Leopoldsdorf im Marchfeld: Würfelei, Kartonembalagenstation, um 1920*

*Zucker-Absackstation der Raffinerie Hohenau, um 1930*

geschüttelten Nachkriegsjahren nicht nur stabilisierte, sondern ein ausreichendes Volumen zur Verfügung stellte, so daß jedermann seinen Zuckerbedarf zu vernünftigen Preisen stillen konnte, erübrigte sich auch die staatliche Zuckerwirtschaft. Die Politiker, die sich damals wie heute nur höchst ungern von einmal erworbenen Pfründen trennen, erwogen zwar kurzfristig, ein Zukkermonopol einzuführen, doch der Plan scheiterte an heftigsten Widerständen von seiten der Zuckerindustrie ebenso wie von seiten der Bevölkerung. Die überflüssig gewordene Österreichische Zuckerstelle wurde also am

*Feinkristall-Vibrator-Kampagne in Hohenau, 1932/33*

*Zuckerhutstation der Zuckerfabrik Hohenau, um 1930*

1. März 1922 wieder aufgelöst, und damit endete eine letztlich doch nur sieben Jahre währende Ära teilweiser oder vollständiger staatlicher Zuckerwirtschaft.
Das dringendste Problem der neugewonnenen Zuckerfreiheit war nunmehr freilich ein einigermaßen elementares:
Mit zahlreichen Anbaugebieten in Böhmen, Mähren und Ungarn waren den Rübenzuckerfabrikanten auch die Rüben abhanden gekommen. Es bedurfte also nunmehr eines Konzepts zur Steigerung des Rübenertrags auf österreichischem Boden.

*Sandzuckermagazin in Hohenau, 1932*

*Zuckerrübenernte, um 1920*

Spätestens in diesem Stadium erkannten die österreichischen Zuckerindustriellen, daß sich die notwendigen Maßnahmen nur durch Zusammenarbeit und keineswegs durch Konkurrenzkampf erzielen ließen. Die vier niederösterreichischen Zuckerfabriken, die bereits in der alten Monarchie dem „Kartell" der mährischen Fabriken zuzuordnen waren, schlossen sich daher 1922 zu einer „Verkaufsvereinigung" zusammen, die der österreichischen Zuckerversorgung trotz schwieriger Zeiten bis zum Hitler-Einmarsch im Jahre 1938 gute Dienste leisten sollte.
Mittlerweile hatte sich – neben den burgenländischen Zuckerfabriken in Siegendorf und Hirm – noch eine siebente Zuckerfabrik auf österreichischem Boden etablieren können: in der oberösterreichischen Stadt Enns. Wie die Statistiken der Zuckerkampagnen – so heißen Rübenernte, Rübenverarbeitung und Zuckergewinnung in der Fachsprache – zwischen 1919/20 und 1937/38 deutlich zeigen, konnten die Landwirte in dieser Zeit

*Zuckerrübenernte: Köpfen der Rüben, um 1920*

mit Erfolg für einen vermehrten Rübenanbau gewonnen werden, was sich zunächst auch auf die Zuckerproduktion und den Zuckerverbrauch äußerst positiv auswirkte. Zu Beginn der dreißiger Jahre warf die große Wirtschaftskrise dann freilich auch ihre Schatten auf die österreichische Zuckerwirtschaft. In den Jahren 1933/34 war die Arbeitslosenzahl in Österreich bereits dermaßen dramatisch angestiegen, daß die tristen Wirtschaftsdaten auch das Verbraucherverhalten maßgeblich beeinflußten. Im selben Maß, in dem der Rübenanbau von Jahr zu Jahr stieg, schränkten die Österreicher damals ihren Zuckerverbrauch ein.
Was die Rübenzuckerindustrie jahrelang aufgebaut hatte, mußte nunmehr auf eine vor allem für die unmittelbar davon betroffene Landwirtschaft durchaus schmerzliche Weise gedrosselt werden. Die betroffenen Landwirte sahen damals nur einen einzigen Ausweg, um ihre mühsam genug erwirtschafteten Rüben-Überschüsse in den Griff zu bekommen: Sie forderten

die Erbauung einer neuen Zuckerfabrik, der achten im damaligen Österreich.
Obwohl sich die Fachleute schon damals darüber einig waren, daß die Deckung des heimischen Bedarfs mit sieben Fabriken durchaus ihr Auslangen gefunden hätte, gab die Zuckerindustrie dem Drängen der Rübenbauern schließlich dennoch nach: 1937 wurde mit dem Bau einer Rohzuckerfabrik in Tulln begonnen, die im Herbst 1938 ihre erste Kampagne eröffnete.
Sie tat das freilich nicht mehr unter österreichischer Oberhoheit. Durch die am 10. Oktober 1938 erlassene Anordnung Nr. 49 war nämlich die gesamte österreichische Zuckerindustrie zu diesem Zeitpunkt bereits der „Hauptvereinigung der deutschen Zuckerwirtschaft“ in Berlin unterstellt.
Doch nicht nur in politischer, auch in fertigungstechnischer Hinsicht schien damals ein neues Zeitalter angebrochen: Im Rahmen der Kampagne 1937/38 hatten in Hohenau die letzten Zuckerhüte Österreichs die Fabrik verlassen. Und auch die Würfelzuckererzeugung ging dramatisch zurück: Die Zukunft, das ließ sich damals bereits ohne große prophetische Gabe voraussagen, gehörte dem Kristallzucker.

### *Zucker von der Lebensmittelkarte*

Am „Tausendjährigen Zucker“ mußten die Österreicher unter der Kontrolle des Oberkommandos der „deutschen Zuckerwirtschaft“ in Berlin nur sieben Jahre naschen, wenngleich die neue, von Berlin diktierte Organisationsstruktur in der österreichischen Zuckerwirtschaft allerlei langfristiges Unheil anrichtete. Zunächst einmal wurde der freie Markt wieder wesentlich zentralistischer gehandhabt: Berlin verordnete damals jeder Fabrik ein bestimmtes Erzeugungskontingent, wobei die Rübenzuckereinzugsgebiete für die Zuckerfabriken im Marchfeld und im Burgenland, das nun zum „süddeutschen Raum“ gehörte, jetzt plötzlich in Tirol oder Vorarlberg lagen.
Von Berlin aus wurden die Zuckerfabriken der „Ostmark“ auch zu einer Nebenbeschäftigung verpflichtet, auf die sie bis dato keineswegs eingerichtet waren: nämlich zur Futtermittelerzeugung aus Zuckerrüben. Nun waren die österreichischen Zuckerfabriken damals zwar in technischer Hinsicht auf dem modernsten Stand eingerichtet, Trocknungsanlagen für Rübenschnitzel und andere Einrichtungen zur Rübentrocknung fehlten jedoch zur Gänze.
Die durch den Anschluß plötzlich notwendig gewordene „Aufrüstung“ mit neuen Maschinen stellte die Zuckerindustrie daher auch vor nicht geringe finanzielle Probleme.

*Zentrifugenstation in der Zuckerfabrik Bruck/Leitha, um 1920*

Nach Hitlers Einmarsch in die Tschechoslowakei gelangten durch die Abtretung von Teilen des Böhmerwalds und Südmährens an die Gaue Ober- und Niederdonau schließlich auch einige der nach dem Ersten Weltkrieg verlorenen mährischen Zuckerfabriken – Grusbach (heute Hrusovany), Lundenburg, Mährisch-Kromau und Pohrlitz – zurück. Allerdings keineswegs ins damals von der Landkarte bereits gelöschte Österreich, sondern in den lokalen Zuckerwirtschaftsverband Ostmark. Die wirtschaftlichen Vorteile dieses Zusammenschlusses hielten sich jedoch ebenfalls stark in Grenzen, da der Ostmark zwar die Zuckerfabriken, nicht aber die Rübeneinzugsgebiete auf dem Boden der Tschechoslowakei zugeschlagen wurden.
Der Ausbruch des Zweiten Weltkriegs stürzte die Zuckerindustrie in eine weitere der zahlreichen Krisen, die sie in diesem Jahrhundert durchmachen mußte.

*Konzert des Wiener Rundfunkorchesters in der Zuckerfabrik Bruck/Leitha, 1940*

Während der Kriegsjahre gingen Anbaufläche und Erzeugung stark zurück. Und während Dürnkrut 1944 ohne großen Jubel immerhin noch seinen hundertjährigen Bestand feiern konnte, mußte Hirm damals bereits seinen Betrieb einstellen.

Nach dem Zusammenbruch des „Tausendjährigen Reiches" las sich dessen Bilanz auch für die verbliebene Zuckerindustrie verheerend: Hohenau war nach den Bombenangriffen der Alliierten zu einer Ruine verkommen. Die gesamte Rohfabrik, das Kesselhaus sowie die Roh- und Weißzuckermagazine waren vollständig ausgebrannt. Auch Dürnkrut war durch Artilleriebeschuß weitgehend in Schutt und Asche gelegt worden. In Leopoldsdorf waren Kessel und Maschinen gesprengt worden. Tulln, Siegendorf und Enns kamen mit geringfügigeren Beschädigungen relativ glimpflich davon.

Das änderte freilich nichts daran, daß in der nach 1945 nun wieder österreichisch gewordenen Zuckerindustrie ein in der Geschichte des österreichischen Rübenanbaus seit hundert Jahren nicht dagewesenes Ereignis eintrat: Die Kampagne 1945/46 mußte – mangels Rüben – entfallen.

Seit Ausbruch des Zweiten Weltkrieges hatten sich die Österreicher zwangsweise daran gewöhnt, daß der

staatlich bewirtschaftete Zucker nur gegen Abgabe des entsprechenden Abschnitts auf jener Lebensmittelkarte erhältlich war, die auch in den harten Nachkriegsjahren das Entreebillett in die süße Welt des Zuckers bleiben sollte.
Das führte schließlich dazu, daß der Zucker – auch in den letzten Kriegsjahren schon ein seltener Gast – nach dem Zusammenbruch fast völlig von den Tischen der Österreicher verschwand. In den Jahren 1945/46 konnte das damals neu gegründete Bundesministerium für Volksernährung durch den Ausfall der Kampagne nur jene kärglichen Vorräte zur Verteilung bringen, die in den Magazinen lagerten und vor militärischer Beschlagnahme durch die Alliierten verschont geblieben waren.
Nachdem er in mitteleuropäischen Breiten geradezu anachronistisch geworden war, tauchte damals plötzlich ausgerechnet der gute alte Kolonialzucker wieder auf, der – im Vergleich zum rar gewordenen Rübenzucker – sogar verhältnismäßig billig zu haben war. Grund dafür

*Maschinelle Konfekterzeugung in den dreißiger Jahren*

war der strategische Verlauf des Zweiten Weltkriegs selbst. Während praktisch alle rübenzuckerproduzierenden Länder von Rußland über Frankreich bis Deutschland, Polen und Österreich in Kriegshandlungen verwickelt waren und dadurch schwerste infrastrukturelle Schäden erlitten, blieben die klassischen Zuckerrohrparadiese auf den westindischen Antillen, vor allem aber die Zuckerinsel Kuba vom Zweiten Weltkrieg völlig unberührt.

Man diskutierte damals in Österreich sogar ernsthaft, ob man sich angesichts ihrer tristen Situation von der Rübenzuckerindustrie nicht komplett trennen und wieder auf die Raffinierung von importiertem Kolonialzucker umsteigen sollte. Es siegte in dieser Debatte jedoch die – durchaus vernünftige – Einsicht, daß durch die damit unabdingbar verbundenen Devisenverluste für Österreich langfristig ein noch viel größerer Schaden entstehen würde als durch eine kurzfristig darniederliegende, aber mit einigem guten Willen durchaus rekonstruierbare Rübenzuckerindustrie.

Das Schlagwort lautete also beim Zucker wie auch in allen anderen Bereichen des öffentlichen Lebens: Wiederaufbau. Schon 1946/47 wurde wieder eine – wenngleich ziemlich bescheidene – Kampagne durchgeführt. Und bereits 1949/50 konnte, was den Gründern der Zweiten Republik noch ein unerfüllbarer Traum zu sein schien, sichergestellt werden: die völlige Bedarfsdeckung des inländischen Zuckerverbrauches durch eigene österreichische Erzeugung.

ORGAN DER ARBEITER UND ANGESTELLTEN DER BRUCKER ZUCKERFABRIK N.-Ö.

DER NEUE ZUCKER ARBEITER

Jahrgang 1955 September Folge 5 Preis 50 Groschen

Die Zuckerfabrik an Österreich übergeben.

*Die September-Ausgabe der Betriebszeitung der Arbeiter und Angestellten der Zuckerfabrik Bruck/Leitha berichtete von der Übergabe des USIA-Betriebes an die österreichische Regierung am 13. August 1955.*

*Würfelei/Stangenpresse in der Zuckerfabrik Hohenau, um 1950*

***Im „Rübenlabor" des Wirtschaftswunders***

Nachdem die großen ökonomischen Probleme des Nachkriegszuckers allmählich einer Lösung zugeführt worden waren, konnte man sich endlich auch wieder der kleinen Nöte annehmen. Da tauchte etwa das Problem auf, daß dem im Mai 1947 gegründeten „Sport- und Geselligkeitsverein Tullner Zuckerfabrik" die heißbegehrte Aufnahme in den Niederösterreichischen Fußballbund mit der Begründung verwehrt wurde, der Verein verfüge nicht nur über keinen eigenen Sportplatz, sondern nicht einmal über Fußballschuhe. Diese Kritik wollten die fußballbegeisterten Tullner freilich nicht lange auf sich sitzen lassen. Schon in der folgenden Ausschußsitzung setzte der Betriebsrat den Ankauf von 3 Bällen, 6 Fußballblasen, 10 Paar neuen und 2 Paar getragenen Fußballschuhen sowie zwei Tornetzen durch. Wie sehr sich die Anschaffung gelohnt hat, läßt sich heute noch nachvollziehen, wenn man die zahlreichen seither gewonnenen Fußball-Pokale im Zentralbetriebsratsbüro der Zuckerfabrik in Tulln mit ergriffenem Staunen Revue passieren läßt.

Wer sich unter „altgedienten" Mitarbeitern des Tullner „Rübenbüros" umhört, kann auch noch andere Anekdoten aus den harten, aber letztlich doch recht glückhaft erlebten Pioniertagen nach dem Zweiten Weltkrieg erfahren. Zum Beispiel jene von Stefan Prenner, dem „reitenden Boten" des Rübenbüros, der in der Zeit des Wiederaufbaus sein erstes Dienstmotorrad erhielt, das nur einen kleinen Schönheitsfehler aufwies: Es hatte keine Reifen. Prenner löste das Problem auf seine – und für damalige Verhältnisse wohl gar nicht so ungewöhnliche – Weise. Er „organisierte", um im Nachkriegsjargon zu bleiben, ein Kilo besten Schweineschmalzes, und es dauerte nicht lange, bis sein Motorrad auf dem Wege der „Naturalwährung" als verkehrstüchtig gelten konnte.
Improvisation – so hieß zweifellos eines der Zauberwörter, mit denen die Geschichte des Wirtschaftswunders der Nachkriegsjahre geschrieben wurde. „Fleiß" hieß ein anderes, und „Forschung" ein drittes.
Auch die österreichische Zuckerwirtschaft war sich damals bewußt, daß wirtschaftlicher Aufschwung nur durch gemeinsame innovative Anstrengungen auf dem Gebiet der Produktverbesserung und Fertigungsoptimierung zu erzielen war.
Der Think tank, in dem bald alle innovativen Kräfte der österreichischen Zuckerindustrie zusammenfließen sollten, wurde 1959 in Tulln errichtet und trägt seither den Namen „Rübenlabor". Hier begann man Ende der fünfziger Jahre damit, etwa 80 bis 90 Proben pro Tag mit Hilfe eines Halbschatten-Polarimeters händisch aufzuarbeiten. Sechs Mitarbeiter untersuchten die Rüben damals auf Zuckergehalt einerseits und die sogenannte „Blauzahl" des schädlichen Aminostickstoffes andererseits.
Im Laufe der Zeit wurden die Messungen zunehmend exakter und vielgestaltiger. Bereits 1963 war man in der Lage, neben Zuckergehalt und Blauzahl auch den Anteil der Alkalien Natrium und Kalium auszuwerfen. 1967 wurde das Rübenlabor automatisiert und konnte statt 90 Proben am Tag plötzlich 100 Proben in der Stunde, also rund 800 Proben in einer einzigen Arbeitsschicht analysieren. Die hier erzielten Werte wurden an die Landwirte als Orientierungshilfe zur Qualitätsverbesserung weitergeleitet.
Das ständige Bemühen um eine noch bessere Produktqualität führte schließlich zur Einsicht in die Notwendigkeit, neben einzelnen Rüben auch Untersuchungen ganzer Rübenfelder vorzunehmen. Da selbst ein gut ausgerüstetes Labor wie jenes in Tulln nicht 6000 Bodenproben gleichzeitig analysieren konnte, entschloß man sich zum Bau eines neuen Bodenlabors, das mit der

bis dato weltweit unerprobten Analysenmethode der Elektro-Ultra-Filtration (EUF) eine auch international beachtete Pionierleistung auf dem Gebiet der Zuckerforschung vollbrachte. Die EUF-Methode, die aus einer einzigen Bodenprobe die Bestimmung der gesamten Nährstoffpalette einschließlich des pflanzenverfügbaren Stickstoffs in nur einem Arbeitsgang ermöglicht, wurde von Tulln aus serienreif gemacht. Daß im internationalen Rübenanbau von heute Düngemittelaufwand, Ertrag und Qualität dem denkmöglichen Optimum angenähert werden können, nahm seinen Anfang im Tullner „Rübenlabor".
Es ist allerdings keineswegs der einzige internationale Forschungserfolg, der von Tulln aus vermeldet werden kann. Das Tullner Labor war 1979 auch federführend am Projekt „Biosprit" beteiligt und wurde 1986 in die – ebenfalls auf eine Tullner Initiative erfolgte – Raiffeisen-Bioforschung Ges. m. b. H. eingebunden, eine Gemeinschaftsgründung des gesamten heimischen Agrarsektors, zu dessen verläßlichsten Säulen die österreichische Zuckerindustrie heute mit Recht gezählt wird.
Mittlerweile wurde die Raiffeisen-Bioforschung um die Aktivitäten des Zuckerforschungs-Instituts erweitert, was zuletzt zur Umbenennung in „Zuckerforschung Tulln Ges. m. b. H." führte, in deren Rahmen sich fast 40 Mitarbeiter mit Problemen der Landwirtschaft, Lebensmitteltechnologie, Chemie & Technik, Mikrobiologie und Biotechnologie beschäftigen.
Gleichzeitig mit dem High-Tech-Ausbau des alten Tullner „Rübenlabors" erfolgte auch eine zunehmende Optimierung der Umweltstandards in der österreichischen Zuckerindustrie. So konnte etwa der Gesamtenergieaufwand der österreichischen Zuckerfabriken zwischen 1981 und 1994, bezogen auf die verarbeitete Rübenmenge, um 36 Prozent gesenkt werden. In Tulln z. B. sorgt eine neu installierte Kraft-Wärme-Kopplungsanlage, in der Wärme und Strom getrennt erzeugt werden, für eine Reduktion der benötigten Primärenergie um 20 Prozent. Und die Zuckerfabrik Hohenau wurde erst unlängst als letztes Werk mit einer vollbiologischen Kläranlage ausgerüstet.
Schließlich fallen bei der Zuckerproduktion, wie sie heute in Österreich üblich ist, auch keine Abfälle an, die entsorgt werden müßten. Die Zuckerrübe wird nämlich nicht mehr – wie noch zu Zeiten der Rübenzuckerindustrie in der Donaumonarchie üblich – ausschließlich für die Zuckergewinnung genutzt, sondern praktisch restlos verwertet. Neben Zucker fallen daher Zuckerrübenschnitzel und Melasse auf „süßen Boden", die überwiegend als Futtermittel weitervermarktet werden.

*Zum Drüberstreuen bekommt der Zucker jetzt einen Namen:* WIENER ZUCKER.

### *AGRANA und der „Wiener Zucker“*

Was für die Zuckerforschung und die Qualitätsverbesserung das „Rübenlabor“ gewesen ist, das war für die Zuckerwirtschaft der Nachkriegszeit jenes ebenso straffe wie leistungsfähige ökonomische Korsett, in das sie nach und nach hineinwachsen konnte.

Die ersten Voraussetzungen für diese positive Entwicklung wurden bereits 1977 geschaffen, als die Marchfelder Zuckerfabriken Ges. m. b. H. mit der Strakosch Zuckerfabriken Ges. m. b. H. fusionierten und die Zukkerfabriken von Leopoldsdorf, Dürnkrut, Hohenau und Enns in die Sugana Zucker Ges. m. b. H. überführten. Ungefähr gleichzeitig vereinbarten die Tullner Zuckerfabrik AG, die Siegendorfer Zuckerfabrik und die Brucker Zuckerfabrik Ges. m. b. H. zunächst eine enge Kooperation. 1983 wurden Tulln und Siegendorf zur Tullner Zuckerfabrik AG fusioniert.

Strukturbereinigende Maßnahmen wie diese – weitere wurden mit der Schließung von Dürnkrut, Bruck, Enns und Siegendorf gesetzt – stärkten letztlich die Stellung Österreichs in der internationalen Zuckerwirtschaft.

War das Ziel noch in den fünfziger Jahren die Wiederherstellung der heimischen Eigenversorgung mit Zukker gewesen, so fand sich Österreich 1978 plötzlich im Status eines „Zuckerexportlandes“ wieder, dem im Rahmen des Internationalen Zuckerabkommens eine Exportquote von immerhin 80 000 t Zucker zugesprochen wurde.

Die Zuckergewinnung teilten sich damals die Firma Sugana einerseits und die Tullner Zuckerfabrik (mit Siegendorf und Bruck im Schlepptau) andererseits. Es war allerdings nur eine Frage der Zeit, bis auch diese beiden „Zuckerriesen“ unter einen einzigen „Zuckerhut“ kamen. Um national wie auch international besser manövrierfähig zu sein, verschmolz die Sugana 1988 mit Tulln zur SUGANA Zucker-Ges. m. b. H., der heutigen AGRANA Zucker-Ges. m. b. H., die im September 1994 mit der Trademark „Wiener Zucker“ ein nicht nur historisch stimmiges, sondern auch im Rahmen der in ihrer gegenwärtigen Form bis 2001 geltenden EU-Zuckermarktordnung brauchbares Marketing-Instrumentarium mit zahlreichen Markenartikeln im Spezialzuckerbereich geschaffen hat.

Heute pflanzen rund 12 000 landwirtschaftliche Betriebe Zuckerrüben an, und rund 700 Arbeitsplätze werden durch die Zuckergewinnung ganzjährig gesichert. Nach einer rund tausendjährigen Zuckergeschichte hat Wien endlich das, was es nicht zuletzt dank der Wiener Mehlspeisküche mehr als verdient hat: einen Wiener Zucker, der in der Wiener Küche nicht nur unentbehrlich ist, sondern auch den Namen jener Stadt trägt, die nicht zu Unrecht so gerne als das „süße Wien“ bezeichnet wird.

*Gegenüberliegende Seite: Zuckerwerbung 1995*

*Oben: Rübenaussaat*
*Unten: Vegetationsphase der Zuckerrübe*

### *Süßer leben: Von der Rübe bis zur Bowle*

Wiener Zucker – das bedeutet zur Zeit 18 verschiedene Möglichkeiten, sich das Leben auf urwienerische Art zu versüßen. Alle diese Möglichkeiten haben freilich eine einzige Wurzel – nämlich jene gute alte Runkelrübe, deren finstere Heimat tief im Erdreich schon die romantischen Märchendichter inspirierte.
Ganz und gar nicht märchenhaft ist indessen der Vorgang, wie der Zucker aus der Rübe kommt. Er läßt sich zwar technisch exakt beschreiben, ist aber für den Laien nicht ganz so leicht verständlich. Die Technologie der Zuckergewinnung zählt zu den kompliziertesten in der gesamten Lebensmittelindustrie, obwohl sie sich – rein schematisch betrachtet – seit dem Aufkommen der industriellen Zuckerproduktion, wie wir sie etwa in Hofrat Waykarths Inzersdorfer Fabrik aus dem Jahre 1811 kennengelernt haben, in ihren Grundprinzipien kaum geändert hat.
Das lange Leben des Zuckers beginnt jedes Frühjahr, wenn die Rübensamen ausgesät werden. Die Rübenbauern wissen die daraus entstehenden kleinen Triebe und Pflänzchen über den Sommer sorgsam zu hegen und zu pflegen (worunter heutzutage nicht nur eine liebevolle „Ansprach", sondern vor allem auch eine angemessene begleitende Kontrolle zu verstehen ist).
Mit dem Einsetzen der ersten Herbstnebel beginnt schließlich die Rübenernte. Spätestens jetzt hat der Saft in den Wurzeln der Runkelrübe die nötige Süße erreicht, und die Erntemaschinen können mit jener „klaubenden" Tätigkeit beginnen, die früher allein den Menschen vorbehalten war und für so manchen krummen Buckel gesorgt hat. Mit Traktoren, Lastwagen und Güterzügen werden die geernteten Rüben dann in die aufnahmebereiten Zuckerfabriken geführt, wo jetzt die jährliche Hochsaison – die Rübenkampagne – bevorsteht. Je nach Ergiebigkeit der Ernte dauert eine solche Kampagne oft bis in die ersten Januartage, und während dieser Zeit wird in der Zuckerfabrik rund um die Uhr gearbeitet.
Wenn die Zuckerrüben von den Feldern eingebracht wurden, werden sie noch vor ihrer eigentlichen Verarbeitung zunächst einmal in einer Waschmaschine gewaschen. Von hier wird das Rübengut über Förderbänder zu jenen Schneidmaschinen weitertransportiert, wo es zu sogenannten „Schnitzeln" zerkleinert wird.
In diesem Stadium werden auch die Proben fürs Labor gezogen, in dem der genaue Zuckergehalt bestimmt wird.
Jetzt beginnt der Prozeß der Extraktion:
Die Schnitzel werden zu diesem Zweck im Gegenstrom durch auf 70° C erhitztes Wasser, das als Extraktionsflüssigkeit dient, geführt, wobei der im Zellsaft gelöste

Zucker austritt. In diesem Stadium wird zunächst der „Rohsaft“ abgezogen, der sowohl mit Zucker als auch mit Nichtzuckerstoffen angereichert ist. In einer Phase der „Saftreinigung“ wird mit Hilfe von Kalkmilch und Kohlensäure daraus der „Dünnsaft“ gewonnen, dem anschließend in einem mehrstufigen Verdampfungsprozeß das überschüssige Wasser entzogen wird, bis daraus ein „Dicksaft“ wird.
Als solcher wird der Saft in das Zuckerhaus abgeleitet, wo er in speziellen Kochapparaten so lange – unter ständigem Wasserentzug – weitergekocht wird, bis sich eine Koch- oder Füllmasse von kristalliner Struktur herausbildet.
Wie der Wein kommt nun auch der Zucker „auf die Maische“. In dieser Produktionsphase werden die Kristalle durch Zentrifugen vom Zuckersirup, der sogenannten Melasse, getrennt. So entsteht der „Weißzukker“, der jetzt nur noch getrocknet zu werden braucht. Das Wörtchen „Weißzucker“ ist indessen trügerisch und erweist sich, wenn man es genau betrachtet, sogar als optische Täuschung. Das an Gletscher, Milch und Schnee erinnernde Reinweiß des Zuckers entsteht nämlich keineswegs – wie viele fälschlicherweise glauben –

*Rechts oben: Rübenernte*
*Rechts unten: Rübenlagerung in der Zuckerfabrik*
*Links: Der weltgrößte Extraktionsturm in Hohenau*

*Oben: Verdampfstation*
*Unten: Kristallisation*

durch Bleichen des braunen Rohzuckers. Tatsächlich sind die Zuckerkristalle – ebenso wie die Schneekristalle – völlig farblos, und die menschliche Wahrnehmung einer weißen Farbe entsteht lediglich durch die Brechung des Lichts.
Dieser im Grunde also völlig durchsichtige „Weißzukker" ist schließlich jenes Ausgangsprodukt, das dann zur Lagerung in die Silos transportiert wird. Danach wird der Zucker in den verschiedensten Formen abgepackt und verläßt die Zuckerfabrik in Richtung Konsument und weiterverarbeitende Industrie. Die Art und Weise, in welcher dieser Weißzucker gesiebt, gemahlen oder anderweitig weiterverarbeitet wird, ist schließlich dafür verantwortlich, in welchem seiner vielen Gesichter der Zucker zuletzt im Supermarktregal auftaucht.
Die einfachste und häufigste Form ist zweifellos der Kristallzucker, der – je nach Größe der Kristalle – als Normalkristall- und als Feinkristallzucker angeboten wird und nahezu unbegrenzt haltbar ist, weshalb er sich auch exzellent für die Krisenbevorratung eignet.
Wird Kristallzucker besonders fein gemahlen und gesiebt, so wird daraus der vor allem zum Backen von Mehlspeisen geeignete Staubzucker.
Dem Staubzucker verwandt ist der in einer Streudose abgepackte Streuzucker, der nicht zusammenklumpt und daher besonders „rieselfreudig" ist.
Die Geschichte des 1843 von Jakob Christoph Rad erfundenen Würfelzuckers wurde in diesem Buch bereits an anderer Stelle erzählt. Dabei handelt es sich letztlich um nichts anderes als einen Kristallzucker, dessen feine Zuckerkristalle zunächst angefeuchtet und dann in eine viereckige Form gepreßt und einzeln verpackt werden.
Eine ganz spezielle Zuckersorte, die vor allem von umsichtigen Hausfrauen und Hausgartenbesitzerinnen geschätzt wird, ist der Gelierzucker. Bei diesem Kristallzucker, dem lediglich Apfelpektin und Zitronensäure beigemengt wurden, handelt es sich um eine unentbehrliche Kochhilfe für die Herstellung von Marmeladen, Konfitüren, Dicksäften und Kompotten.
Was der Hausfrau ihr Gelier-, das ist dem Konditor oder Hobbykonditor sein Hagelzucker. Dieser weiße, grobkörnige Zucker, der sich besonders gut zum Dekorieren von Backwaren eignet, besteht nicht aus einzelnen großen, sondern aus einer Vielzahl von kleinen, zusammengepreßten Kristallen, die an Hagelkörner erinnern.
Während Kaffeetrinker seit jeher ihren Würfelzucker lieben, ziehen Teetrinker – mindestens ebenso traditionell – Kandiszucker vor.
Der weiße Kandiszucker besteht aus einzelnen Riesenkristallen, die wie Bergkristall schimmern und durch besonders langsame Kristallisation entstehen. Der braune Kandiszucker erhält seine Farbe und den leichten,

angenehmen Malzton durch Karamelisieren der Zuckerlösung.
Braune Zuckersorten sind – wohl nicht zuletzt wegen der weitverbreiteten, aber falschen Einschätzung, es handle sich dabei um ungebleichten Naturzucker – in Mode gekommen. Tatsächlich ist der weiße Zucker so natürlich wie der braune, der durch Beimengung von Rohrzuckersirup veredelt wird.
Das jüngste Produkt der „Wiener Zucker"-Palette ist der speziell auf die Notwendigkeiten der Wiener Mehlspeisküche abgestimmte und entsprechend „stabilisierend" wirkende Backzucker. Das im übertragenen Sinne des Wortes „älteste Produkt" ist jedoch der gute alte Zuckerhut, der zuletzt 1938 in der Hohenauer Zuckerfabrik hergestellt worden war und sich danach still und leise aus der modernen Zuckerwelt davonzustehlen schien. Heute – das Stichwort heißt Nostalgie und duftet verführerisch nach Feuerzangenbowle und ähnlichen feurigheißen Genüssen – ist der Zuckerhut wieder „in" und wird in kleinen Stückzahlen neuerlich hergestellt. Fleißige Hausfrauen, die sich – wie weiland Juliane Rad, die Frau des Würfelzuckererfinders – an einem Zuckerhut mit der Zuckerzange zwicken, wird man indessen kaum noch finden. Denn der Zuckerhut ist längst kein Küchenhelfer mehr, sondern „nur" noch ein Partylöwe.

*Oben: Zuckersilos*
*Unten: Zuckerabpackung und -palettierung*

***Die Renaissance des „süßen Wien"***

Man könnte es für einen Zufall oder auch nur eine simple Geschäftsidee halten, daß die höchste Auszeichnung der österreichischen Gastronomie, die Wahl zum „Koch des Jahres", ausgerechnet unter dem Sponsorship der AGRANA und damit der österreichischen Zuckerindustrie vergeben wird.
Die vom Testerteam des Restaurantführers Gault Millau Österreich vergebene Auszeichnung, zu deren Inhabern in den letzten Jahren so prominente Köche wie der Wiener Küchen-Zampano Reinhard Gerer, der mittlerweile zum „Hüttenkoch" avancierte Franz Fuiko, der burgenländische „Intellektuellenkoch" Walter Eselböck und das „Pongauer Küchenwunder" Johanna Maier zählen. Tatsächlich hat das, was man gerne als „Renaissance der österreichischen Küche" bezeichnet und dessen Beginn man Ende der siebziger Jahre ansetzt (damals konstituierte sich die „Neue Wiener Küche", und mit dem Guide Gault Millau erschien der erste österreichische Gourmetführer), aufs engste mit einer Wiederentdeckung der alten Wiener Mehlspeiskultur verbunden.
Das erste Dessert, das damals Schule machte, war der heute noch zuweilen kopierte Erdbeerstrudel von Walter Glocker, dem damaligen Patissier der Rotisserie

*Himbeermillefeuille, zubereitet von Johanna Maier, Filzmoos*

Prinz Eugen im Hilton am Stadtpark, wo Küchenchef Werner Matt gerade damit begonnen hatte, einen kulinarischen „Musterbetrieb" der neueren Art aufzuziehen. Untrennbar ist die Renaissance des „süßen Wien" auch mit einer anderen Adresse verbunden, die im Gegensatz zum traditionsbehafteten Demel oder Gerstner zunächst ganz und gar nichts vom altösterreichischen Flair vermittelte.

Das Eldorado der „süßen Nouvelle Cuisine" entstand vielmehr am Stadtrand Wiens in der futuristisch angehauchten Architektur des ehemaligen WIG-Geländes am Laaerberg, wo 1982 die „Kurkonditorei Oberlaa" ihre Pforten öffnete, die untrennbar mit dem Namen ihres langjährigen Backstubenleiters Karl Schuhmacher verbunden ist, der zuvor im „Schwedenbomben"-Arsenal der Linzer Konditorei Niemetz seinen Dienst tat (und dort als einer der ersten Nachkriegszuckerbäcker Österreichs ausschließlich mit Teebutter arbeitete).

Schuhmacher, der 1993 in Pension ging und damals so manche schöne Würdigung seines reichen Schaffens im Dienste der österreichischen Zuckerbäckerei lesen durfte, war zeit seines Lebens ehe „ein Stiller" gewesen und ist vermutlich auch heute noch – trotz all seiner Verdienste – in Hongkong, Tokio und Washington berühmter als in seiner Heimatstadt Wien.

Wo immer es galt, zwischen dem Weißen Haus und dem japanischen Kaiserpalast gekrönte Häupter zu bekochen, Staatsbankette zu versüßen oder große Kochkunstausstellungen mit Schautafeln anzurichten, stand der Name Schuhmacher ganz vorne auf der VIP-Liste der internationalen Zeremonienmeister. Daß österreichische Patissiers heute in den Fünf-Stern-Hotels dieser Welt so gesucht sind wie französische Sommeliers und Schweizer Hoteldirektoren, verdanken sie nicht zuletzt

der jahrzehntelangen Aufbauarbeit, die österreichische Zuckerbäcker wie Karl Schuhmacher geleistet haben. Doch das „süße Wien“ gibt auch nach der Pensionierung des Altmeisters Karl Schuhmacher mehr und mehr leckere Lebenszeichen von sich, die davon künden, daß Wiens Zuckerbäcker nicht daran denken, sich auf den in der alten Donaumonarchie erworbenen Lorbeeren auszuruhen. Im Wien von heute gibt es – vom Vierhaubenrestaurant bis zur kleinen Konditorei – eine ganze Reihe von geradezu magischen Anziehungspunkten für Leckermäuler.
Einer davon ist ohne Zweifel Heinz Reitbauers „Steirereck“ im dritten Bezirk, wo Helmut Österreicher – auch er war einer der zuerst schon erwähnten „Köche des Jahres“ – nicht nur der wohl erfolgreichsten Küchenbrigade des Landes vorsteht, sondern auch die ehrgeizigste Restaurant-Patisserie des Landes unter seine Fittiche genommen hat. Hier wird fast wie in einem Forschungslabor an immerzu neuen Dessert-Kreationen gearbeitet, von denen manche, wie etwa das vielteilige, auf einem Kaffeehaustablett mit Wasserglas servierte Kaffee-Dessert, der legendäre, aus einem Meer bunter

*Nächste Doppelseite:*
*Wiener Mehlspeisen, zubereitet von Dietmar Fercher, Wien: Crème-Fours*

*Links: Gebackene Zwetschkentörtchen, zubereitet von Johanna Maier, Filzmoos*

Fruchtspiegel ragende Schoko-Haselnuß-Spitz oder das fünfstöckige böhmische Mehlspeis-Set mit Mini-Portionen von Mohnnudeln, Grießschmarren, Topfenknödeln, Powidltascherln und geeister Malakoff-Torte längst den Status von „Klassikern" der Wiener Mehlspeis-Moderne erlangt haben.

**Geeister Haselnuß-Spitz Steirereck**
*Zutaten: 6 Dotter, 110 g Kristallzucker, 80 g Haselnußlikör, 150 g geschälte, geröstete und geriebene Haselnüsse, 250 g geschlagenes Obers, 3 Eiweiß.*
*Zubereitung: Aus Pergament-Wachspapier Stanitzel formen, mit zerlassener Schokolade ausgießen und umgedreht einige Minuten stehen lassen, damit nur eine dünne Schicht am Papier haften bleibt. Danach 50 g der Haselnüsse in die Stanitzelform streuen und aufrecht mit der Spitze nach unten für 15 Minuten in den Kühlschrank stellen. Dotter mit 35 g Zucker stark schaumig schlagen, Eiweiß mit dem restlichen Zucker zu Schnee schlagen. Beide Massen vermischen und unter ständigem Rühren Haselnußlikör einfließen lassen. Anschließend die restlichen Haselnüsse und das geschlagene Obers unterheben. Die Parfaitmasse mit einem Dressiersack in die vorbereiteten Stanitzel füllen und ca. 12 Stunden in den Tiefkühlschrank stellen. Kurz vor dem Anrichten das Papier vorsichtig vom Stanitzel ziehen und auf Himbeersauce stellen. Mit einigen frischen Himbeeren und Hippenstanitzel anrichten (reicht für zehn Spitze).*

Zwei weitere „echter" Klassiker des „süßen Wiens" sind, obwohl sie das Licht der Mehlspeiswelt ebenfalls erst im 20. Jahrhundert erblickten, das Rothschild-Omelett beim Eckel in Sievering und der davon sicht- und schmeckbar abgeleitete (aber keineswegs idente) Husaren-Pfannkuchen in den „Drei Husaren".
Auch die Wiener Eiskultur – im übrigen mittlerweile ein eher populäres denn ein elitäres oder gar aristokratisches Vergnügen – treibt an zwei Plätzen der Wiener Spitzengastronomie höchst eigenwillige Blüten. Da ist zum einen Niky Kulmers berühmte „Kuchlmasterey" (auch ein Gründungsbetrieb der „Neuen Wiener Küche"), in dem es neben allerlei anderen Gerichten, die sich vor allem der gehobenen Opulenz verschrieben haben, ein hausgemachtes Vanilleeis gibt, das auch den internationalen Vergleich nicht zu scheuen braucht. „Schwarz muß es sein vor lauter Vanilleschoten" – so lautet Herrn Kulmers süßes Credo, und tatsächlich scheinen die Eiskugeln von einem dunklen Gazeschleier aus kleinen, schwarzen, ebenso aromatischen wie teuren Pünktchen umgeben zu sein.
Da schillert inmitten unserer Mehlspeisdemokratie noch die süße Lust der Belle Époque am Verstiegenen,

Kostspieligen und Heroischen durch, und noch mehr tut sie das in einem anderen Restaurant der „Neuen Wiener Küche", nämlich im Altwienerhof. Patron Rudolf Kellner läßt hier im verträumten Garten seines Vorstadt-Gourmettempels alljährlich ein Buffet aus Feuer und Eis auftragen, wie man es sich selbst am Hofe des Sonnenkönigs nicht prunkvoller hätte vorstellen können. Inspirieren ließ sich Kellner (im übrigen eher ein begnadeter Poissonier als ein Patissier) dazu von seinem großen Vorbild Auguste Escoffier, der als ungekrönter König der Palastküche in den Grand Hotels des Fin de siècle galt.
Rund um eine alte Esche drapieren die Köche des Altwienerhofs zu diesem Behufe einen ganzen Berg aus Trockeneis, auf dem sie bunte Eisbomben, Eistorten, Krokantgebilde, Eissoufflés, Eisskulpturen, frostige Phantasiegebilde und natürlich Escoffiers wohl berühmteste Kreation – den klassischen Pfirsich Melba – plazieren. Während die Eises-Kälte in der Hitze des Sommerabends bereits für eine gewisse Rauch-Entwicklung sorgt, gesellt sich dazu noch das Schauspiel eines Feuerwerks, das sich wie Lava von oben herab über die kalte Pracht ergießt, ohne derselben trotz aller sprühenden Funken auch nur das Geringste anhaben zu können.
Es ist vielleicht kein Zufall, daß Rudolf Kellners Sohn Klaus Kellner sich vor allem auf die Köstlichkeiten der süßen Küche spezialisiert hat und dabei auch auf den Spuren jener alten „Zuggermacher" wandelt, die weiland Kaiser Ferdinand I. seinerzeit ins „süße Wien" berief. Und in der Tat kann der „kandierte Spargel" von Kellner jun. für sich in Anspruch nehmen, voll in der Tradition der alten Konfektmacher zu stehen und dennoch eine – nicht nur für Wien – völlig neuartige Kreation zu sein.

**Kandierter Spargel Altwienerhof**
*Zutaten: 5 kg AA 1-Spargel, 6 kg Zucker, 3 l Wasser*
*Zubereitung: Zucker und Wasser auf 90° R (Zuckerthermometer = 13,5° C) kochen. Vom Herd nehmen, den geschälten Spargel darin einlegen und bei Zimmertemperatur über Nacht erkalten lassen. Am nächsten Morgen Spargel aus dem Sirup nehmen und auf Pergamentpapier 5–7 Tage trocknen lassen, so daß sich eine Zuckerkruste bildet. Sollte sich zu diesem Zeitpunkt auf dem Spargel noch keine weiße Zuckerkruste gebildet haben, Spargel nochmals aufkochen, einlegen, abkühlen und trocknen lassen.*

Neben Steirereck, Kuchlmasterey und Altwienerhof hat vor allem auch das Restaurant Korso ein Anrecht darauf, als Kronzeuge für die Renaissance des „süßen Wiens" ins Treffen geführt zu werden. Und das liegt nicht nur an Küchenchef Reinhard Gerer, der immer wieder hervorragende Patissiers und Patisseusen an sich zu binden weiß und sich auch um die Wiederentdeckung des guten alten „Reis Trautmannsdorf" sowie der Böhmischen Mohndalken für die neuere Mehlspeiskultur verdient gemacht hat. Es liegt vor allem auch daran, daß das „Korso" die erste Wirkungsstätte Dietmar Ferchers war. Wenn es heute so etwas wie einen „legitimen Nachfahren" Karl Schuhmachers gibt, so ist es der ehemalige Korso-Patissier, der früher auch als Chef-Patissier im Café Central wirkte und zahlreiche Gastspiele in Luxushotels zwischen Hongkong und New York gab. Daß es um Fercher mittlerweile etwas stiller geworden ist, liegt keineswegs an der Qualität seiner Produkte. Der Meister hat vielmehr die Selbständigkeit eines kleinen Zuckerbäckers in der Engerthstraße im zweiten Bezirk dem Flair eines internationalen Zauberkünstlers der Zuckerbäckerei vorgezogen. Unter Kennern gilt seine Sachertorte freilich jener vom Demel wie auch vom gleichnamigen Hotel Sacher als zumindest ebenbürtig, und viele anspruchsvolle Naschkatzen streunen gerne quer durch ganz Wien, um in den Besitz von Ferchers Petits fours oder ein paar seiner berühmten Kardinal- und Dobosschnitten oder seiner Weincremetorte zu gelangen.

Das „süße Wien" hat seine verständliche Seinskrise aus der ersten Jahrhunderthälfte, wie es scheint, längst überwunden. Dafür spricht nicht nur, daß Wien die einzige Großstadt der Welt ist, die (mit den Aida-Betrieben) über eine eigene, noch dazu qualitativ äußerst hochstehende Konditoreien-Kette verfügt. Die Intaktheit des althergebrachten Verhältnisses der Wiener zur süßen Welt bestätigen neben den 270 000 Sachertorten, die jährlich in alle Welt exportiert werden, auch die anderen köstlichen Hoteltorten, wie etwa die Klimt-Torte des Hilton am Stadtpark, die Imperial-Torte von Imperial und Bristol, die Ringstraßen-Torte des Marriott oder die Kaiser-Franz-Joseph-Torte der Kremslehner-Hotels. Daß der Wiener „ein Süßer" ist, braucht man heute keinem Touristen mehr zu erklären. Er bemerkt es schon beim ersten Bummel durch die Fußgängerzonen der Innenstadt selbst.

Nach zwei Weltkriegen und deren bitteren Folgen steht die Wienerstadt also wieder ganz und gar im Einklang mit ihrem musikalischen Regenten „Don Zuckero". Und würde Richard Strauss heute noch einmal ein Ballett wie „Schlagobers" komponieren, so wüßten die Wiener daran ganz gewiß nicht mehr viel herumzumäkeln, sondern würden mit allem gebotenen Respekt den Zuckerhut ziehen ...

# Kleine Wiener Mehlspeis-Revue

## Die besten Rezepte der Hauben-Patissiers

***Reinhard Gerer***

*Restaurant Korso, Wien*
*„Koch des Jahres 1993“*

# ZUCKERSTRAUBEN

*100 g Mehl*
*1 Prise Salz*
*1/4 l Weißwein*
*Klar von 4 Eiern (120 g)*
*ca. 3 EL Wiener Kristallzucker*
*1 Msp. Zimt*
*Backfett*

Mehl mit Salz und Wein glatt rühren. Eiklar mit ca. 2 EL Kristallzucker zu steifem Schnee schlagen und unterziehen. Backfett erhitzen. Teig in einen Spritzsack mit glatter Tülle füllen und spiralförmig in das Fett spritzen (sollten die Schnecken beim ersten Versuch nicht symmetrisch werden, so mag es ein Trost sein, daß die Form am Geschmack nichts ändert!). Strauben ca. 3 Minuten backen, wenden und nochmals 3 Minuten backen. Strauben aus dem Fett heben und sofort auf eine gewölbte Fläche legen.
Mit Wiener Zucker und Zimt bestreut servieren.

Die Strauben können mit Erdbeermark (Erdbeeren pürieren und mit Wiener Zucker und evtl. Cointreau abschmecken), Rhabarberkompott und Weinschaum (1/8 l Wein, 2 Eigelb und 2 EL Wiener Zucker über Dampf aufschlagen und halbierte Trauben einrühren) angerichtet werden.

***Reinhard Gerer***

*Restaurant Korso, Wien*
*„Koch des Jahres 1993"*

# Arme Ritter auf Rotweinfrüchten

*6 altbackene Semmeln*
*4 Eier*
*0,2 l Milch*
*1 TL Vanillinzucker*
*3 EL Wiener Kristallzucker*
*1 Schuß Rum*
*3 EL Ribisel- oder Preiselbeermarmelade*
*Backfett*

***Arme Ritter:***
Die Rinde der trockenen Semmeln fein abreiben (Brösel für die spätere Verwendung aufheben; bei einem „Arme-Leute"-Essen wird nichts weggeworfen). Eier in Eigelb und Klar trennen. Milch mit Eigelb, Vanillinzucker, 2 EL Kristallzucker und Rum verrühren. Semmeln damit übergießen und weichen lassen.
Nach etwa 1/4 Stunde Semmeln ausdrücken, bis ungefähr zur Mitte einschneiden und mit je einem halben Löffel Marmelade füllen. Semmeln zu Knödeln formen. Eiklar versprudeln, Knödel durch das Eiklar ziehen und in den Bröseln von der Rinde wälzen. Backfett erhitzen und die Armen Ritter schwimmend goldgelb backen. Aus dem Fett heben und zum Abtropfen auf Kuchenkrepp legen.

*1/2 l Rotwein*
*1/8 l roter Portwein*
*1 Stange Zimt*
*7 EL Wiener Kristallzucker*
*100 g Zwergorangen (Kumquats)*
*1–2 EL Stärkemehl*
*250 g Beeren*

***Rotweinfrüchte:***
Rotwein, Portwein, Zimtstange und ca. 4 EL Wiener Zucker aufkochen und so lange kochen, bis die Flüssigkeit auf ca. 1/4 l reduziert ist. In der Zwischenzeit Orangen (Kumquats) vierteln, Kerne entfernen, mit 3 EL Zucker und mit Wasser bedeckt zustellen und auf kleiner Flamme ca. 1/4 Stunde kochen. Geschirr vom Feuer nehmen, Orangen noch ein wenig im eigenen Saft ziehen lassen.
Stärkemehl mit etwas Portwein anrühren und so viel davon in die kochende Reduktion rühren, daß sich eine sämige Bindung ergibt. Beeren verlesen und waschen. Zimtstange aus der Reduktion entfernen, Zwergorangen abseihen, Beeren und Zwergorangen in die Weinsauce geben und aufkochen.

*1/2 TL Zimt*
*Wiener Staubzucker*

Arme Ritter vor dem Servieren in einem Gemisch aus Zimt und Wiener Zucker wälzen, mit lauwarmen Rotweinfrüchten zu Tisch bringen.

***Franz Fuiko***

*Mauterndorf im Lungau*
*„Koch des Jahres 1994“*

# Schwarzbeernocken

*8 El Crème Pâtisserie*
*4 El Mehl*
*4 Eigelb*
*Schale von einer Zitrone*
*etwas Saft*
*4 Eiklar*
*120 g Wiener Zucker*
*400 g Schwarzbeeren*

***Schwarzbeernocken:***
Crème Pâtisserie, Mehl, Eigelb und Zitrone verrühren. Das Eiklar mit dem Wiener Zucker zu Schnee schlagen und beides mit dem Schneebesen verrühren. Die Masse fingerdick in eine mit Butter ausgepinselte Pfanne streichen. Schwarzbeeren daraufgeben und im Rohr bei 180° C ca. 10 Minuten backen.

*1/2 l Milch*
*80 g Zucker*
*Vanilleschote*
*10 g Wiener Zucker*
*20 g Mehl*
*20 g Cremepulver*
*oder Puddingpulver*
*4 Eigelb*

*Crème Pâtisserie:*
Die Milch mit dem Wiener Zucker und der Vanilleschote aufkochen. Eigelb mit dem Zucker, Mehl und Cremepulver (Puddingpulver) verrühren. Zu der aufgekochten Milch dazugeben und so lange unter ständigem Rühren kochen, bis eine dicke Creme entsteht.

*500 g Schwarzbeeren*
*250 g Wiener Zucker*
*Schale und Saft einer Zitrone*
*Schwarzbeerschnaps*

***Schwarzbeersorbet:***
Alle Zutaten miteinander verrühren, im Mixer pürieren und anschließend passieren. Dann die ganze Masse in einer Eismaschine oder im Tiefkühler gefrieren lassen.

***Franz Fuiko***

*Mauterndorf im Lungau*
*„Koch des Jahres 1994“*

# Kaffee-Gâteau mit Zwetschkenragout und Rosmarineis

*Biskuitboden oder Baumkuchen (kann auch als Fertigprodukt verwendet werden)*

Eine Form mit dem Buskuitboden oder Baumkuchen auslegen.

*125 g weiße Schokolade*
*30 g Butter*
*4 Eigelb*
*50 g Wiener Zucker*
*3 Blatt Gelantine*
*4 cl Kaffee-Extrakt*
*125 g Obers*
*150 g Eiklar*
*50 g Wiener Zucker*

***Kaffeemousse:***
Die Schokolade mit der Butter langsam schmelzen lassen. Eigelb mit Zucker schaumig rühren. Gelatine einweichen und in Kaffee auflösen. Obers aufschlagen, ebenso das Eiklar mit dem Wiener Zucker. Alle Zutaten verrühren. Die Masse auf den Kuchenboden verteilen und im Kühlschrank ca. 3 Stunden kühl stellen. Mit Gelee überziehen und in Rauten oder Würfel schneiden.

*350 g Zwetschken*
*100 g Wiener Zucker*
*15 cl Rotwein*
*22 cl Portwein*
*2 Orangen (Saft und Schale)*
*1 Zitrone (Saft und Schale)*
*50 g Honig*
*Zimt, Vanille*

***Zwetschkenragout:***
Die Zwetschken vierteln. Alle Zutaten verrühren und mit den Zwetschken in einen feuerfesten Topf geben. Im Rohr ca. 1 Stunde weich dünsten.

*1/4 l Milch*
*1 Zweig Rosmarin*
*4 Eigelb*
*60 g Wiener Zucker*
*60 g Obers*
*1 TL geschnittene Rosmarinnadeln*

***Rosmarineis:***
Die Milch mit dem Rosmarinzweig ca. 3 Stunden ziehen lassen. Dann die Milch durch ein Sieb gießen und aufkochen. Die Eigelb mit dem Wiener Zucker schaumig rühren und in die heiße Milch geben. Die Ei-Milch-Mischung unter ständigem Rühren erwärmen und anschließend kalt stellen. Obers mit den Rosmarinnadeln unterrühren, und die Masse in einer Eismaschine oder im Tiefkühler gefrieren lassen.

*Walter Eselböck*

*Restaurant Taubenkobel,*
*Schützen am Gebirge*
*„Koch des Jahres 1995"*

# Hippentörtchen mit Holler-Ingwersuppe und Blütensorbet

*50 g Wiener Staubzucker*
*50 g Mehl*
*20 g flüssige Butter*
*60 g Eiklar*

***Hippentörtchen:***
Alle Zutaten zu einer glatten Masse verrühren. Auf ein befettetes Blech ca. 5 cm große Kreise aufstreichen und im Backrohr bei 180° C etwa 7 Minuten backen. Die noch heißen Scheiben über umgedrehte Gläser legen und den Rand der Hippentörtchen vorsichtig nach unten drücken. Anschließend erkalten lassen.

*500 g Hollerbeeren (gerebelt)*
*500 g entkernte Zwetschken*
*250 g geschälte und in 1 cm dicke Spalten geschnittene Äpfel*
*250 g geschälte und in 1 cm dicke Spalten geschnittene Birnen*
*1 1/2 kg Wiener Gelierzucker*
*3 Stück Ingwerknollen*
*Puddingpulver*

***Holler-Ingwersuppe:***
Holler mit Wiener Zucker vermengen und einen halben Tag stehen lassen. Äpfel und Birnen zugeben und langsam zum Kochen bringen. Ingwer nach Geschmack hineinreiben und das mit Milch laut Rezept aufgerührte Puddingpulver beifügen. Vom Herd nehmen und auskühlen lassen.

*1/2 l Hollersirup*
*1/4 l Wasser*
*125 g Wiener Zucker*

***Hollerblütensorbet:***
Hollersirup mit Wasser verlängern, mit dem Wiener Zucker vermengen und aufkochen. Das Sorbet in einer Sorbetmaschine oder im Tiefkühlschrank erkalten lassen.

*Apfelsaft*

Hollerkoch portionsweise erwärmen und mit etwas Apfelsaft verlängern. Aus dem Blütensorbet mit einem heißen Löffel Nockerln formen und in die Hippentörtchen legen.

*Walter Eselböck*

*Restaurant Taubenkobel,*
*Schützen am Gebirge*
*„Koch des Jahres 1995"*

# Schokoladeknödel mit Birne

*1 kg Topfen*
*6 Eier*
*6 EL Wiener Zucker*
*Rum*
*Limettensaft*
*75 g flüssige Butter*
*300 g Briochebrösel*
*200 g Valrohna*
*(franz. Bitterschokolade)*

*4 Birnen*
*1/2 Liter Wein*
*1/8 Liter Wasser*
*Wiener Zucker*
*Zimtstange*
*Gewürznelken*
*Zitronensaft*

*Kakaopulver*

***Schokoladeknödel:***
Topfen, Eier und Wiener Zucker verrühren. Rum und Limettensaft mischen und der flüssigen Butter beigeben. Briochebrösel unterheben. Bitterschokolade in kleine Würfel schneiden. Birnen schälen, halbieren und entkernen. Topfenmasse in Portionen teilen, mit gewürfelter Schokolade füllen und Knödel formen. In Salzwasser ca. 8 Minuten ziehen lassen.

***Karamelisierte Birnen:***
Birnen schälen, halbieren und entkernen, dann in Wein und Wasser, unter Zugabe von Wiener Zucker, Zimtstange, Gewürznelken und Zitronensaft, weich kochen. Anschließend fächerförmig aufschneiden und mit gesponnenem Wiener Zucker karamelisieren.

Knödel in Kakao wälzen und mit karamelisierter Birne anrichten.

taubenkobel

*Johanna Maier*

*Hubertusstüberl, Filzmoos*
*„Koch des Jahres 1996"*

# SCHOKOLADETELLER

***Schokotörtchen:***

*Baumkuchen:*

*125 g Marzipan*
*125 g Eigelb*
*125 g Butter*
*125 g Eiklar*
*125 g Wiener Zucker*
*140 g Mehl*
*1/2 Orange (abgerieben)*
*1/2 Zitrone (abgerieben)*

Zunächst das Marzipan mit dem Eigelb schaumig schlagen. Dann die schaumig gerührte Butter nach und nach unter die Eimasse heben. Eiklar aufschlagen und anschließend die Eigelbmasse zusammen mit dem Wiener Zucker unter das Eiklar rühren. Zum Schluß gesiebtes Mehl unterheben. Ein tiefes Blech mit Backpapier auslegen und Schicht für Schicht unter dem Salamander (Grillschlange) goldgelb backen.

*Schokomus:*

*300 g dunkle Schokolade*
*100 g Vanilleschokolade*
*2 Eigelb*
*2 Eier*
*600 g Obers*

Zuerst die Schokolade auflösen und anschließend die Eier im Wasserbad handwarm aufschlagen. Dann die flüssige Schokolade und zum Schluß das geschlagene Obers unterheben. Förmchen mit Baumkuchen auslegen und mit Schokomus auffüllen.

***Schokoladepudding:***

*1/2 l Milch*
*1 TL Vanille-Extrakt*
*125 g Patissa-Tunkmasse*
*125 g Wiener Zucker*
*50 g Wasser*
*7 Eigelb*
*1 Tasse starker Espresso-Extrakt*

Die Milch gemeinsam mit den Extrakten aufkochen und etwas abkühlen lassen. Den Wiener Zucker mit dem Wasser aufkochen. Die Schokolade auflösen und erwärmen sowie die Zuckerlösung vorsichtig unter die flüssige Schokolade heben. Diese Masse in die heiße Milch einrühren und zum Schluß Eigelb dazugeben.
Zuletzt alles passieren und 40 Minuten im Wasserbad bei 150° C pochieren.

***Gefüllter Schokospitz:***

*Couverture*

Aus Backtrennpapier Dreiecke ausschneiden. Diese dünn mit warmer Couverture bestreichen und zu Stanitzeln formen. Anschließend kalt stellen.

*Schokoeis:*

*1/2 l Obers*
*1/2 l Milch*
*12 Eier*
*200 g flüssige Couverture*
*1 Eßlöffel Kakao*
*200 g Wiener Zucker*

Obers und Milch erwärmen. Eier mit Wiener Zucker schaumig aufschlagen, in der Milch-Obersmasse bis 80° erwärmen und etwas abkühlen lassen. Flüssige Couverture und Kakao einrühren, durchpassieren und in der Eismaschine oder im Tiefkühler frieren. Das Schokoladeeis zum Schluß in gedrehte Stanitzel füllen.

*Johanna Maier*
*Hubertusstüberl, Filzmoos*
*„Koch des Jahres 1996"*

# Geeiste Melone mit Sauerrahmeis und Beeren

*1 Melone*
*Läuterzucker*
*Saft einer Zitrone*

***Melonensorbet:***
Reife Melone passieren, mit Läuterzucker und Zitrone abschmecken und in der Eismaschine oder im Tiefkühler frieren.

*1 l Sauerrahm*
*200 g Läuterzucker*
*5 ausgepreßte Zitronen*

***Sauerrahmeis:***
Alle Zutaten verrühren und nach Gusto abschmecken, durchpassieren und in Eismaschine oder im Tiefkühler frieren.

*200 g Wiener Kristallzucker*

***Zuckergitter:***
Wiener Zucker karamelisieren und aus der so entstandenen sämigen Masse über einem befetteten Schöpflöffel dekorative Gitter ziehen.

*Beeren nach Jahreszeit*

Halbe Melone aushöhlen, mit Sorbet füllen, mit Sauerrahmeis und Beeren garnieren. Zuletzt das Zuckergitter aufsetzen.

# Kleines Zucker-ABC

## Was man über Zucker wissen sollte

*Wiener Normalkristallzucker*

*Wiener Feinkristallzucker*

*Wiener Backzucker*

*Wiener Staubzucker*

*Wiener Streuzucker*

**Abschleudern.** Trennen des Zuckersirups von den Zuckerkristallen durch Schleudern in einer Zentrifuge.
**Ahornzucker.** Der aus dem Saft des Zuckerahorns gewonnene Zucker wurde schon zu Zeiten Maria Theresias erprobt und galt vor allem in den Jahren der Kontinentalsperre durch Napoleon als beliebtes Zuckersurrogat.
**Backzucker.** Für die Mehlspeisküche besonders geeigneter Zucker.
**Barley-Sugar.** Zuckerstangen auf Jahrmärkten, auch als „saure Drops" erhältlich.
**Bete.** Bezeichnung für die dicken, fleischigen Rübenwurzeln aus der Familie der Gänsefußgewächse, zu denen auch die Zuckerrübe gehört.
**Bonbons.** Durch Eindampfen und Erkalten von Zuckerlösung in bestimmte Formen gepreßte und auf unterschiedliche Weise weiterverarbeitete, kleine Süßwaren, die in Österreich auch „Zuckerln" genannt werden.
**Brauner Zucker.** Die oft gehörte Einschätzung, es handle sich dabei um ungebleichten Naturzucker, ist falsch. Braunzucker ist mit Rohrzuckersirup veredelter und karamelisierter Zucker.
**Bridgezucker.** Zuckerstücke in Form von Kartensymbolen (Herz, Pik, Treff, Karo).
**Brod.** Alte Bezeichnung für Zuckerhut.
**Fadenzucker.** In der Zuckerbäckerei für die Herstellung von Glasuren verwendeter Zucker, der dann die richtige Konsistenz aufweist, wenn sich bei der „Fadenprobe" zwischen zwei Fingern Fäden ziehen lassen.
**Fondant.** Erkaltete Paste aus feingemahlenem Zucker und Stärkesirup.
**Gelbzucker.** Eßbarer Rohzucker.
**Gelee.** Gallertartige und durchsichtige Masse, die mit Hilfe von Gelierzucker eingekocht wurde und bereits erkaltet ist.
**Gelierzucker.** Eine ganz spezielle Zuckersorte, die vor allem von umsichtigen Hausfrauen und Hausgartenbesitzerinnen geschätzt wird. Gelierzucker ist Kristallzucker mit Zusatz von Apfelpektin und Zitronensäure; wird für die Herstellung von Marmeladen, Konfitüren, Dicksäften und Kompotten verwendet.

*Die Wiener Zucker-Palette*

**Gesponnener Zucker.** Auch als Zuckerwatte bekannte Jahrmarktspezialität aus einer Masse, die ursprünglich zum Dekor von Backwaren diente.

**Glasur.** In Österreich früher „Eis“ genannter Kuchen- und Tortenüberzug aus mit Staubzucker verrührtem Eiweiß, Wasser oder Fruchtsaft.

**Hagelzucker.** Weißer, grobkörniger Zucker aus einer Vielzahl von kleinen, zusammengepreßten Kristallen, die an Hagelkörner erinnern. Wird in erster Linie für Dekorzwecke verwendet.

**Insulin.** Gemeinsam mit dem Adrenalin für die Steuerung des menschlichen Blutzuckerspiegels (und damit für den gesamten Kohlehydratstoffwechsel) verantwortliches Hormon.

**Jam.** Englisches Wort für Marmelade mit erkennbaren Fruchtstücken.

**Kandiszucker.** Der weiße Kandiszucker besteht aus einzelnen Riesenkristallen, die durch besonders langsame Kristallisation entstehen. Der braune Kandiszucker erhält seine Farbe und den leichten, angenehmen Malzton durch Karamelisieren der Zuckerlösung.

*Wiener Hagelzucker*

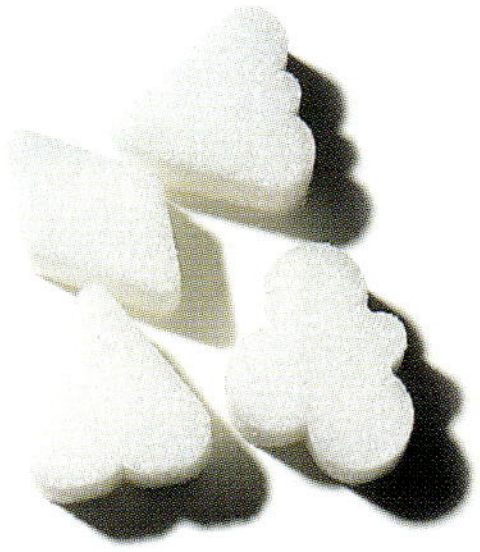

*Wiener Bridgezucker*

*Wiener Würfelzucker*

*Wiener Mocca Würfelzucker*

*Wiener Kandiszucker weiß*

**Karamel.** Geschmolzener Zucker, der – je nach Erhitzungsgrad – von goldgelber bis dunkelbrauner Farbe ist.
**Kolonialzucker.** Aus Zuckerrohr hergestellter Rohzucker, der entweder in den Kolonien selbst oder in europäischen Kolonialzuckerraffinerien weiterverarbeitet und raffiniert wurde.
**Konfekt.** Sammelbegriff für alle Zuckerwaren (z. B. Pralinen, Bonbons, Zuckerln etc.)
**Konfitüre.** Ursprünglich Obstkonserve, heute gewöhnlich eine Marmelade mit ganzen Obststücken von einer Sorte.
**Kristallzucker.** Die populärste Zuckersorte wird – je nach Größe der Kristalle – als Normalkristall- und als Feinkristallzucker angeboten. Wegen seiner nahezu unbegrenzten Haltbarkeit ist Kristallzucker auch für die Krisenbevorratung ideal.
**Laktose.** Milchzucker
**Läuterzucker.** Abgeschäumte Zuckerlösung
**Marmelade.** Eingekochte Früchte, bei denen kein Fruchtbestandteil mehr sichtbar ist. In Großbritannien versteht man darunter ausschließlich Orangenschalenmarmelade.
**Melasse.** Sirup, der nach der letzten Zuckerkristallisation zurückbleibt.
**Melis.** Alte Bezeichnung für feinkörnigen, aber nicht vollkommen gereinigten und daher leicht gelblichen Zucker.
**Puderzucker.** Speziell gemahlener Staubzucker.
**Raffinade.** Durch Umkristallisieren gewonnener naturreiner Zucker, der mit einem Reinheitsgrad von 99,9 % eines der reinsten Nahrungsmittel der Welt ist.
**Rohrzucker.** Die alte Bezeichnung für Saccharose stammt noch aus einer Zeit, in welcher Zucker ausschließlich aus Zuckerrohr hergestellt wurde. Heute wird Rohrzucker i. e. S. nur mehr für Zucker verwendet, der aus Zuckerrohr gewonnen wird.
**Rohzucker.** Kristallzucker mit Resten von anhaftendem Sirup ist ein Zwischenprodukt in der Zuckergewinnung. Die weitverbreitete Meinung, daß Rohzucker ernährungsphysiologisch wertvolle Bestandteile enthält, die dem weißen Zucker fehlen, geht auf eine Verwechslung mit gebleichten und Vollwertmehlen zurück und ist daher falsch.
**Runkelrübe.** Aus der Pflanze, aus welcher Andreas Sigismund Marggraf 1747 den ersten Rübenzucker gewann, wurde im Verlauf zahlreicher Züchtungen

die heutige Zuckerrübe entwickelt, die einen Zuckergehalt von mehr als 20 % aufweist.

**Staubzucker.** Fein gemahlener und gesiebter Kristallzucker.

**Streuzucker.** Der Staubzucker, der nicht zusammenklumpt und daher besonders „rieselfreudig" ist, wird in Streudosen abgepackt.

**Sucrose.** Vor allem in den USA übliche Bezeichnung für Zucker bzw. Saccharose.

**Traubenzucker.** Monosaccharid (Einfachzucker), das in Früchten (z. B. Weintrauben) und Honig vorkommt und auch als Glukose bzw. Dextrose bezeichnet wird.

**Vanillezucker.** Mischung aus weißem Zucker und fein geriebener Vanille

**Vanillinzucker.** Mit Vanillearoma versetzter Zucker.

**Würfelzucker.** 1843 von Jakob Christoph Rad erfundene Zuckersorte, bei der es sich letztlich um nichts anderes als einen Kristallzucker handelt, dessen feine Zuckerkristalle zunächst angefeuchtet und dann in eine viereckige Form gepreßt sowie einzeln verpackt werden.

**Zuckerhut.** Die jahrhundertelang klassische Facon der Zuckerherstellung geriet seit dem Siegeszug des Kristallzuckers zunehmend in Vergessenheit. 1938 wurde in der Hohenauer Zuckerfabrik der letzte österreichische Zuckerhut hergestellt, bevor er erst in jüngster Zeit vor allem aus nostalgischen Gründen (Feuerzangenbowle etc.) wiederentdeckt wurde und seither in kleinen Mengen hergestellt wird.

**Zuckerkampagne.** Jährliche Zuckergewinnung in den Monaten Oktober bis Januar.

**Zuckerrohr.** (Saccharum officinarum.) Die zur Familie der Süßgräser zählende Pflanze, die nur in heißen Klimazonen gedeiht, galt bis zur Entdeckung des Rübenzuckers als einzige Quelle der Saccharose. Zuckerrohr wird bis zu vier Meter hoch. Die süßen Bestandteile sitzen im Mark der 3–7 cm dicken Stengel und geben – im Verhältnis zum Gesamtgewicht – zwischen 12 und 18 % Zucker.

**Zuckerrübe.** (Beta vulgaris saccharifera.) Die aus der Runkelrübe gezüchtete Nutzpflanze gehört zur Familie der Gänsefußgewächse und ist mit Spinat und Mangold verwandt. Der Zucker wird aus dem Rübenkörper, einem Teil der Wurzel, gewonnen. Zukkerrüben erreichen im Schnitt eine Länge von 20 bis 30 cm und ein durchschnittliches Gewicht von 0,8 kg. Der Zuckeranteil beträgt zwischen 16 % und 20 %.

*Wiener Kandiszucker braun*

*Wiener Braunzucker*

*Wiener Gelierzucker*

*Wiener Vollzucker Extrafein*

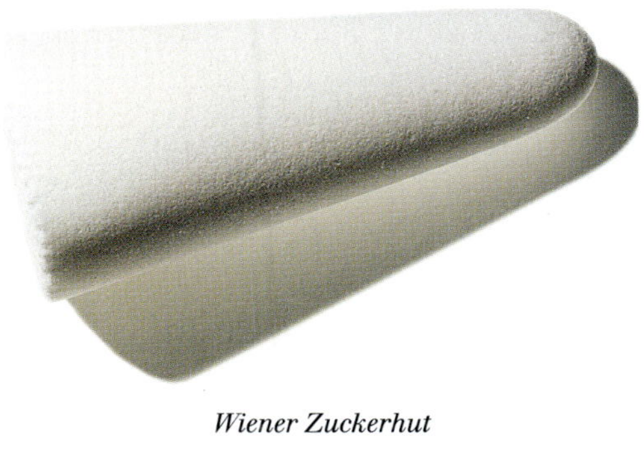

*Wiener Zuckerhut*

# BIBLIOGRAPHIE

50 JAHRE TULLNER ZUCKERFABRIK, Festschrift, Tulln 1987
ACHARD, Franz Carl: Die europäische Zuckerfabrikation aus Runkelrüben, Leipzig 1809
ADLASSNIG, Hans und Tschirk, Roman: Powidl und Kaiserschmarren, Wien–München 1987
BAXA, Jakob und Bruhns, Guntwin: Zucker im Leben der Völker, Berlin 1967
BAXA, Jakob: Die Geschichte der Leipnik-Lundenburger Zuckerfabriken-Actiengesellschaft, Wien 1930
BAXA, Jakob: Die Leipnik-Lundenburger Zuckerfabriken-Actiengesellschaft 1930–1940 und ihr Rübeneinzugsgebiet, Wien 1940
BAXA, Jakob: Die Zuckererzeugung 1600–1850, Jena 1937, 2. Aufl. Hildesheim 1973
BAXA, Jakob: Hundert Jahre Hohenauer Zuckerfabrik der Brüder Strakosch, 1867–1967, Festschrift, Wien 1967
BAXA, Jakob: Studien zur Geschichte der Zuckerindustrie in den Ländern des ehemaligen Österreich, Wien 1950
BERTUCH, Carl: Tagebuch vom Wiener Kongreß, Berlin 1916
BERZEVICZY-PALLAVICINI, Frederico: Die k.u.k. Hofzuckerbäckerei, Wien 1976
BLÜMML, Emil Karl und GUGITZ, Gustav: Von Leuten und Zeiten im alten Wien, Wien–Leipzig 1922
CACHÉE, Joseph: Die Hofküche des Kaisers, Wien 1985
DER CENTRALVEREIN FÜR RÜBENZUCKER-INDUSTRIE in der Österr.-ungar. Monarchie 1854–1904, Festschrift, Wien 1904
DUCH, Karl: Handlexikon der Kochkunst, Linz 1958
EBERL, Ferdinand: Die Limonadehütte und Kasperl, der Mandolettikrämer, Wien 1899

GÖTZINGER, Manfred: Die Versüßung der Moderne. 150 Jahre Würfelzucker. In: Wiener Zeitung Extra, 15. Jänner 1993
GUGITZ, Gustav: Das Wiener Kaffeehaus, Wien 1940
HAMPEL, Friedrich J.: Erster Wiener Kochkunst-Kalender, Wien 1914
HASLINGER, Ingrid: Küche und Tafelkultur am kaiserlichen Hof zu Wien, Bern 1993
KÖHLER, Anton (Hg.): Curiositäten- und Memorabilien-Lexicon von Wien, Wien 1846
KRAMMER, Otto: Wiener Volkstypen, Wien 1983
LEITICH, Ann Tizia: Das süße Wien, Wien 1964
LEITICH, Ann Tizia: Wiener Zuckerbäcker, Wien 1980
MAIER-BRUCK, Franz: Sacher Kochbuch, Wien 1975
MARESCH, Otto: Die Geschichte der Zuckerfabrik Leopoldsdorf 1901–1915, Wien 1952
MEISINGER, Werner: Das süße Wien, Wien 1996
MINTZ, Sidney W.: Die süße Macht. Kulturgeschichte des Zuckers, Frankfurt 1992
OLBRICH, Hubert: Zuckermuseum, Berlin 1989
PETERMANN, Reinhard E.: Wien im Zeitalter Kaiser Franz Josephs I., Wien 1908
SCHLAGER, Liselotte: Linzer Torte, Linz 1990
Schweiger, Werner J.: Das Wiener Kaffeehaus, Wien 1978
SEALSFIELD, Charles (d. i. Carl Anton Postl): Österreich wie es ist, Wien
WITZELSBERGER, Richard: Das österreichische Mehlspeisen-Kochbuch
TANNENBERG, Gerhard: Der Kampf um den Zucker, Leipzig 1942
TEUBNER, Christian und Schönfeldt, Sybil Gräfin: Das große Buch der Desserts, München 1981
ZIEGENBEIN, Hans: Die gute Mehlspeise, Wien 1932

# BILDNACHWEIS

Agrana: Seite 6, 9 (2), 13 (2), 14 o., 16 u., 18 (2), 19, 20 o., 22, 23, 24 o., 28, 30, 31 o., 34 o., 40 (2), 42, 43, 44, 45 u., 47, 57, 61, 62 o., 63, 66, 67, 69, 70, 71, 74, 77, 78 u., 84 o., 85 (2), 87, 89, 91, 92, 98, 109, 111, 113, 117 u., 133, 136, 137, 138 (2), 139 (2), 140 (3), 141 (2), 158, 165, 166, 167, 169, 172 u., 173 u., 174 (2), 175 (2), 183, 186, 187, 188 (2), 189 (3), 190 (2), 191 (2), 216 (5), 217, 218 (5), 219 (5)
Austrian Archives: Seite 48 o., 121 u., 123, 124 (2), 146 u., 155, 156 o.
Berndorfer Metallwarenfabrik: 160, 161, 162
Verlag Christian Brandstätter: Seite 12 u., 14 u., 15 (2), 16 (2), 16 o., 38 o., 39 u., 45 o., 46 u., 58, 59, 78 o., 79 (2), 80 u., 81 (2), 82 (2), 83, 93, 96, 97, 106 u., 107, 116, 118 o., 122 (2), 127, 128 o., 145 o., 147, 171
Anna Maria Buschmann: Seite 205, 207
Bruno Engelbrecht: Umschlag-Photo
Foto Eisenhut & Mayer: Seite 154, 192, 193, 209, 211, 213, 215
Heimatmuseum Bruck/Leitha: Seite 172 o., 173 o., 179, 180, 182
Historisches Museum der Stadt Wien: Seite 50, 80, o., 153
Franz Hubmann: Seite 7, 8, 48 u., 57 u., 99 (2), 100 (4), 101 (4), 102, 103, 125, 126, 156 u., 157
Kunsthistorisches Museum: Seite 31 u. (2), 32 (2), 36 u., 106 o., 119
Fred Liewehr: Seite 201, 203
Helmut Maurer: Seite 11, 12 o., 36 o., 37 u., 38 u., 39 o., 51, 52 o., 54, 55, 56 o., 117 o., 118 u., 121 o., 128 u., 129, 142, 143 (2), 144 (2), 145 u., 146 o.
Österreichische Nationalbibliothek/Bildarchiv: Seite 20 u., 21 (2), 33, 37 o., 49, 84 u., 105, 176, 177, 181
Antiquariat Christian Nebehay: Seite 25 (2), 26 (2), 27, 29, 34 u., 35 u., 41, 46 u., 52/53, 62 u., 64, 65
Hotel Sacher: Seite 104, 120
Larry R. Williams: 94/95, 130/131, 148/149, 150/151, 195/196
Zuckermuseum Berlin: Seite 24 u., 114, 115

Die Deutsche Bibliothek – CIP-Einheitsaufnahme

Süßes Gold : Kultur- und Sozialgeschichte des Wiener Zuckers /
Christoph Wagner. – Wien : Brandstätter, 1996
ISBN 3-85447-664-7

1. Auflage 1996

Die graphische Gestaltung des Werkes stammt von
Alexander Rendi, ebenso die Gestaltung des Schutzumschlages
nach einer Idee und unter Verwendung eines Photos von Bruno
Engelbrecht. Das Lektorat besorgte Maria Seifert, die technische
Betreuung Franz Hanns. Die Reproduktion der Abbildungen führte
Grafo, Wien durch, Druck und Bindung des Werkes erfolgten bei
Druckerei Theiss, Wolfsberg.



ISBN 3-85447-664-7
Christian Brandstätter Verlagsgesellschaft m. b. H.
A-1080 Wien, Wickenburggasse 26, Telephon (++43-1) 408 38 14